职业教育·新能源汽车类专业教材

U0649329

新能源汽车
电力电子基础

主　编　王志君　付菊红　王　丹

副主编　徐培培　尹茂增

主　审　管玉萍

人民交通出版社

北　京

内 容 提 要

本书是职业教育新能源汽车类专业教材。其主要内容包括电工基础知识、电磁学基础、新能源汽车电力电子元器件、交流电基础、功率变换电路以及新能源汽车常用传感器应用技术。

本书适合职业院校、技工院校新能源汽车相关专业的学生使用,也可作为从事新能源汽车维修工作的工程技术人员、汽车售后服务顾问、维修技师、保险理赔员以及汽车行业其他从业人员的参考用书。

本书配套数字资源,读者可免费扫码观看和在线学习;同时配有教学课件,教师可通过加入汽车教学研讨群(**QQ 群号:111799784**)获取。

图书在版编目(CIP)数据

新能源汽车电力电子基础/王志君,付菊红,王丹主编. —北京:人民交通出版社股份有限公司,2025.7. —ISBN 978-7-114-20510-1

Ⅰ. U469.7

中国国家版本馆 CIP 数据核字第 20256A8T70 号

书　　名:新能源汽车电力电子基础
著 作 者:王志君　付菊红　王　丹
责任编辑:张一梅
责任校对:龙　雪
责任印制:张　凯
出版发行:人民交通出版社
地　　址:(100011)北京市朝阳区安定门外外馆斜街 3 号
网　　址:http://www.ccpcl.com.cn
销售电话:(010)85285911
总 经 销:人民交通出版社发行部
经　　销:各地新华书店
印　　刷:北京市密东印刷有限公司
开　　本:880×1230　1/16
印　　张:11.25
字　　数:253 千
版　　次:2025 年 7 月　第 1 版
印　　次:2025 年 7 月　第 1 次印刷
书　　号:ISBN 978-7-114-20510-1
定　　价:38.00 元
(有印刷、装订质量问题的图书,由本社负责调换)

编审委员会

随着全球能源结构的转型和人们环境保护意识的增强,新能源汽车作为绿色交通的重要组成部分,正迅速崛起并引领汽车工业的未来,新能源汽车后市场将需要大量的销售、维修及其他相关方面的人才。在这一背景下,为了满足行业对高素质技能人才的需求,我们组织新能源汽车一线培训专家、维修技师及职业院校资深教师编写了这套新能源汽车类专业教材,旨在为学生构建系统、全面的知识体系,并提升实践技能,力求培养更多适应新时代需要的具有创新能力的高素质技能人才。

本教材深入贯彻落实党的二十大对教材建设与管理作出的新部署新要求,遵循知识和技能并重的改革方向,根据技能人才培养规律进行编写,具有以下特点:

(1)教材体现了理实一体化。教材编写依据特定的工作任务,选取适度够用的理论知识,以学生的操作技能和职业素养培养为核心,围绕典型工作任务设计教学项目,突出知识的实用性、综合性和先进性。教材内容设置以学生为中心,由浅及深、循序渐进,各学习任务均配有"任务实施",实现了理论实践一体化。

(2)教材融入了丰富的课程思政元素。教材内容设计通过知识拓展等对国产汽车品牌发展历程,劳动模范、能工巧匠的先进事迹进行讲解,培养学生的民族品牌意识,弘扬爱岗敬业的职业精神和精益求精的工匠精神等,实现思想政治教育与技术技能培养的有机统一。

(3)教材由校企双元合作开发。教材编写过程中广泛联系行业企业,深入了解行业企业对本专业人才的实际需求,由相关企业提供了配套的教学资源和技术支持,行业企业人员深度参与教材编写与开发。

(4)教材配套了丰富的教学资源。教材的知识点以二维码链接动画、视频资源,教材配有课件、习题及答案等,满足学生个性化学习的需求,提升教材使用体验。

本教材由山东公路技师学院王志君、付菊红、王丹任主编，徐培培、尹茂增任副主编，管玉萍任主审。其中，王志君，朱庆超编写项目一，付菊红、常家印编写项目二，徐培培、张锡编写项目三，尹茂增、王佩编写项目四，付菊红、王于娟编写项目五，张吉利、张超编写项目六。
作者在编写过程中，参考了许多国内外公开出版、发表的文献，在此向这些文献的作者表示诚挚的谢意。

由于作者水平有限，书中难免存在不妥和错漏之处，恳请广大读者批评指正。

作　者
2025 年 4 月

CONTENTS 目录

项目一
电工基础知识

　　电在我们的日常生活中无处不在,与我们的生活息息相关。电子电路技术的发展给我们的生活带来了很大的变化,让我们的工作、生活更加舒适健康。随着电子电路技术的迅猛发展,其广泛应用在航空、航天、航海、汽车、工业生产、家用电器等各行各业,使各个领域的相关技术不断更新发展。

　　特别是近些年,电子电路技术在新能源汽车上得到了广泛应用,使汽车的性能(经济性、安全性、舒适性、通过性等)得到了极大的提升,给发展智能化、网络化汽车及智能交通系统奠定了良好的基础。要掌握汽车电气方面的知识及检修方法,就必须理解汽车电路的基础知识及电路的工作原理,本项目设置三个学习任务:电路的基本物理量认知、电路的基本定律验证、新能源汽车高压安全与防护。

任务一　电路的基本物理量认知

任务描述

　　在电路分析中,我们常用到的物理量有电流、电压、电阻和电功率等。在分析电路之前,我们先要深刻理解这些基本物理量的概念、符号和单位等。

学习目标

1. 知识目标

(1)理解电流、电压、电阻、电容、电感的概念。

(2)理解各物理量的作用。

2. 技能目标

能测量电流、电压、电阻、电容、电感。

3. 素质目标

(1)培养学生的敬业精神,弘扬社会主义核心价值观。

(2)培养学生安全生产的意识。

(3)使学生对电路有一个全面认知,激发学生对科学探索的兴趣。

参考学时

共6学时,知识学习6学时。

任务知识学习

一 电流

1 电流及电流强度

电路中带电粒子在电源作用下做有规则的定向移动,从而形成电流。电流是负电荷或正电荷又或者两者兼有的定向运动的结果。如金属导体中的带电粒子是自由电子,电解液中的带电粒子是正、负离子。因此习惯上规定以正电荷移动的方向作为电流的方向,自由电子、负离子移动的方向与电流的方向相反,如图1-1所示。

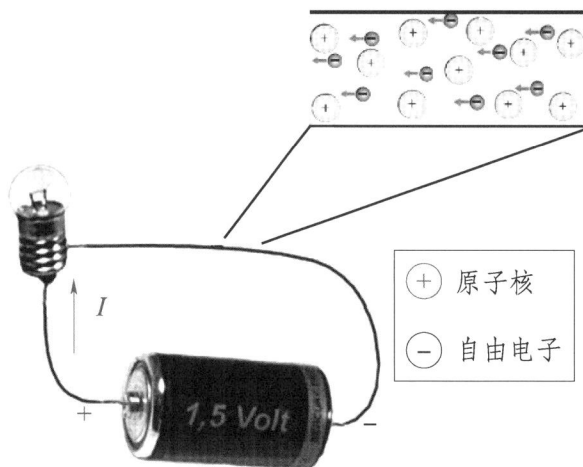

图1-1 自由电子移动的方向

电流的强弱称为电流强度(简称电流),用符号I表示。电流强度用每秒通过导线某一截面的电荷量(电量)的多少来衡量。用符号Q表示通过导线某一截面的电量、t表示通过电量Q所用的时间,则:

$$I = \frac{Q}{t} \tag{1-1}$$

式中:I——电流,单位名称为安培(简称安),A;

Q——电量,单位名称为库仑(简称库),C;

t——时间,单位名称为秒,s。

1安(A)=1库(C)/1秒(s),即当每秒有1库的电量通过导线的某一截面,这时的电流就为1安。当电流很小时,其单位常用毫安(mA)或微安(μA)表示;当电流很大时,其单位常用千安(kA)表示,电流单位之间的换算关系是:

$$1\text{安(A)} = 10^3\text{毫安(mA)} = 10^6\text{微安(μA)} \tag{1-2}$$

2 电流的方向

电流的方向如图1-2所示。

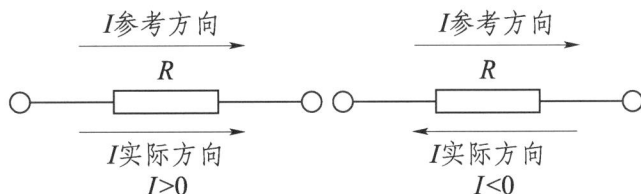

图 1-2   电流方向

电流的大小和方向都不随时间改变的电流叫作直流电(DC),用大写字母 I 表示。如果电流的大小和方向都随时间改变的电流叫作交流电(AC),用小写字母 i 表示。

二 电压、电位、电动势、电功率

❶ 电压的表示

电压又称电位差,如图 1-3 所示,在电场中若电场力将点电荷 Q 从 A 点移到 B 点,所做的功为 W_{AB},则功与电荷 Q 的比值就称为该两点之间的电压。数学表达式为 $U_{AB}=W_{AB}/Q$。

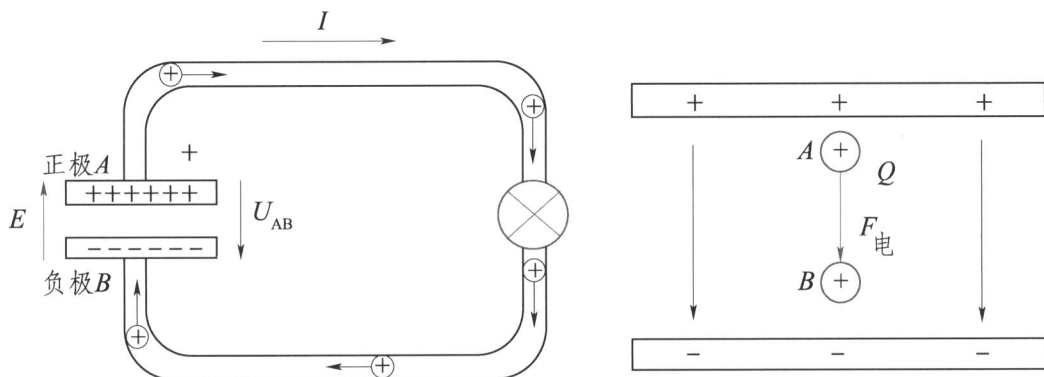

图 1-3   电压与电场力

U_{AB} 表示 A 点和 B 点之间的电压,单位名称为伏特(简称伏),用符号 V 表示;W_{AB} 表示电场力将把正电荷从 A 点移动到 B 点所做的功,单位为焦耳,符号表示为 J;Q 表示电荷,单位名称为库仑(简称库),符号表示为 C。当电压很小时,其单位常用毫伏(mV)或微伏(μV)表示;当电压很大时,其单位常用千伏(kV)或者兆伏(MV)表示,电压单位之间的换算关系是:

$$1 \ 伏(V) = 10^3 \ 毫伏(mV) = 10^6 \ 微伏(\mu V) \tag{1-3}$$

$$1 \ 兆伏(MV) = 10^3 \ 千伏(kV) = 10^6 \ 伏特(V) \tag{1-4}$$

❷ 电位和电位差

电位是指电路中某点与参考点之间的电压,符号用带下标的字母 U 表示,单位也是伏特(V)。通常把参考点的电位规定为零,又称零电位。一般选大地为参考点,即视大地为零电位。在电子仪器和设备中又常把金属外壳或电路公共接点的电位规定为零。

需要注意的是,参考点的选择是任意的。在电场中,当选择不同的参考点时,各点的电位是不同的,但任意两点之间的电压不会因参考点的不同而发生变化。

由图 1-4 可以看出,电位具有相对性,即电路中某点的电位值随参考点位置的改变而改变;而电位差具有绝对性,即任意两点之间的电位差值与电路中参考点的位置选取无关。此外电位有正负之分,当某点的电位大于参考点(零电位)电位时,称其为正电位,反之称其为负电位。

电位	U_A(V)	U_B(V)	U_C(V)	U_{AB}(V)	U_{AC}(V)
A点	0	-3	-1.5	3	1.5
B点	3	0	1.5	3	1.5
C点	1.5	-1.5	0	3	1.5

图1-4　电位与电位差

❸ 电动势和端电压

(1)电动势。

电源内部有一种能推动电荷移动的作用力叫作电源力。电动势就是电源力将单位正电荷从电源负极移到正极所做的功。电动势 E,单位名称为伏特,用符号 V 表示。

$$E = \frac{W_{ba}}{q} \tag{1-5}$$

式中:W_{ba}——电源力将电荷从负极 b 移动到正极 a 所做的功,单位为焦耳,符号表示为 J;

q——电荷,单位名称为库仑,用符号 C 表示。

电动势的方向规定:在电源内部由负极指向正极。

(2)端电压。

端电压是指电路两个端的电压。对于一个电源,其既有电动势,又有端电压。电动势存在于电源内部,而端电压则是电源加在外电路两端的电压。在电源中,电动势的方向与电压的方向是相反的。一般情况下,电源的端电压总是低于电源内部的电动势,只有当电源开路时,电源的端电压才与电源的电动势相等。

❹ 电功与电功率

(1)电功。

电流经过负载时,负载将电能转换成其他形式的能量,称为电流做功,简称电功,用字母 W 表示。

电流做的功等于负载两端的电压 U、流过负载的电流 I 和通电时间 t 的乘积,即:

$$W = IUt = I^2Rt = \frac{U^2t}{R} \tag{1-6}$$

式中:W——电功,单位名称为焦耳,J;

U——加在负载上的电压,单位名称为伏特,V;

I——流过负载的电流,单位名称为安培,A;

t——时间,单位名称为秒,s。

电流做功的过程就是能量转换的过程。如有电流通过时,电灯会亮,电动机会转动等。在实际应用中常以千瓦时(kW·h,也称度)作为电功的单位。

$$1\text{ 度} = 1\text{kW} \cdot \text{h} = 3.6 \times 10^6\text{J} \tag{1-7}$$

(2)电功率。

电功率表示电流在单位时间内所做的功。用 P 表示。

$$P = \frac{W}{t} = IU \tag{1-8}$$

式中:P——电功率,单位名称为瓦,用符号 W 表示;

$\quad W$——电功,单位名称为焦耳,用符号 J 表示;

$\quad t$——时间,单位名称为秒,用符号 s 表示。

电功率的单位还有千瓦(kW),$1kW = 1000W = 10^3 W$。

若是纯电阻电路,则:

$$P = UI = I^2 R = \frac{U^2}{R} \tag{1-9}$$

若在电源内部,外力做功,使正电荷由低电位移向高电位,电流逆着电场方向流动,将其他能量转换为电能,其电功率为:

$$P = EI \tag{1-10}$$

若 $P > 0$,元件是耗能,吸收能量(负载),若 $P < 0$,元件是供能,发出能量(电源)。通常用电设备上都标明它的电功率和电压(称为额定功率和额定电压),以便能正确使用。

【例1-1】 在220V的电源上接上电炉,已知通过电炉的电流是4.5A,问1h该电炉消耗的电能是多少?

解:电炉的功率:

$P = UI = 220 \times 4.5 = 990(\text{W})$

1h 消耗的电能:

$W = Pt = 990 \times 10^{-3} \times 1 = 0.99(\text{kW} \cdot \text{h}) = 0.99$ 度

答:1h 该电炉消耗的电能是0.99度。

【例1-2】 一个1W、100Ω的电阻,允许通过的最大电流是多少?能否接电压为6V的电源上?

解:允许通过的最大电流:

$I = \sqrt{\dfrac{P}{R}} = \sqrt{\dfrac{1}{100}} = 0.1(\text{A})$

允许施加的最大电压:

$U = \sqrt{PR} = \sqrt{1 \times 100} = 10(\text{V})$

答:允许通过的最大电流为0.1A。

电阻允许施加的最大电压为10V,大于所加电压6V,可以接在电压为6V的电源。

三 电阻、电容、电感

❶ 电阻

(1)电阻定义。

金属导体中有大量自由电子,因而具有导电能力。但这些自由电子在受电场力作用做定向移动时,不仅要克服原子核的束缚,还会相互碰撞或与原子碰撞,这些碰撞与束缚阻碍了自由电子的定向运动,即表现为导体对电流的阻碍作用,我们称之为电阻。

电阻的文字符号用字母 R 表示,通用图形符号如图1-5所示。

a)电阻器符号　　b)电位器符号

图1-5　图形符号

在国际单位制中,电阻的单位是欧姆,简称欧,通常用希腊字母 Ω 表示。常用的电阻单位还有千欧($k\Omega$)和兆欧($M\Omega$),它们之间的换算关系为千进位。

$$1\Omega = \frac{1V}{1A}, 1M\Omega = 10^3 k\Omega = 10^6 \Omega$$

(2)电阻定律。

导体电阻是由它本身的物理条件决定的。金属导体的电阻由它的长短、粗细以及材料的性质和温度决定。

在保持温度不变的条件下,实验结果表明:导体的电阻跟导体的长度成正比,跟导体的横截面积成反比,并与导体的材料性质有关。

$$R = \rho \frac{l}{s} \tag{1-11}$$

式中:ρ——导体的电阻率,$\Omega \cdot m$,它与导体的几何形状无关,而与导体材料的性质和导体所处的条件有关(如温度);

l——导体长度,m;

s——导体横截面积,m^2。

(3)电阻与温度的关系。

温度对导体电阻的影响:

①温度升高,自由电子移动受到的阻碍增加。

②温度升高,使物质中带电质点数目增多,更易导电。

随着温度的升高,导体的电阻是增大还是减小,取决于上述哪种因素的作用占主要地位。

一般金属导体,温度升高,其电阻增大。温度每升高1℃,一般金属导体电阻的增加量为3%~6%。所以,当温度变化较小时,金属导体电阻可以认为基本不变。当温度变化较大时,金属导体的电阻的变化就不能忽视。例如,40W白炽灯的灯丝电阻在不发光时约为100Ω,正常发光时,灯丝的温度高达2000℃以上,这时灯丝的电阻值超过1kΩ。

少数合金的电阻,几乎不受温度影响,常用于制造标准电阻器。

(4)超导现象。

在极低温(接近于热力学零度)状态下,有些金属(一些合金和金属的化合物)电阻突然变为零,这种现象叫作超导现象。

人们开始把处于超导状态的导体称为"超导体",超导材料最诱人的应用是发电、输电和储能。由于超导材料在超导状态下具有零电阻和完全的抗磁性,因此只需消耗极少的电能,

就可以获得 10^5 高斯（Gs）以上的稳态强磁场。而用常规导体做磁体，要产生这么大的磁场，需要消耗 3.5×10^6 W 的电能及大量的冷却水，投资巨大。超导材料还可以用于制作超导电线和超导变压器，从而把电力几乎无损耗地输送给用户。据统计，目前的铜或铝导线输电，约有 15% 的电能损耗在输电线路上，光是在中国，每年的电力损失即达 1000 多亿度。若改为超导输电，节省的电能相当于新建数十个大型发电厂。

（5）电阻器。

电阻器就是对电流有阻碍作用的导体，通常电阻器简称电阻。图 1-6 所示为各种电阻的外形。

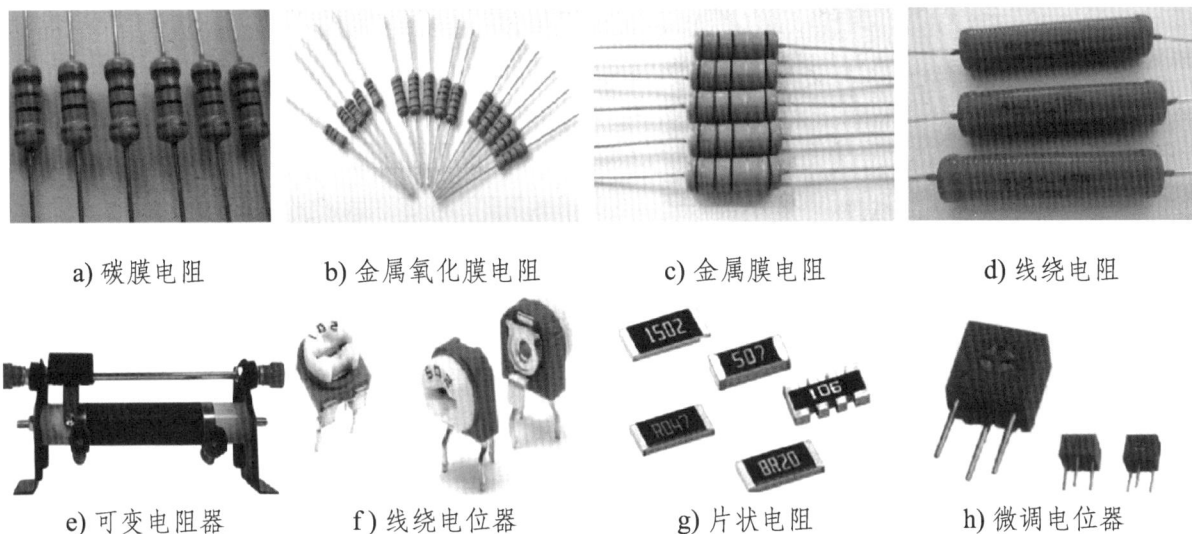

a) 碳膜电阻　　b) 金属氧化膜电阻　　c) 金属膜电阻　　d) 线绕电阻

e) 可变电阻器　　f) 线绕电位器　　g) 片状电阻　　h) 微调电位器

图 1-6　各种电阻器外形

电阻器的种类有很多，通常分为三大类：固定电阻器、可变电阻器、新型电阻器（敏感电阻器）。在电子产品中，以固定电阻应用最多，而固定电阻按其制造材料又可分为好多种类，常用、常见的有 RT 型碳膜电阻、RJ 型金属膜电阻、RX 型线绕电阻、片状电阻等。电阻参数通常有以下几种标注方。

①直标法。

将电阻器的主要参数直接标注在电阻器的外壳上，如图 1-7 所示。

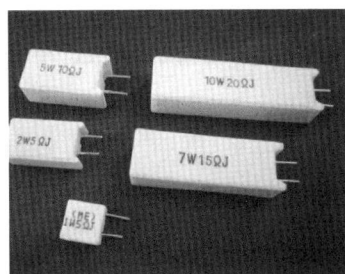

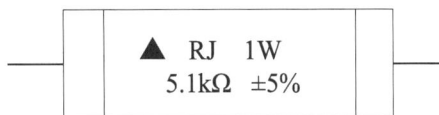

电阻器的类型

图 1-7　直标法

▲表示电阻器的商标。RJ 中"R"代表电阻器，"J"表示电阻器由金属材料制作而成。1W 表示电阻器的额定功率为 1W。5.1kΩ 表示电阻器的电阻值为 5.1kΩ。±5% 表示电阻值的允许偏差值为 ±5%。

②数标法。

用三位或四位阿拉伯数字来标注电阻的阻值。不管用三位或四位,最后一位一定表示阻值的倍率,其余表示阻值的有效数字。如图 1-8 所示,数标法主要用于贴片等小体积的元件。

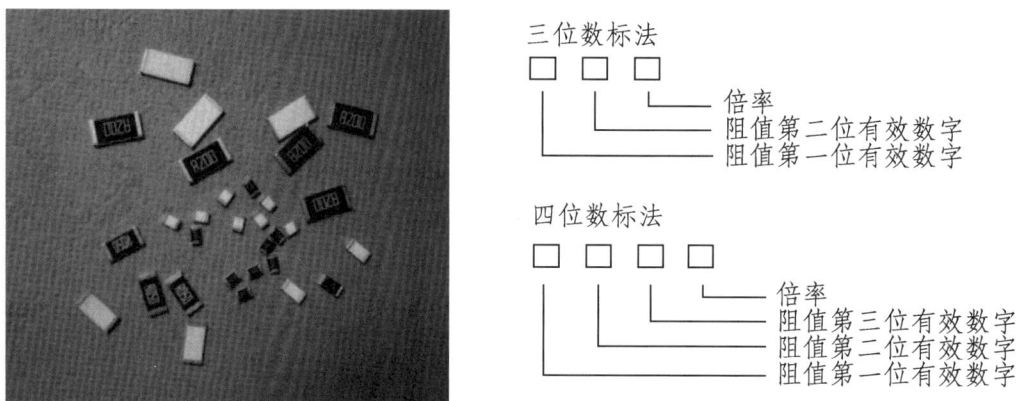

图 1-8　电阻的数码标注法

例如:472 表示 $47 \times 10^2 \Omega (4.7 \mathrm{k}\Omega)$;104 表示 $10 \times 10^4 \Omega (100 \mathrm{k}\Omega)$。

4501 表示 $450 \times 10^1 = 0.45 \mathrm{k}\Omega$;1123 表示 $112 \times 10^3 = 112 \mathrm{k}\Omega$。

③色标法。

用不同颜色的色环或色点表示电阻的阻值和允许误差,是使用最多的标注方法。常见的有四色环电阻和五色环电阻(精密电阻),其末位代表允许偏差(阻值误差),倒数第二位代表倍率,前面的两位或三位是有效数字,如图 1-9 所示。

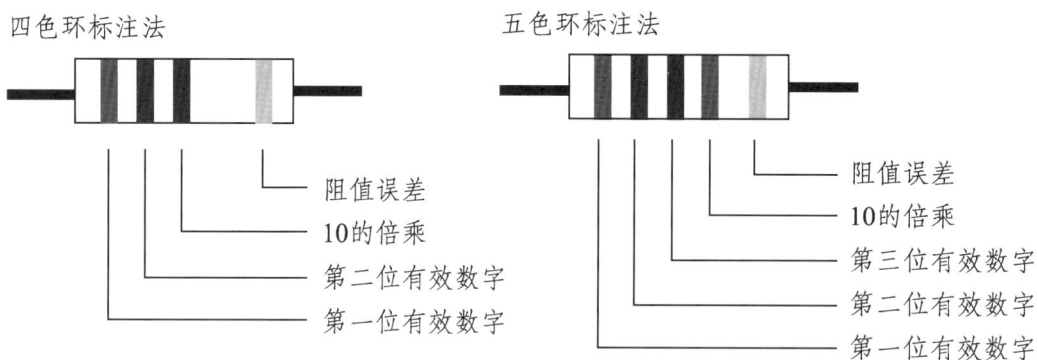

图 1-9　电阻色环标注法

色环颜色所代表的数字或意义如图 1-10 所示。

(6)新型电阻器。

新型电阻器又称敏感电阻器,是指器件特性对温度、电压、湿度、光照、气体、磁场、压力等作用敏感的电阻器。敏感电阻的符号是在普通电阻的符号中加一斜线,并在旁边标注敏感电阻的类型,新型电阻器主要有以下几种类型:

①压敏电阻。压敏电阻是指一种对电压变化反应灵敏的限压型元件,其特点是:在规定的温度下,当电压超过某一临界值时,其阻值将急剧减小,通过它的电流急剧增加,电压和电

流不呈线性关系。因此,压敏电阻又被称为非线性变阻。压敏电阻主要有碳化硅和氧化锌压敏电阻,氧化锌具有更多的优良特性,如图1-11a)所示。

数值的读取方法

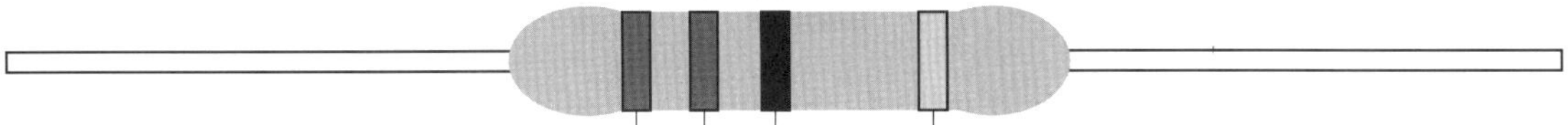

颜色	第一段	第二段	第三段	乘数	误差	
黑色	0	0	0	1		
棕色	1	1	1	10	± 1%	F
红色	2	2	2	100	± 2%	G
橙色	3	3	3	1K		
黄色	4	4	4	10K		
绿色	5	5	5	100K	± 0.5%	D
蓝色	6	6	6	1M	± 0.25%	C
紫色	7	7	7	10M	± 0.10%	B
灰色	8	8	8		± 0.05%	A
白色	9	9	9			
金色				0.1	± 5%	J
银色				0.01	± 10%	K
无					± 20%	M

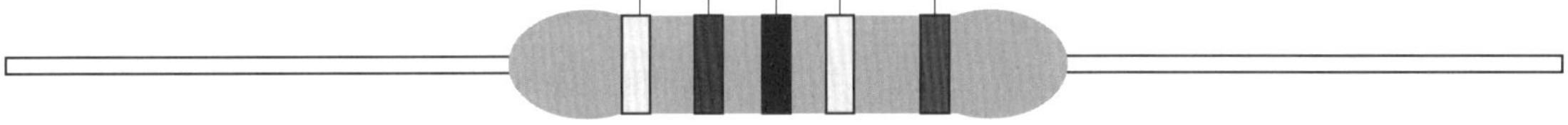

图 1-10 色环电阻颜色表示意义

②湿敏电阻。湿敏电阻由感湿层、电极、绝缘体组成,主要包括氯化锂湿敏电阻、碳湿敏电阻、氧化物湿敏电阻。氯化锂湿敏电阻随湿度上升而电阻减小,缺点为测试范围小、特性重复性不好、受温度影响大。碳湿敏电阻缺点为低温灵敏度低,阻值受温度影响大,有老化特性,较少使用。氧化物湿敏电阻性能较优越,可长期使用,温度影响小,阻值与湿度变化呈线性关系,包含氧化锡、镍铁酸盐等材料,如图1-11b)所示。

③光敏电阻。光敏电阻是电导率随着光量力的变化而变化的电子元件,当某种物质受到光照时,载流子的浓度增加从而增加了电导率,这就是光电导效应,如图1-11c)所示。

④气敏电阻。气敏电阻利用某些半导体吸收某种气体后发生氧化还原反应的原理制成,主要成分是金属氧化物,主要品种有:金属氧化物气敏电阻、复合氧化物气敏电阻、陶瓷气敏电阻等,如图1-11d)所示。

⑤热敏电阻。热敏电阻是敏感元件的一类,其电阻值会随着热敏电阻本体温度的变化呈现出阶跃性的变化,具有半导体特性。

热敏电阻按照温度系数的不同分为:正温度系数热敏电阻(简称 PTC 热敏电阻),如图1-11e)所示;负温度系数热敏电阻(简称 NTC 热敏电阻),如图1-11f)所示。

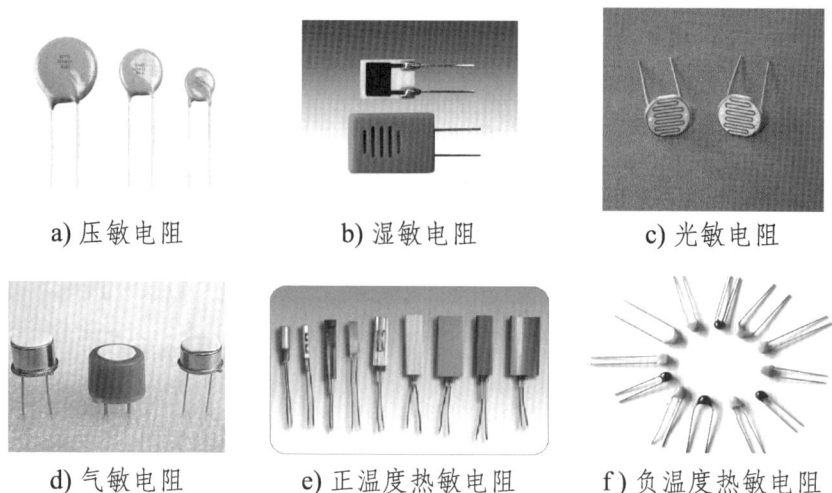

a) 压敏电阻　　　　　b) 湿敏电阻　　　　　c) 光敏电阻

d) 气敏电阻　　　e) 正温度热敏电阻　　　f) 负温度热敏电阻

图 1-11　新型电阻器

2 电容

（1）电容器的结构原理。

任何两个彼此绝缘且相隔很近的导体（包括导线）间都构成一个电容器。组成电容器的两个导体称为极板，中间的绝缘材料称为电介质，常用的介质有空气、云母、纸、油等。电容器的结构如图 1-12 所示。

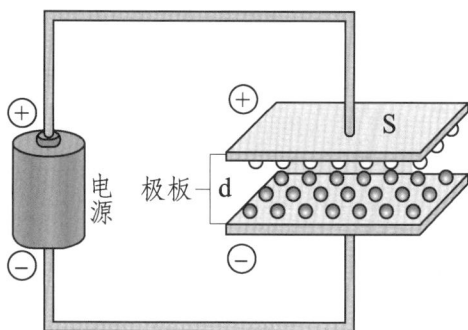

图 1-12　电容器的结构

把电容器的两极分别与直流电源的正负极相接后，与电源正极相接的极板上的电子被电源正极吸引使极板带正电荷，电容器另一个极板会从电源负极获得等量的负电荷，从而使电容器存储了电荷。这种使电容器存储电荷的过程叫作充电。充电后，电容器两极板总是带等量异种电荷，两极板之间形成电场，具有电场能。

一些常用的电容器的外形如图 1-13 所示。

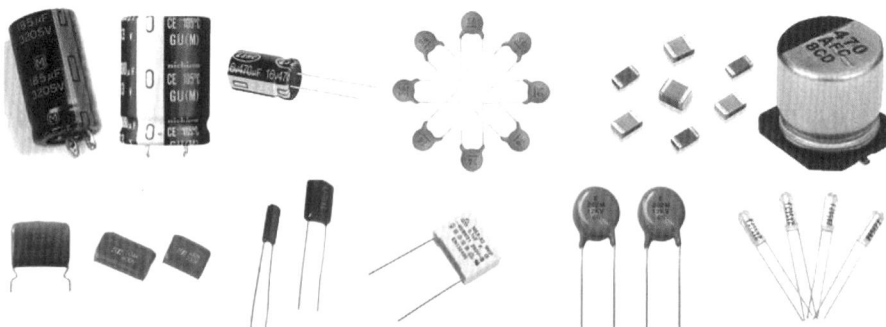

图 1-13　常用的电容器的外形

（2）电容器作用。

电容器是储存和容纳电荷的装置，也是储存电场能量的装置。电容器每个极板上所储存电荷的量叫作电容器的电量。电容器是电子设备中大量使用的电子元件之一，被广泛应用于隔直、耦合、旁路、滤波、调谐回路、能量转换、控制电路等方面。

（3）电容器分类。

①按照结构分为：固定电容器、可变电容器和微调电容器。

②按电解质分为：有机介质电容器、无机介质电容器、电解电容器和空气介质电容器等。

③按用途分为：高频旁路、低频旁路、滤波、调谐、高频耦合、低频耦合、小型电容器。

④按制造材料的不同可以分为：瓷介电容、涤纶电容、电解电容、钽电容、铝电容以及先进的聚丙烯电容等。

3 电感

电感是衡量线圈产生电磁感应能力的物理量。给一个线圈通入电流，线圈周围就会产生磁场，线圈就有磁通量通过。通入线圈的电源越大，磁场就越强，通过线圈的磁通量就越大。实验证明，通过线圈的磁通量和通入的电流是成正比的，它们的比值叫作自感系数，也叫作电感。

如果通过线圈的磁通量用 ϕ 表示，线圈导线中的电流用 I 表示，电感用 L 表示，那么 $L = \phi/I$，单位名称为亨利，用符号 H 表示。电感单位也常用 mH 或 μH 表示。其中，$1H = 10^3 mH$，$1H = 10^6 \mu H$。

电感器（电感线圈）是用绝缘导线（例如漆包线、纱包线等）在绝缘骨架或磁芯、铁芯上绕制而成的电磁感应元件，是电子电路中常用的元器件之一，如图 1-14 所示。

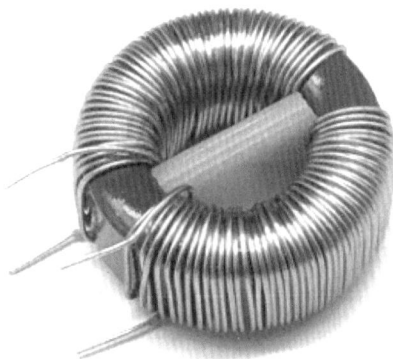

图 1-14　电感器

电感器的主要作用是对交流信号进行隔离、滤波或与电容器、电阻器等组成谐振电路。

任务实施

电阻值判定

1 任务目标

（1）学习色带法判断电阻阻值。

（2）通过万用表判断电阻阻值。

（3）比较不同方法所读出的阻值。

2 材料准备

（1）直标电阻 6 个、数标电阻 6 个、色标电阻 6 个。

（2）万用表 6 块。

（3）电路板 1 个。

❸ 学习过程

（1）直标法电阻器。

将电阻器的主要参数直接标注在电阻器的外壳上。

▲ 表示电阻器的商标。

RJ 中"R"代表电阻器；"J"表示电阻器由金属材料制作而成。

1W 表示电阻器的额定功率为 1W。

5.1kΩ 表示电阻器的电阻值为 5.1kΩ。

±5% 表示电阻值的允许偏差值为 ±5%。

（2）数标法电阻器。

根据所学知识完成表 1-1。

数标法电阻器读数　　　　　　　　　　　　　表 1-1

电阻	475	108	4302
阻值			

（3）色标法电阻器。

根据所学知识完成表 1-2。

色环电阻读数　　　　　　　　　　　　　表 1-2

电阻	棕红橙黄绿	蓝紫灰白黑
阻值		

（4）用万用表测量电阻阻值。

①用万用表电阻挡测量选用电阻。

②测量时两个表笔的正、负极与被测电阻相连。测量三个电阻器，完成表 1-3，所测数值可与直标法、数标法、色标法进行比较。

万用表测量电阻阻值　　　　　　　　　　　　　表 1-3

电阻	电阻 1	电阻 2	电阻 3
测量值			

❹ 考核评价

填写考核评价表（表 1-4）。

考核评价表　　　　　　　　　　　　　表1-4

考核项目	评分标准	分数（分）	学生自评（分）	小组互评（分）	教师评价（分）	小计（分）
团队合作	是否和谐	5				
活动参与	是否主动	5				
安全生产	有无安全隐患	10				
现场5S管理*	是否做到	10				
任务方案	是否合理	15				
学习过程	不同方法测量电阻值	30				
任务完成情况	是否圆满完成	5				
操作过程	是否标准规范	10				
劳动纪律	是否严格遵守	5				
作业填写	是否完整、规范	5				
总分		100	得分			
学习心得						

注：*5S管理，即整理、整顿、清扫、清洁、素养。

任务二　电路的基本定律验证

📖 任务描述

　　电流、电压和电阻是电路中的三个主要物理量,这三个物理量之间存在一定的关系。电路的中间环节有不同的连接方式,不同的连接方式对电流、电压及电阻有影响,电路的基本定律可以解答这些问题。

🏃 学习目标

1. 知识目标

(1)掌握欧姆定律。

(2)掌握基尔霍夫定律。

2. 技能目标

(1)能用欧姆定律计算电路中的电阻、电流、电压。

(2)掌握电路基本定律的应用和验证方法。

3. 素质目标

(1)培养学生养成团结协作意识,养成规范作业、安全工作的工作习惯。

(2)提升学生探索新知识的兴趣。

参考学时

共 4 学时,知识学习 4 学时。

任务知识学习

一 欧姆定律

为了寻找电流通过电路时电流、电压和电阻三者之间的关系,德国物理学家欧姆进行了大量的实验,并于 1827 年得出了著名的欧姆定律。它的形式有两种:部分电路欧姆定律和全电路欧姆定律。

❶ 部分电路欧姆定律

部分电路(图 1-15)的欧姆定律是指流过电阻的电流 I 与电阻 R 两端的电压 U 成正比。计算公式为:

$$I = \frac{U}{R} \text{或} U = IR \tag{1-12}$$

式中:U——电压,V;

I——电流,A;

R——电阻,Ω。

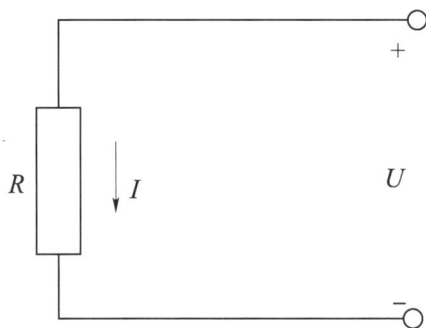

图 1-15　部分电路

【例 1-3】　已知某电阻 $R = 50\Omega$,两端电压 $U = 100V$,问流过电阻的电流为多大?

解:$I = \dfrac{U}{R} = \dfrac{100}{50} = 2(A)$

【例 1-4】　已知某电阻 $R = 100\Omega$,它通过的最大允许电流为 5A,问该电阻两端所能承受的最大电压为多少?

解:$U = IR = 5 \times 100 = 500(V)$

❷ 全电路欧姆定律

相关名词术语如下。

内电路:电源本身的电流通路,由电动势 E 和内电阻 R_0 组成。

内电阻:内电路的电阻,通常用 R_0 表示。

外电路:电源以外的电流通路。

全电路:内电路和外电路总称。

图 1-16 所示为最简单的全电路,虚线框内为内电路,虚线框外为外电路。

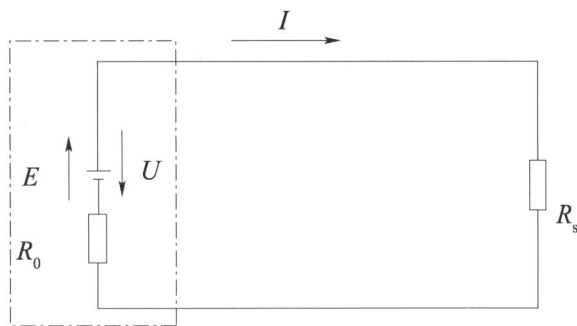

图 1-16 全电路

全电路欧姆定律:在整个闭合电路中,电流与电源的电动势成正比,与电路中的内电阻和外电阻之和成反比。用公式表示如下:

$$I = \frac{E}{R + R_0} \text{或} E = IR + IR_0 \tag{1-13}$$

$U = IR$,是外电路上的电压降(也叫端电压);$U_0 = IR_0$,是内电路上的电压降,所以全电路欧姆定律又可以表示为 $E = U + U_0$,即电源的电动势等于内外电路电压降之和。

二 基尔霍夫定律

在电路分析计算中,其依据来源于两种电路规律:一种是各类理想电路元件的伏安特性,这一点取决于元件本身的电磁性质,即各元件的伏安关系,与电路连接状况无关;另一种是与电路的结构及连接状况有关的定律,而与组成电路的元件性质无关。基尔霍夫定律是电路中电压和电流所遵循的基本规律,是分析和计算较为复杂电路的基础,该定律于 1845 年由德国物理学家 G. R. 基尔霍夫提出。

1 相关名词术语

以图 1-17 所示电路为例说明常用电路名词。

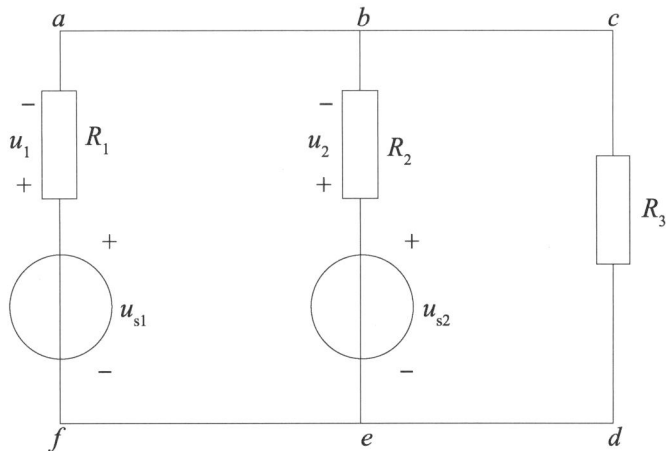

图 1-17 基尔霍夫举例说明

支路:由一个或几个元件首尾相接构成的无分支电路。电路中的 af、be、cd 均为支路,该电路的支路数目为 3。

节点：电路中三条或三条以上支路的连接点。电路中的节点有 b、e 两点，该电路的节点数目为 2。

回路：电路中任一闭合的路径。电路中的 $abef$、$bcde$、$acdf$ 路径均为回路，该电路的回路数目为 3。

网孔：不含有分支的闭合回路。电路中的 $abef$、$bcde$ 回路均为网孔，该电路的网孔数目为 2。

网络：在电路分析范围内网络是指包含较多元件的电路。

❷ 基尔霍夫电流定律（节点电流定律）

基尔霍夫第一定律又称基尔霍夫电流定律（简称 KCL），基尔霍夫第一定律的第一种表述：在任何时刻，电路中流入任一节点中的电流之和，恒等于从该节点流出的电流之和，即：

$$\sum I_{流入} = \sum I_{流出} \tag{1-14}$$

如图 1-18 所示，在节点 A 上：$I_1 + I_3 = I_2 + I_4 + I_5$。

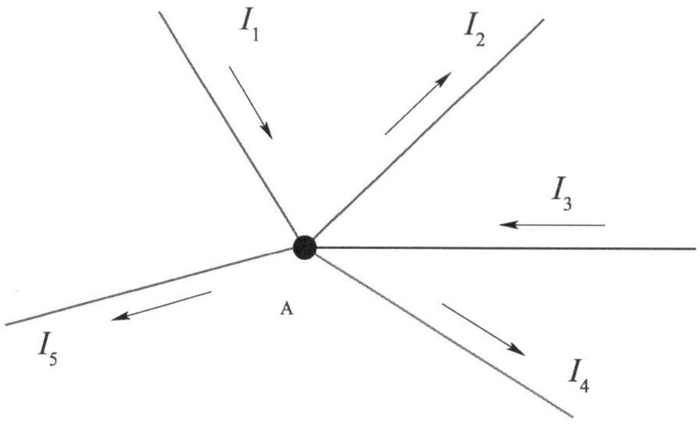

图 1-18　节点电流定律

基尔霍夫第一定律第二种表述：在任何时刻，电路中任一节点上的各支路电流代数和恒等于零，即：

$$\sum I = 0 \tag{1-15}$$

一般可在流入节点的电流前面取" + "号，在流出节点的电流前面取" – "号，反之亦可。在图 1-18 中，由节点 A 得：$I_1 - I_2 + I_3 - I_4 - I_5 = 0$。

KCL 不仅适用于节点，也可以推广到包围部分电路的任一假设的封闭面。

❸ 基夫尔霍电压定律（回路电压定律）

基尔霍夫第二定律也称为基尔霍夫电压定律（简称 KVL），具体描述为：沿任一闭合回路，电路中所有元件的两端电压代数和等于零。

对于图 1-17 中所示电路中的回路 bcdeb，有：

$$U_{s2} = R_2 I_2 + R_3 I_3 \tag{1-16}$$

或表示为：

$$\sum U = 0 \tag{1-17}$$

【例 1-5】　如图 1-19 所示的电路中，若 $R_1 = 8\Omega$，$R_2 = 4\Omega$，$R_3 = 6\Omega$，$R_4 = 3\Omega$，$E_1 = 12V$，$E_2 = 9V$，求 A 与 B 两点间的电压 U_{AB}。

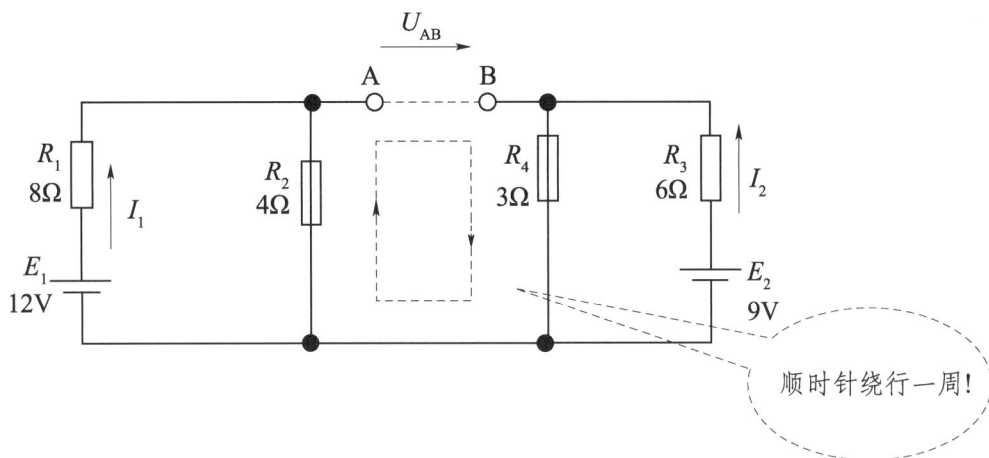

图 1-19　电路图

解：由欧姆定律，可得：

$$I_1 = \frac{E_1}{R_1 + R_2} = \frac{12}{8 + 4} = 1\,(\text{A})$$

$$I_2 = \frac{E_2}{R_3 + R_4} = \frac{9}{6 + 3} = 1\,(\text{A})$$

假设回路 A—B—R_4—R_2—A 的绕行方向如图 1-19 所示，A、B 之间切断，没有实际元件存在，但 A 与 B 之间有一定的电压 U_{AB} 存在。根据 KVL，可得：

$$0 = U_{AB} + I_2 R_4 - I_1 R_2$$

则有：$U_{AB} = I_1 R_1 - I_2 R_4 = 1 \times 4 - 1 \times 3 = 1\,(\text{V})$。

任务实施

基尔霍夫定律的验证

1 任务目标

（1）验证 KCL/KVL，加深对基尔霍夫定律的理解。

（2）掌握直流稳压电源、电压表、电流表的使用方法。

（3）学会看图接线，养成规范操作的良好习惯。

2 材料准备

（1）直流稳压电源 1 台。

（2）万用表 1 块。

（3）电路板 1 个。

（4）直流电流表 1 个。

（5）直流电阻箱 1 个。

（6）电流表插座板 1 个。

3 学习过程

基尔霍夫定律是电路的基本定律。测量某电路的各支路电流及每个元件两端的电压，

新能源汽车电力电子基础

应能分别满足基尔霍夫电流定律(KCL)和电压定律(KVL)。即对电路中的任何一个节点而言,应有 $\sum I = 0$;对任何一个闭合回路而言,应有 $\sum U = 0$。

运用上述定律时必须注意各支路或闭合回路中电流的正方向,此方向可预先任意设定。

实验如图 1-20 所示,将两路直流稳压电源接入电路。

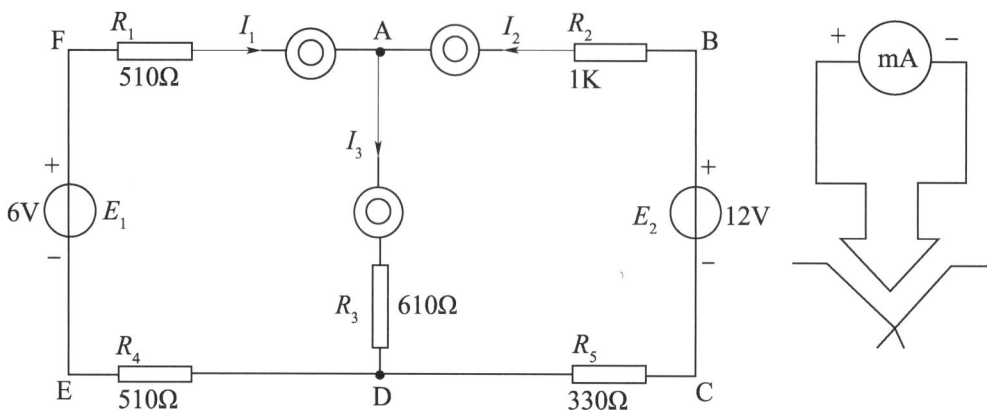

图 1-20　基尔霍夫定律的验证电路图

(1)实验前先任意设定三条支路和三个闭合回路的电流正方向。图中 I_1、I_2、I_3 的方向已设定。三个闭合回路的电流正方向可设为 ADEFA,BADCB 和 FBCEF。

(2)分别将两路直流稳压源接入电路,令 $U_1 = 6V$、$U_2 = 12V$。

(3)熟悉电流插头的结构,将电流插头的两端接至数字毫安表的"＋""－"两端。

(4)将电流插头分别插入三条支路的三个电流插座中,读出并记录电流值,填入表 1-5。

电路中电流及电压测量值　　　　　表 1-5

被测量	I_1 (mA)	I_2 (mA)	I_3 (mA)	U_1 (V)	U_2 (V)	U_{FA} (V)	U_{AB} (V)	U_{AD} (V)	U_{CD} (V)	U_{DE} (V)
测量值										
计算值										
验证	$\sum I =$			任选一回路 $\sum U =$						

(5)用直流数字电压表分别测量两路电源及电阻元件上的电压值,记录至表 1-5。

4 考核评价

填写考核评价表(表 1-6)。

考核评价表　　　　　表 1-6

考核项目	评分标准	分数 (分)	学生自评 (分)	小组互评 (分)	教师评价 (分)	小计 (分)
团队合作	是否和谐	5				
活动参与	是否主动	5				
安全生产	有无安全隐患	10				

考核项目	评分标准	分数（分）	学生自评（分）	小组互评（分）	教师评价（分）	小计（分）
现场5S管理	是否做到	10				
任务方案	是否合理	15				
学习过程	验证基尔霍夫定律	30				
任务完成情况	是否圆满完成	5				
操作过程	是否标准规范	10				
劳动纪律	是否严格遵守	5				
作业填写	是否完整、规范	5				
总分		100	得分			
学习心得						

任务三　新能源汽车高压安全与防护

🏷 任务描述

电给我们带来了便利,但如果使用不当,也能给我们带来危险和伤害。在新能源汽车维修过程中,由于用电不当,可能导致电气设备故障,甚至诱发自燃。因此,在学习新能源汽车电路相关知识前,让我们先学习如何做到安全与防护。

通过本任务的学习,学生可以了解安全用电的相关知识,通过实训车间安全用电检查,做好安全保护措施等实训内容,提高安全用电意识。

📶 学习目标

1. 知识目标

(1) 熟知新能源汽车维修作业安全规范及作业场所的安全标准。

(2) 掌握高压安全及防护要素。

(3) 掌握新能源汽车高压安全防护设备功能及使用规范。

2. 技能目标

(1) 能正确地识别车间作业场地安全隐患。

(2) 能正确地检查并使用高压安全防护设备。

3. 素质目标

(1) 培养学生的敬业精神,弘扬社会主义核心价值观。

(2) 培养安全用电意识,养成良好的用电习惯。

参考学时

共 2 学时,知识学习 1 学时、实训操作 1 学时。

任务知识学习

一 维修车间安全作业

1 维修工位配置

新能源汽车涉及高压电系统,对其维修工位有特殊要求,在对新能源汽车进行高压作业时需要有专用的维修工位,并保持清洁、干燥、通风良好。常用的维修工位配置主要有隔离装置、静电工作台、绝缘胶垫、灭火器、车间警示标志等。

(1)维修作业前应设置隔离带安全警示,避免无关人员靠近,如图 1-21 所示。

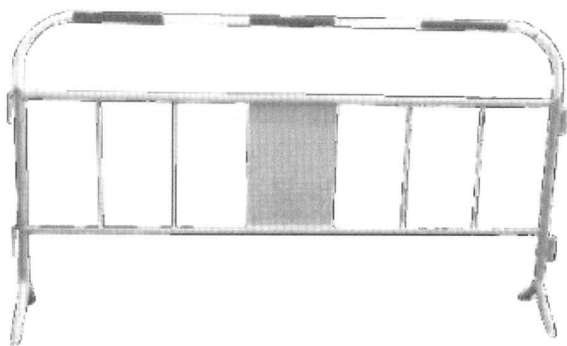

图 1-21　专用的维修工位

(2)防静电工作台。

防静电工作台如图 1-22 所示,在对新能源汽车电力电子部件或总成进行检测时,防静电工作台可防止静电击穿电力电子元器件。

图 1-22　防静电工作台

（3）绝缘胶垫。

绝缘胶垫又称绝缘毯、绝缘垫、绝缘胶皮、绝缘垫片。绝缘胶垫具有较大体积电阻率,耐电击穿,用于配电等工作场合的台面或铺地绝缘材料,能起到较好的绝缘效果,如图 1-23 所示。

（4）灭火器。

灭火器有干粉式灭火器、泡沫式灭火器及二氧化碳灭火器等。当新能源汽车发生火灾时,应及时报警并根据现场情况救助被困人员。如果火势处于初起阶段,且有被困人员时,可使用干粉灭火器对火势进行压制。当无被困人员时,可使用干粉灭火器或二氧化碳灭火器对火势进行压制。图 1-24 所示为常见灭火器。

图 1-23 绝缘胶垫

a）水基灭火器　　b）二氧化碳灭火器　　c）干粉灭火器

图 1-24 干粉灭火器

（5）维修工位上必须配有专用的工具,如图 1-25 所示。

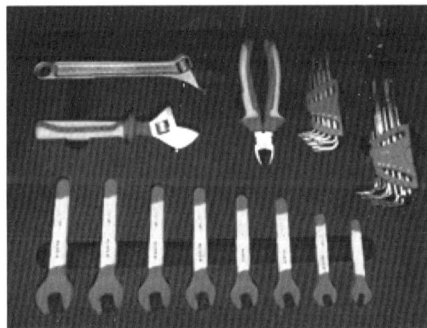

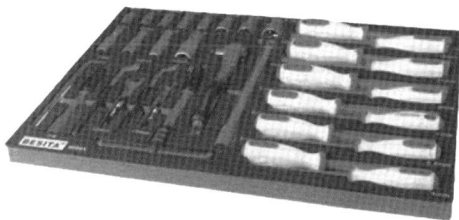

图 1-25 专用工具

（6）安全警示标志。

车间警示标志:提醒工作人员电气设备高压危险,如图 1-26 所示。

红色标记:一直存在高压。

橙色标记:可能存在高压。

急救标记:紧急切断高压标记。

图 1-26　安全警示标志

如果需要打开动力蓄电池组更换蓄电池包,同样也需要设置安全隔离警示,避免无关人员靠近。

❷ 维修人员资质要求

新能源汽车高压系统的维修人员,必须经过相应的培训认证,持证上岗。这些人员能够判断高压系统带来的电气危害且采取针对高压系统的保护措施,能够断开车辆上的高压电并在工作期间保持断开状态。维修人员要求如下:

(1)持有应急管理部颁发的"特种作业操作证(低压电工证)"(图 1-27)。

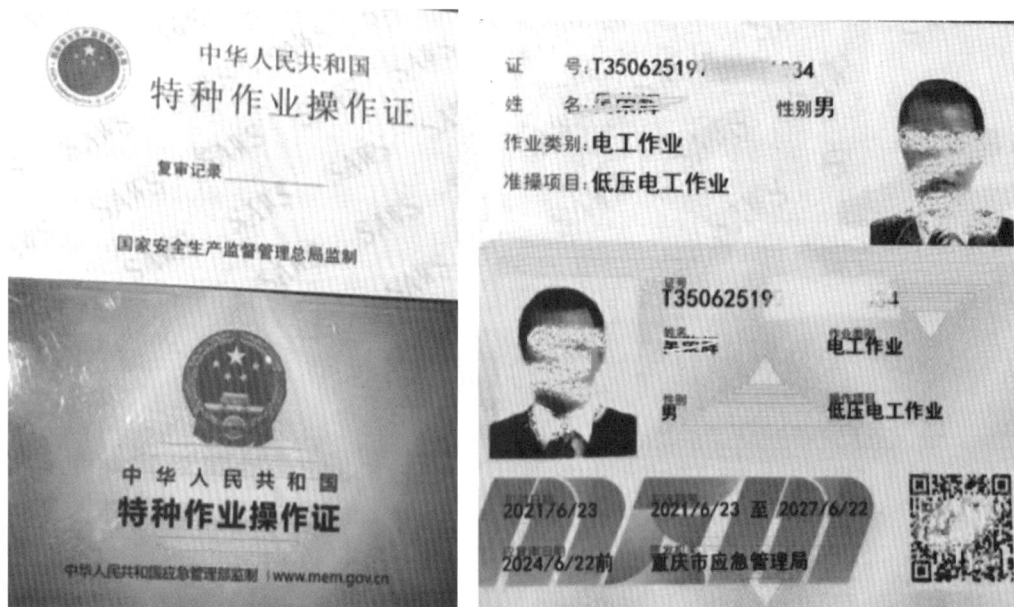

图 1-27　特种作业操作证(低压电工作业)

(2)必须经过厂家新能源车型培训,并通过考核。

(3)如果必须进行高压组件本身的相关工作,一定要确保整个设备完全断电。只允许由经过专门培训的人员(高压工程师)进行这些工作。

(4)上述操作权限仅指在断电状态下的高压系统上作业。

二 高压安全与防护

高压安全
防护用品的使用

❶ 新能源汽车维修作业安全防护要求

新能源汽车的非高压部件(如制动系统、悬架系统和车身系统)进行维修时,不需要专业的安全防护措施。对于高压系统的组件进行维护时,必须采取特别的防护措施。对维修作业人员的要求如下:

(1)必须遵守有关安装和健康保护的说明和规定。

(2)必须使用现有防护装备。

(3)必须按规定使用装备(工具、车辆)。

(4)如果发现装备损坏,则必须按专业要求排除。如果不能排除,则必须向上级通报。

❷ 人员健康预防措施

新能源汽车的某些零部件可能有非常强的磁性,如果技术人员身上有植入体内或便携式的医疗电子设备,如心脏起搏器或心率转复除颤器,则必须向该医疗设备的制造商了解其可能存在的不利影响,方能对新能源汽车进行维修作业。可能对医疗设备形成干扰的汽车设备包括:汽车充电桩、车载式汽车充电器、远程发射机、无线钥匙的信号天线、永磁电机。

为了避免对便携式医疗设备造成干扰,技术人员应参考汽车厂家的维修信息,找出所有能发射强电磁波的零部件,并了解与这些需要进行维修处理的零部件之间所应保持的最小距离。

有些新能源汽车厂家建议身上有植入体内的或便携式医疗设备的技术人员不要参与此类车辆的维修工作。

❸ 个人防护装备

(1)绝缘手套。

新能源汽车涉及高压组件,维修人员在维修作业时触摸高压部件,必须佩戴绝缘手套,如图1-28所示。橡胶材质的绝缘手套应能够承受1000V以上的工作电压,具有抗酸、碱性。

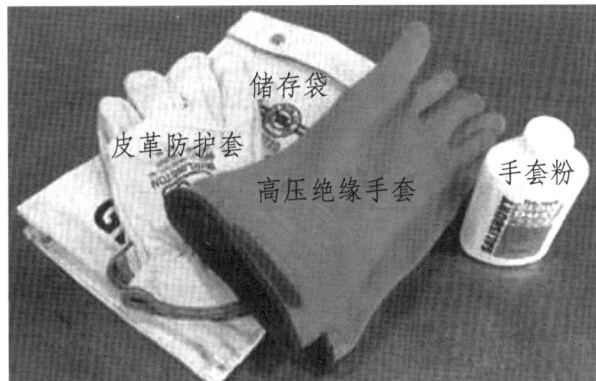

图 1-28　绝缘手套

绝缘手套在使用过程中需要定期检验,并且每次使用前必须进行泄漏检查,检查的方法是:向手套内吹入一定的空气,观察手套是否漏气。

（2）护目镜。

护目镜是最常见的护目用具。护目镜应具有侧护功能,防止维修过程中产生的电火花,以及电池的电解液对眼睛造成伤害,如图1-29所示,使用前应检查外观是否破损。

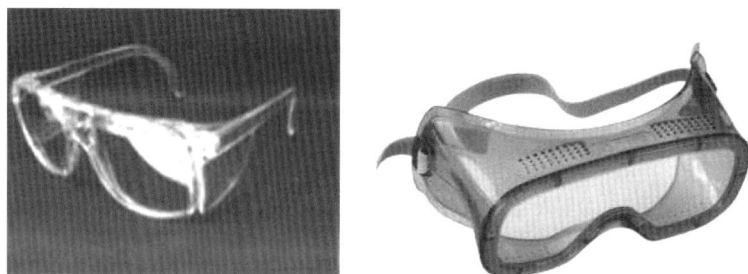

a) 带侧护边型 b) 全密闭型的护目镜

图1-29　护目镜

（3）绝缘安全帽。

在举升车辆、拆卸及安装动力蓄电池时应佩戴绝缘安全帽,保护头部安全,如图1-30所示。

（4）绝缘安全鞋。

绝缘安全鞋(靴)的作用是使人体与地面绝缘,防止电流通过人体与大地之间构成通路,对人体造成电击伤害,把触电时的危险降到最低程度。因为触电时电流是经接触点通过人体流入地面的,所以电气作业时不仅要戴绝缘手套,还要穿绝缘鞋,如图1-31所示。绝缘鞋根据《足部防护　安全鞋》(GB 21148—2020)进行生产,泄漏电流需小于0.3mA/kV,应具有透气性能好、防静电耐磨、防滑等性能。

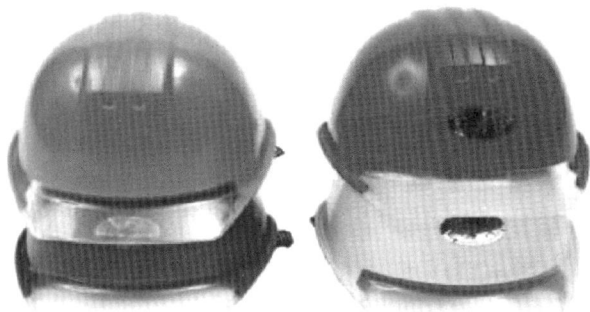

图1-30　绝缘安全帽

图1-31　绝缘安全鞋

（5）非化纤工作服。

在维修高压电时,必须穿非化纤类的工作服。化纤类的工作服易产生静电,并且当发生火灾事故时,化纤会在高温环境下粘连人体皮肤,导致二次伤害。图1-32所示为纯棉工作服。

三　车辆检查安全防护

在新能源汽车维护作业中对高压连接部件或元件进行测量前,技术人员必须检查并检测有关高压仪表,然后才能在车辆上进行维修作业。

图 1-32　纯棉工作服

❶ 电解液泄漏防护工具

应用于新能源汽车的镍金属氢化物(NiMH)电池和锂离子(Lithium-Ion)电池,其电解质都能够被电池的双极板吸收且通常不会从破裂的电池外壳中泄漏,但若有疑似情况或观测到泄漏时,应立即要求维修人员使用一片石蕊试纸进行测试(图 1-33),确定液体是否从电池组中漏出,石蕊试纸一经接触到该液体,颜色就会发生变化,并以此确认此种液体为酸性、中性还是碱性。pH 值显示约为 7 时被认定为中性,pH 值显示为 0 时酸性最强,pH 值显示为 14 时碱性最强。

镍氢电池组中的电解质是一种具有腐蚀性的水基碱性电解质,pH 值在 13.5 左右,通常可被稀释的硼酸或醋中和。锂离子电池组中的电解质通常是酸性电解质,接触到人眼或皮肤后通常应用大量的水立即进行冲洗。

若电解质溢到地板上,维修人员应佩戴橡胶手套(并非橡胶的高压绝缘手套)、护目镜以及用于有机溶剂的面具,然后将溢出的电解质擦拭干净,并根据地方法律法规将受污染的材料放入密封容器处理。

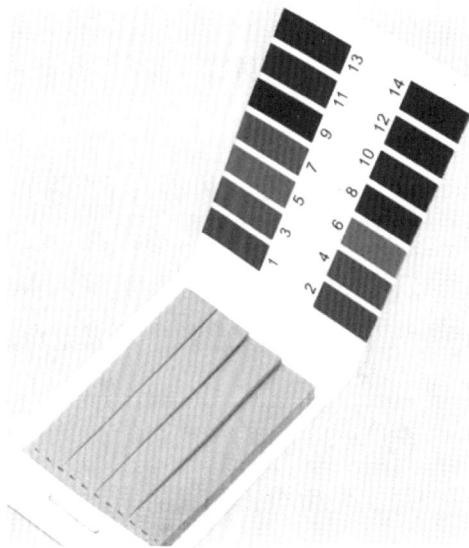

图 1-33　石蕊试纸

❷ 车辆着火防护工具

如果新能源汽车着火,在拨打 119 报警电话的同时必须先切断电源,再进行扑灭。如果不能迅速断电,可使用灭火器灭火。使用灭火器时必须保持足够的安全距离,对 10kV 以下的设备距离不应小于 40cm。

如果发生大面积动力蓄电池引发的火灾时,应持续大量地浇水进行灭火。如果火势很大,应立即疏散人员并尽快远离车辆。

注意绝对不能用酸碱或泡沫灭火器,因其灭火药液有导电性,手持灭火器的人员可能会触电,而且酸碱药液会强烈腐蚀电气设备,事后不易清除。

四 高压安全事故处置

高压电在两个方面会对人体产生影响:电压和电流。当人体与电接触时就形成了回路,电流可以流过人体。如果人体成为电路的一部分,那么随着电压、电流的增大以及接触时间增长,人体受到的伤害会越大。因此,应避免人体参与形成回路,如图1-34所示。

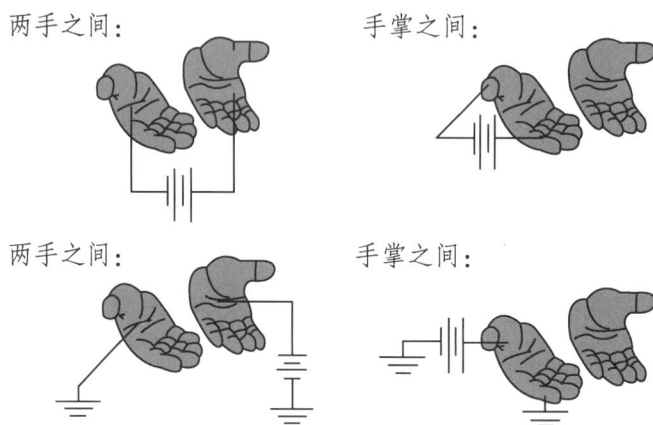

图1-34　避免人体参与形成回路

在新能源汽车维修中,如果不幸发生了触电事故,救援触电事故中受伤的人员时,救援人员自身的安全是第一位的,绝对不要去触碰仍然与电压有接触的人员。救援步骤如下。

❶ 脱离电源

人体触电以后,可能由于痉挛或失去知觉等原因而紧抓带电体,触电者无法自己摆脱电源。抢救触电者的首要步骤就是使触电者尽快脱离电源。如果可能,应立即将电气系统断电,或用不导电的物体(如绝缘木板、扫帚把等)把事故受害者或者导电体与电压分离。在新能源汽车触电事故施救中脱离电源的方法是戴上绝缘手套将触电人员移开,或者切断高压电源。

❷ 拨打急救电话

每次发生电流引起的事故时,在进行施救的同时,应立即拨打120急救电话,获取专业的救援。

❸ 现场急救

当触电者脱离电源后,应根据触电者的具体情况迅速对症救护,力争在触电后1min内进行救治。根据国内外的急救资料表明,触电发生后,在1min内进行救治的事故,90%以上有良好的效果,而超过12min再开始救治的,基本无救活的可能。高压触电急救流程如图1-35所示。现场应用的主要方法是:口对口人工呼吸和体外心脏挤压法,如图1-36所示,必须持续采取救助措施,直至伤员恢复呼吸能力或救援人员到来。严禁打强心针。

(1)人工呼吸:在正确建立了呼吸气道后,每6~8s进行一次通气,而不必在两次按压间才同步进行(呼吸频率8~10次/min)。

(2)交替按压胸腔:成人按压频率为至少100次/min,按压深度至少为4~5cm,按压时间与放松时间各占50%左右。

```
                        ┌─────────────┐
                        │  有人员受伤  │
                        └──────┬──────┘
                               │
                        ╱──────┴──────╲
                       ╱ 受伤人员是否  ╲
             否       ╲  神志清醒      ╱       是
         ┌──────────── ╲────────────╱ ────────────┐
         │                                          │
   ┌─────┴─────┐                            ┌──────┴──────┐
   │  寻求帮助  │                            │ 受伤人员有呼 │
   └─────┬─────┘                            │   吸吗?      │
         │                                  └──────┬──────┘
   ┌─────┴─────┐        呼吸急促                   │
   │ 清理呼吸道 │◄────────────────────             │
   └─────┬─────┘                                   │ 呼吸畅通
         │                                         │
   ╱─────┴─────╲                                   │
  ╱ 受伤人员    ╲       呼吸畅通                     │
  ╲ 有呼吸吗?   ╱────────────────────────►          │
   ╲───────────╱                                   │
      否 │                                         │
   ┌─────┴─────┐                            ┌──────┴──────┐
   │ 做人工呼吸 │                            │ 将受伤人员置于│
   │  (两次)    │                            │复原姿势(继续观察│
   └─────┬─────┘                            │ 受伤人员)    │
         │                                  └──────┬──────┘
   ╱─────┴─────────╲                               │
  ╱ 有呼吸循环迹象吗?╲                              │
  ╲ · 呼吸           ╱         是                   │
  ╱ · 咳嗽          ╲─────────────────────►        │
  ╲ · 移动          ╱                              │
   ╲───────────────╱                              │
      否 │                                         │
   ┌─────┴─────────┐                               │
   │进行心脏按压和人工呼│                            │
   │吸,重复按压15次,2口│                           │
   │气4个循环          │                           │
   └─────┬─────────┘                               │
         │                                         │
   ╱─────┴─────────╲                               │
  ╱ 有呼吸循环迹象吗?╲       是                      │
  ╲                 ╱─────────────────►    ┌──────┴──────┐
   ╲───────────────╱                       │如果受伤人员呼吸急促│
      否 │                                 │则继续人工呼吸 │
   ┌─────┴─────────┐                       └──────┬──────┘
   │进行心脏按压和人工呼│                           │
   │吸,重复按压15次,2口│                    ┌──────┴──────┐
   │气4个循环          │                    │如果受伤人员恢复正常│
   └───────────────┘                       │呼吸或有拒接迹象,则停│
   心脏按压和人工呼吸直到工作人员              │止人工呼吸    │
        或医生到来                           └─────────────┘
```

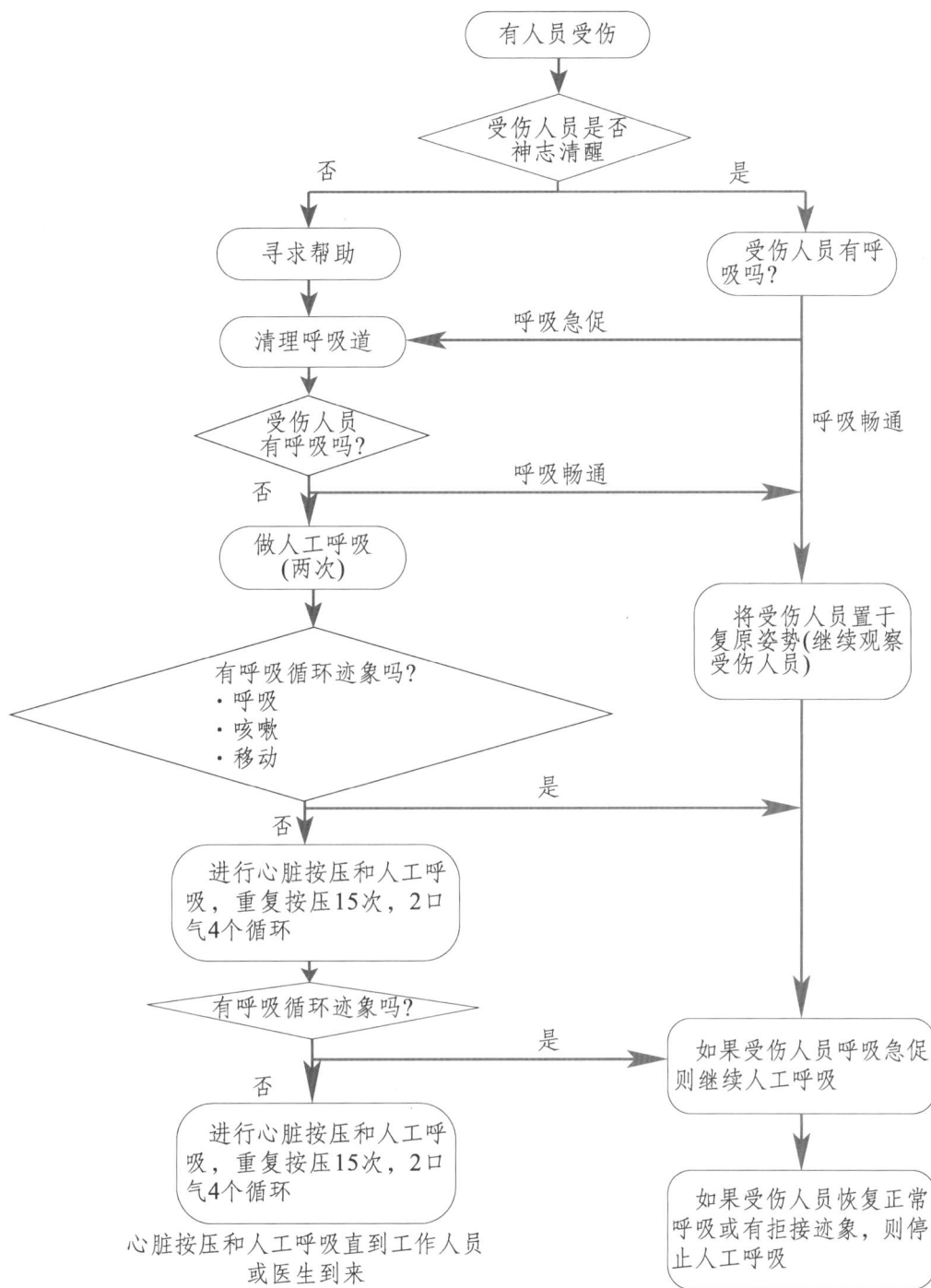

图 1-35　高压触电急救流程

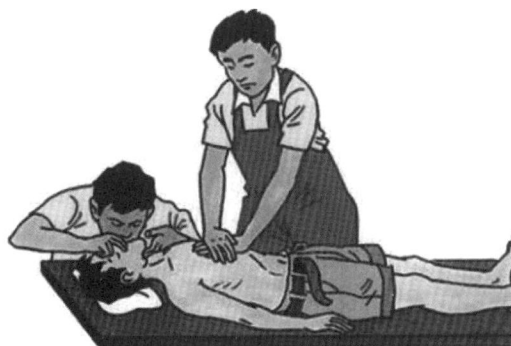

图 1-36　心肺复苏措施

任务实施

安全用电

1 任务目标

（1）了解基本安全用电常识。

（2）掌握个人防护用品的使用与车间维修作业安全。

（3）学会应急处置触电事故、用电器火灾事故。

2 材料准备

（1）防护服、电工常用工具、绝缘笔、绝缘手套、绝缘鞋等个人防护用具6套。

（2）防静电工作台、绝缘胶垫、隔离带、灭火器、车间警示标志等车间防护设备等6套。

3 学习过程

（1）检查不安全的用电行为。

①检查是否使用绝缘层已损坏的电器，如图1-37所示。

②检查是否有私拉乱接的情况，如图1-38所示。

图1-37 绝缘层已损坏的电器

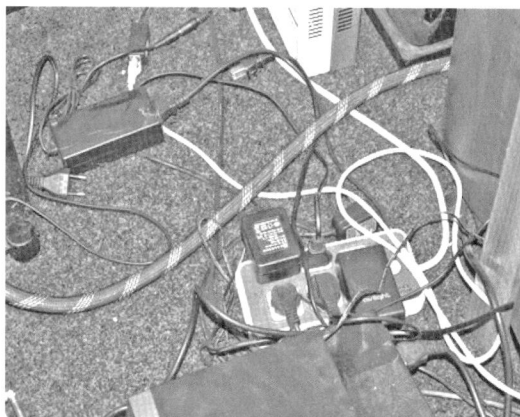

图1-38 私拉乱接电线情况

③检查插座上是否接了功率过大的电器，如图1-39所示。

④检查是否有电热工具（电烙铁等）使用完毕未断电隐患，如图1-40所示。

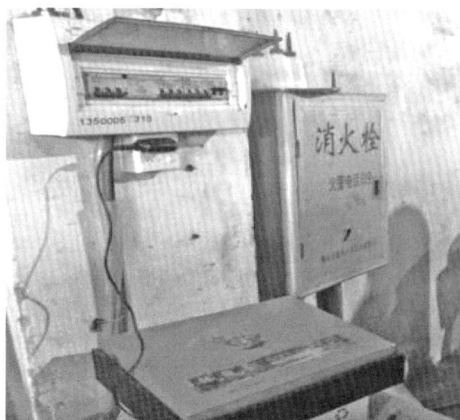

图1-39 插座接大功率电器

图1-40 电热工具未断电

（2）穿戴安全防电用品。

①佩戴绝缘手套，检查绝缘手套是否有破损，如图 1-41 所示。

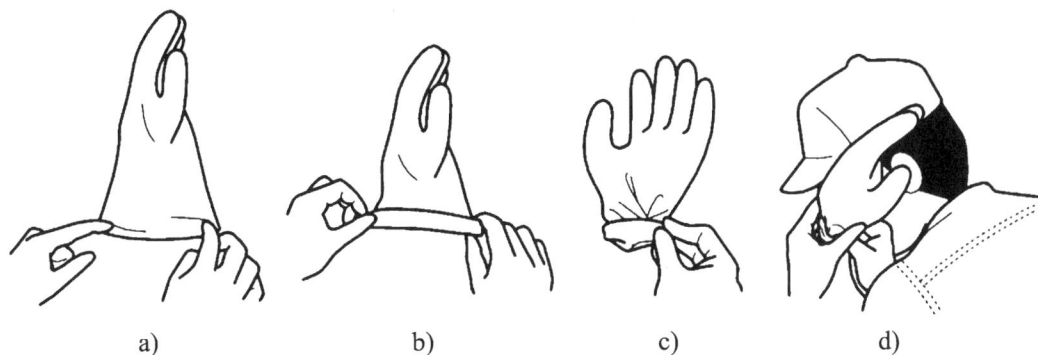

图 1-41　绝缘手套的检查方法

②穿绝缘鞋，检查绝缘鞋是否正常。

③穿防护服、带护目镜，检查防护服、护目镜是否正常。

（3）电器火灾处理。

①立即切断电源，查看有无触电人员，实施抢救。

②用灭火器或车间备用灭火沙将火扑灭。

③无法切断电源时，应用不导电的灭火剂灭火，不要用水及泡沫灭火剂灭火。

④迅速拨打 110 或 119 报警电话。

4　考核评价

填写考核评价表（表 1-7）。

考核评价表　　　　　　　　　　　　　　　　　　　表 1-7

考核项目	评分标准	分数（分）	学生自评（分）	小组互评（分）	教师评价（分）	小计（分）
团队合作	是否和谐	5				
活动参与	是否主动	5				
安全生产	有无安全隐患	10				
现场 5S 管理	是否做到	10				
任务方案	是否合理	15				
学习过程	安全用电常识	30				
任务完成情况	是否圆满完成	5				
操作过程	是否标准规范	10				
劳动纪律	是否严格遵守	5				
作业填写	是否完整、规范	5				
总分		100	得分			
学习心得						

知识拓展

汽车人的工匠精神

在新能源汽车蓬勃发展的时代,某知名新能源汽车制造公司启动了一款高性能电动汽车的研发项目,这款车旨在大幅提升续驶能力和充电速度,而这对功率变换电路提出了前所未有的挑战。

该公司组建了一支年轻且富有激情的研发团队。团队里的骨干工程师林工,刚过而立之年,却已在功率变换电路领域钻研多年。项目伊始,团队便遭遇难题,传统的功率变换电路设计无法满足新车对高效能量转换和快速充电的需求。

林工和团队成员们没有退缩,一头扎进实验室。他们日夜查阅国内外前沿资料,反复进行电路的设计与测试。一次次的实验失败如巨石般压在他们心头,但他们从未想过放弃。每一次失败后,他们都冷静分析数据,对电路的每一个元件、每一处连接进行细致检查。经过无数个日夜的努力,他们发现问题出在电路拓扑结构和关键半导体器件的选型上。

为了找到最优方案,林工带领团队尝试了十几种不同的电路拓扑结构,测试了数十种半导体器件。他们不放过任何一个细微的差异,对每一组实验数据都进行了深入分析。在这个过程中,团队成员们紧密合作,发挥各自的专业优势,有人擅长理论计算,有人精通实验操作,大家相互支持、相互启发。

经过漫长而艰辛的努力,他们终于成功研发出一款新型功率变换电路。这款电路不仅实现了高效的能量转换,大大提升了汽车的续驶能力,还将充电时间缩短了一半。新车上市后,凭借卓越的性能赢得了市场的广泛认可。

林工和团队成员们为了推动新能源汽车行业发展,不畏艰难、全力以赴,展现出强烈的责任感和使命感,这是爱国主义和行业担当精神的体现,激励我们在各自岗位上为国家和社会贡献力量。他们面对重重困难时严谨细致、坚持不懈,对技术精益求精,正是工匠精神的生动诠释,提醒我们在学习和工作中要专注执着、追求卓越。团队成员之间密切配合、优势互补,共同攻克难题,凸显了团队合作的重要性,告诉我们团结协作能产生强大的力量。同时,他们勇于突破传统,不断探索新的技术和方法,这种创新精神鼓励我们在面对未知时要敢于尝试、勇于创新。

习题

一、填空题

1. 基尔霍夫第一定律指出:流过电路中任一节点_____为零,其数学表达式为_____。

2. 通常情况下,不高于_____V 的电压对人是安全的,称为安全电压。

3. 电路中串联的电阻越多,整个电路的电阻就_____,电路电流就_____。

4. 在保持温度不变的情况下,导体电阻的大小与_____及_____有关,用公式表示为_____。

5. 汽车金属构架或电力系统中一般以大地为参考点,参考点的电位为_____V电位。

6. 导体对电流的_____作用称为导体的电阻,单位是_____。

7. 触电方式主要有_____触电、_____触电、_____触电。

8. 在一个电路中,既有电阻的_____,又有电阻的_____,这种连接方式称为混联。

二、判断题

1. 在电路中两点间的电压等于这两点的电位差,所以两点间的电压与参考点有关。　　　　（　　）

2. 电流总是从高电位流向低电位的。　　　　（　　）

3. 在极低温(接近于热力学零度)状态下,有些金属(一些合金和金属的化合物)电阻突然变为零,这种现象叫作超导现象。　　　　（　　）

4. 电容元件是耗能元件。　　　　（　　）

5. 电流的大小和方向都不随时间改变的电流叫作直流电,用AC表示。　　　　（　　）

6. 维修新能源汽车时,应尽量穿化纤类的工作服。　　　　（　　）

7. 新能源汽车维修过程中的高压部件必须立即设置明显的"高压勿动"警示标识。　　　　（　　）

8. 拆卸及安装高压部件的时候应使用绝缘手套。　　　　（　　）

9. 交流电比同等强度的直流电更危险。　　　　（　　）

三、选择题

1. 电路中任意两点的电位差就是这两点之间的（　　）。
   A. 电动势　　　B. 电压　　　C. 电位　　　D. 都不是

2. 电位和电压相同之处是（　　）。
   A. 定义相同　　B. 方向一致　　C. 单位相同　　D. 都与参考点有关

3. 通常当温度升高时,金属材料的电阻（　　）。
   A. 增大　　　B. 减小　　　C. 不变　　　D. 与温度无关

4. 电流对人体的伤害有（　　）形式。
   A. 电击　　　B. 电伤　　　C. 电磁场生理伤害　　　D. 以上都正确

5. 国际标准危险电压警告标志的颜色是（　　）。
   A. 蓝色或绿色　　B. 黄色或红色　　C. 黄色或绿色　　D. 红色或黑色

6. 在下列电流路径中,对人体危害最小的是（　　）。
   A. 左手—前胸　　B. 左手—双脚　　C. 左脚—右脚　　D. 左手—右手

7. 检测逆变器与电机之间的交变电流,必须使用的仪表是（　　）。
   A. 万用表　　　B. 绝缘测试仪　　　C. 示波器　　　D. 钳型电流表

8. 新能源汽车高压维修专用车间配备的举升机应该是（　　）。
   A. 四柱举升机　　　　　　B. 液压双柱举升机
   C. 双柱龙门式举升机　　　D. 剪式举升机

项目二
电磁学基础

项目导言

中国是世界上研究磁现象最早的国家,约公元前4世纪,《管子》一书中就有关于磁的记载。在日常生活中,大家都知道磁铁具有吸引铁、镍等金属的性质,这种性质称为磁性。具有磁性的物体就称为磁体。电磁学原理在汽车上的应用很广泛,发电机、点火线圈、继电器、起动机电磁开关等都是利用电磁感应原理来工作的。本项目以汽车继电器与变压器为例,采用循序渐进的方式,层层深入阐述电磁学基础知识,前后共设置了4个教学任务:电流的磁场认知、电磁感应现象认知、继电器的检测、变压器的认知与应用。

任务一　电流的磁场认知

任务描述

闭合电路中产生电流,电流通过导体时在导体(电流)周围产生一定范围大小的磁场,这种由电流产生的磁场叫作电流的磁场。由电流的磁场可知,电流不仅具有热效应,还具有磁效应。这种磁效应被应用在许多方面,如电磁继电器等。通过本任务的学习,学生可以了解磁场基本物理量,会利用安培定则来判定通电直导线周围的磁场方向和判定通电螺线管产生的磁场方向,为后续学习电磁感应和继电器工作原理做好准备。

学习目标

1. 知识目标

(1)了解磁场的基本物理量。

(2)掌握电流的磁效应。

2. 技能目标

(1)能利用安培定则来判定通电直导线周围的磁场方向。

(2)能利用安培定则来判定通电螺线管产生的磁场方向。

3. 素质目标

(1)通过学习磁场的特性和基本物理量,培养学生锲而不舍的科学精神,以科学的态度对待科学。

(2)通过任务协同合作,培养学生团队合作、敬业奉献的精神。

参考学时

共 2 学时,知识学习 1 学时、实训操作 1 学时。

任务所需设备、器材

各类磁体磁针、长螺线管、线圈、刀开关、导线(若干)、电阻、直流稳压电源。

📖 **任务知识学习**

一 磁场的基本概念

能够吸引铁、镍、钴等物质的性质称为磁性,具有磁性的物体称为磁体。磁体分天然磁体和人造磁体两大类。磁体两端磁性最强的部分称为磁极。任何磁体都具有两个磁极:北极(N)和南极(S),如图 2-1 所示。当两个磁极靠近时,它们之间会产生力的作用:同名磁极相互排斥,异名磁极相互吸引。

在磁体周围的空间中存在着一种特殊的物质,称为磁场,磁极间的作用力通过磁场传递。磁场的分布常用磁感线来描述,如图 2-2 所示。不仅磁体能产生磁场,电流也能产生磁场,这种现象称为电流的磁效应。

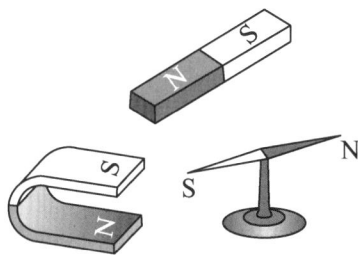

图 2-1　磁体和磁极

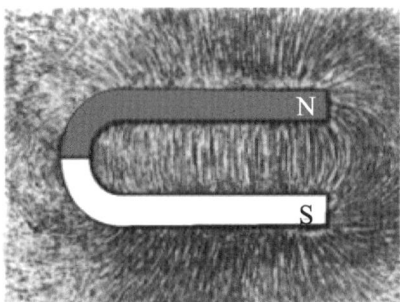

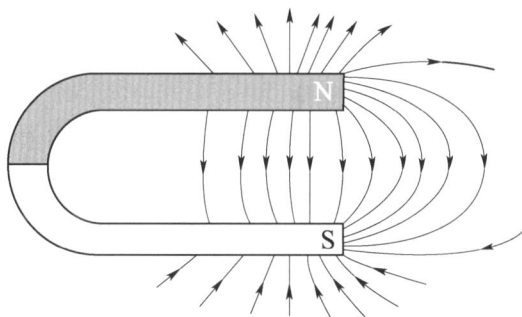

图 2-2　磁场和磁感线

二 电流的磁场

1820 年,丹麦物理学家奥斯特从实验中发现,在导线下放一小磁针,当导线通电时,小磁针发生了偏转,如图 2-3 所示。这说明磁铁并不是磁场的唯一来源,通电导线周围也存在着磁场,这种现象就称为电流的磁效应。

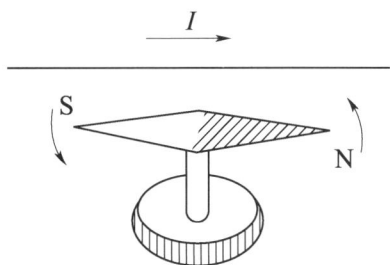

❶ **通电直导线周围的磁场**

通电直导线周围磁场的磁感线处于垂直于导体的平面上,其形状是一个个环绕着导体的同心圆。通电直导线磁场方向与电流方向的关系,可用安培定则来判定(图 2-4):右手握住通电直导线,让大拇指方向与电流方向一致,则四指环绕方向就是磁场方向。

图 2-3　电流磁效应

图 2-4　通电直导线周围的磁场

❷ 通电螺线管产生的磁场

通电螺线管产生的磁场类似于条形磁铁,一端相当于 N 极,另一端相当于 S 极,如图 2-5 所示。

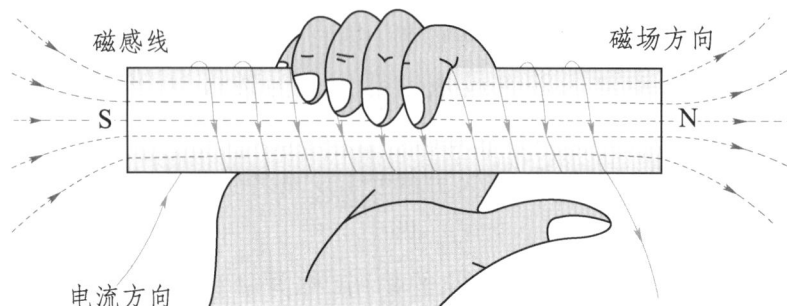

图 2-5　通电螺线管产生的磁场

通电螺线管的电流方向与其磁感线方向的关系也可用安培定则来判定:右手握住螺线管,弯曲的四指指向与电流方向一致,则大拇指指向通电螺线管内部磁感线的方向,即为通电螺线管的 N 极。

三　磁场基本物理量

磁场中用磁感应强度、磁通、磁导率和磁场强度等基本物理量来描述。

❶ 磁感应强度 B

表征磁场内某点磁场强弱和方向的物理量称为磁感应强度 B。它是一个矢量,可用试验载流线段在磁场中受到作用力的大小和方向来确定。它与电流的方向关系可以用安培定则(右手螺旋法则)来判定,如图 2-6 所示,其大小为

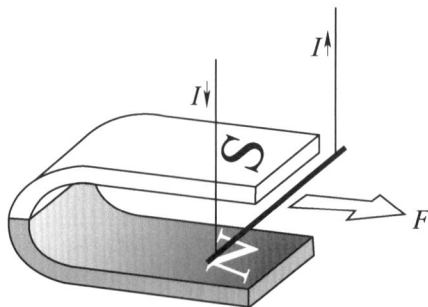

图 2-6　磁感应强度的大小

$$B = \frac{F}{IL} \tag{2-1}$$

式中:B——磁感应强度大小,T;

I——通过导体的电流，A；

L——垂直磁场方向导线的长度，m；

F——在磁场中受到的作用力，N。

如果磁场内所有点的磁感应强度大小相等、方向相同，这样的磁场称为均匀磁场。

磁感应强度 B 国际单位是特斯拉，简称特（T），高斯制单位为高斯（Gs），$1T = 10^{-4}Gs$。

❷ 磁通 Φ

在均匀磁场中，磁感应强度 B 与垂直于该方向磁场面积 S 的乘积，称为通过该面积的磁通 Φ，即：

$$\Phi = BS \tag{2-2}$$

式中：Φ——磁通，Wb；

B——磁感应强度大小，T；

S——面积，m^2。

如果磁场与平面不垂直，则以该平面在垂直于磁场 B 方向的投影面积 S 与 B 的乘积来表示磁通。当面积一定时，如果通过该面积的磁感线越多，则磁通越大、磁感越强，如图2-7所示。

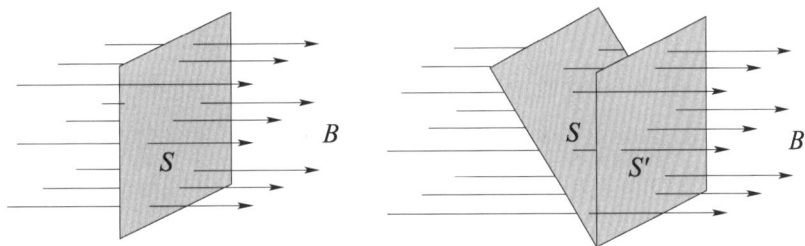

图 2-7　磁感线与磁通

磁通反映了磁导体某个范围内磁力线的多少，它的国际单位是韦伯（Wb），电磁制单位为麦克斯韦（Mx），$1Wb = 10^{-8}Mx$。

❸ 磁导率 μ

不同介质的导磁能力不同，描述磁场介质导磁能力的物理量称为磁导率 μ。

国际单位制中，磁导率的单位为亨/米（H/m）。真空中的磁导率 $\mu_0 = 4\pi \times 10^{-7}$（H/m）。非铁磁物质和空气的磁导率与真空磁导率很接近，铁磁物质的磁导率很大，且不是常数。因为 μ_0 是一个常数，工程上常把其他介质的磁导率与真空磁导率的比值称为相对磁导率，表示为 $\mu_r = \mu/\mu_0$。它表明，在其他条件相同的情况下，介质中的磁感应强度是真空中磁感应强度的多少倍。

根据相对磁导率的大小，可把物质分为三类。

顺磁物质：相对磁导率 $\mu_r > 1$，如空气、铝、锡、铬、铂等。

反磁物质：相对磁导率 $\mu_r < 1$，如氢、铜、银、炭等。

铁磁物质：相对磁导率 $\mu_r \gg 1$，其可达几百甚至数万以上，且不是一个常数。如铁、钴、镍、硅钢、坡莫合金、铁氧体等。

反磁物质和顺磁物质的相对磁导率都近似为 1，均接近于真空磁导率 μ_0。

④ *磁场强度 H*

磁场的强弱除了与回路的电流大小有关外，还受到载流回路周围物质磁化的影响。磁场强度 H 为磁场中某一点磁感应强度 B 与该点介质磁导率的比值：

$$H = \frac{B}{\mu} \tag{2-3}$$

在磁场中任何一点磁场强度的大小与媒介质性质无关，只与产生磁场的电流和载流导体空间的布置情况有关，即：

$$H = \frac{NI}{l_x} = \frac{NI}{2\pi x} \tag{2-4}$$

式中：H——磁场强度；

I——通过线圈的电流；

N——线圈的匝数；

l_x——x 点处的磁力线的长度；

x——通电线圈内部某点。

式（2-4）表明，磁场内某点的磁场强度 H 值的大小取决于电流的大小、载流导体的形状及几何位置，而与磁介质无关。磁场强度也是个矢量，在均匀媒介质中，它的方向和磁感应强度的方向一致。在一定电流值下，同一点的磁场强度不因磁场媒介质的不同而改变。

在国际单位制中，H 的单位为安/米（A/m），在电磁制中的单位是奥斯特（Oe），它们的换算关系为：

$$1A/m = 4\pi \times 10^{-3}Oe$$

四 磁场对电流的作用力

在如图 2-8 所示的实验装置中，当我们交换磁极位置改变了磁场方向，或改接电源极性改变了导线中的电流方向后，会发现导线所受力的方向既与磁场方向有关，又与电流方向有关，而且受力的方向总是既垂直于磁场方向又垂直于电流方向。

通电直导体在磁场内的受力方向可用左手定则来判断。如图 2-9 所示，平伸左手，使大拇指与其余四个手指垂直，并且都跟手掌在同一个平面内，让磁感线垂直穿入掌心，并使四拇指指向电流的方向，则大拇指所指的方向就是通电导体所受电磁力的方向。

把一段通电导线放入磁场中，当电流方向与磁场方向垂直时，电流所受的电磁力最大。利用磁感应强度的表达式，可得电磁力的计算式为：

$$F = BIL \tag{2-5}$$

如果电流方向与磁场方向不垂直，而是有一个夹角 α，这时通电导线的有效长度为 $L\sin\alpha$（即 L 在与磁场方向相垂直方向上的投影）。电磁力的计算式变为：

$$F = BIL\sin\alpha \tag{2-6}$$

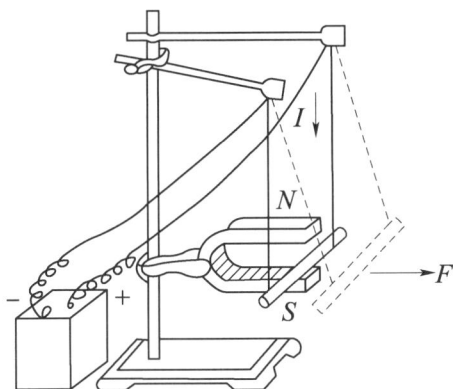

图 2-8　磁场对通电直导体的作用力

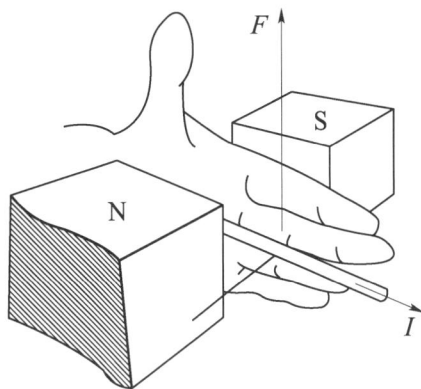

图 2-9　左手定则

从这个公式可以看出：$\alpha=90°$时，电磁力最大；$\alpha=0$时，电磁力最小；当电流的方向与磁场方向有夹角时，电磁力介于最大值和最小值之间。

任务实施

汽车转向灯电路的连接

❶ 任务目标

（1）会连接简单电路。

（2）能够识读电路图，并根据电路图还原电路，能观察、描述和记录点亮灯泡的实验现象。

（3）通过实验，会分析电路故障。增强学生进一步探究电的兴趣。

❷ 材料准备

（1）转向信号灯电路图1份。

（2）12V蓄电池1个。

（3）点火开关1个。

（4）转向信号灯闪烁器1个。

（5）转向信号灯开关1个。

（6）导线若干。

（7）灯泡2个。

❸ 学习过程

（1）转向灯基本知识。

转向灯是在机动车辆转向时开启，以提示前后左右车辆及行人注意的重要指示灯。转向灯由开关、信号灯、指示灯和闪光器等组成。转向灯通过闪光器实现灯光闪烁，如图2-10所示。

（2）转向灯工作原理。

转向灯控制电路，如图2-11所示。

图 2-10　转向灯

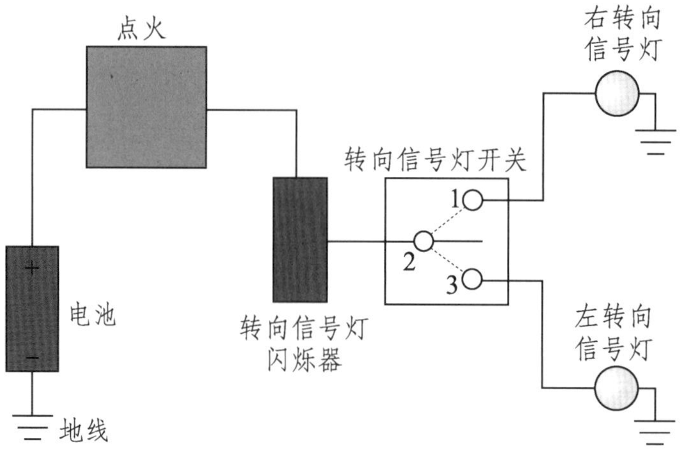

图 2-11　转向灯控制电路

❹ 操作步骤

（1）分析转向灯控制电路。

（2）制订转向灯线路连接方案,画于表 2-1。

转向灯线路连接方案　　　　　　　　　　　　　　　　　表 2-1

转向灯线路连接方案:

（3）根据方案连接电路。

（4）连接完毕。观察转向开关在"开""关"两种不同状况下转向灯的工作情况,并记录于表 2-2。

转向灯工作情况记录表　　　　　　　　　　　　　　　　表 2-2

点火开关		左转向灯点亮情况	右转向灯点亮情况
关闭			
打开	转向灯开关处于位置 1		
	转向灯开关处于位置 2		
	转向灯开关处于位置 3		

（5）操作完毕,收拾工位。

❺ 考核评价

填写考核评价表(表 2-3)。

考核评价表　　　　　　　　　　　　　　　表2-3

考核项目	评分标准	分数（分）	学生自评（分）	小组互评（分）	教师评价（分）	小计（分）
团队合作	是否和谐	5				
活动参与	是否主动	5				
安全生产	有无安全隐患	10				
现场5S管理	是否做到	10				
任务方案	是否合理	15				
学习过程	转向灯电路连接	30				
任务完成情况	是否圆满完成	5				
操作过程	是否标准规范	10				
劳动纪律	是否严格遵守	5				
作业填写	是否完整、规范	5				
总分		100	得分			
学习心得						

任务二　电磁感应现象验证

任务描述

电生磁,磁又可生电,两者联系紧密。电路中通电导线和线圈周围包围着磁场,闭合线圈在磁场中做切割磁力线的运动会产生感应电压和电流。电场与磁场可互相转换,在实际应用中不能孤立分析。各类发电机、电动机、变压器、接触器等就是根据电磁感应原理制成的,而这些电器设备和器件主要由金属导线和导磁性能良好的铁磁材料组成,铁磁材料还具有记忆和记录功能。

通过本任务的学习,学生可以了解到电磁之间在一定条件下能相互转换,并为后续学习变压器做准备。

学习目标

1. 知识目标

(1)了解电与磁的关系。

(2)理解电磁感应现象及原理。

2. 技能目标

能用楞次定律实验来验证电磁感应现象。

3.素质目标

（1）通过探索电与磁的关系，培养学生独立学习、获取新知识、分析和处理信息的能力。

（2）培养学生严谨的工作态度和精益求精的工匠精神，展示中国工匠可信的形象。

参考学时

共4学时，知识学习2学时、实训操作2学时。

任务所需设备、器材

各类磁体磁针、长螺线管、线圈、刀开关、导线（若干）、电阻、检流计、小灯泡、直流稳压电源。

任务知识学习

一 楞次定律

电流能产生磁场，那么磁场能否产生电流呢？

将一条形磁铁放置在线圈中，当其静止时，检流计的指针不偏转，但将它迅速地插入或拔出时，检流计的指针都会发生偏转，说明线圈中有电流。这种利用磁场产生电流的现象称为电磁感应现象（图2-12），产生的电流称为感应电流，产生感应电流的电动势称为感应电动势。

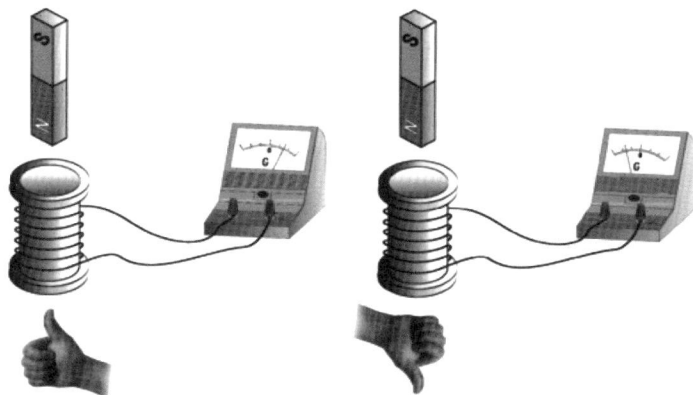

图2-12　电磁感应现象

以上实验表明：在线圈回路中产生感应电动势和感应电流的原因是由于磁铁的插入和拔出导致线圈中的磁通发生了变化。

楞次定律指出了磁通的变化与感应电动势在方向上的关系，即感应电流产生的磁通总是阻碍原磁通的变化。

二 法拉第电磁感应定律

在上述实验中，如果改变磁铁插入或拔出的速度，就会发现，磁铁运动速度越快，指针偏转角度越大，反之越小。而磁铁插入或拔出的速度，反映的是线圈中磁通的变化速度。即线圈中感应电动势的大小与线圈中磁通的变化率成正比，这就是法拉第电磁感应定律。

用 $\Delta\Phi$ 表示时间间隔 Δt 内一个单匝线圈中的磁通变化量,则一个单匝线圈产生的感应电动势的大小为:

$$e = \frac{\Delta\Phi}{\Delta t} \qquad (2\text{-}7)$$

如果线圈有 N 匝,则感应电动势的大小为:

$$e = N\frac{\Delta\Phi}{\Delta t} \qquad (2\text{-}8)$$

三 感应电动势

感应电动势的方向可用右手定则判断:平伸右手,大拇指与其余四指垂直,让磁感线穿入掌心,大拇指指向导体运动方向,则其余四指所指的方向就是感应电动势的方向,如图 2-13 所示。

当导体、导体运动方向和磁感线方向三者互相垂直时,导体中的感应电动势为 $E = Blv$。如果导体运动方向与磁感线方向有一夹角 α,则导体中的感应电动势为 $E = Blv\sin\alpha$,如图 2-14 所示。

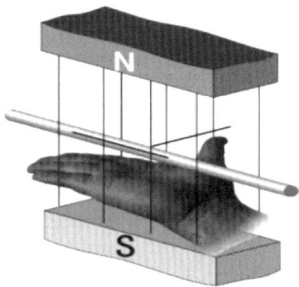

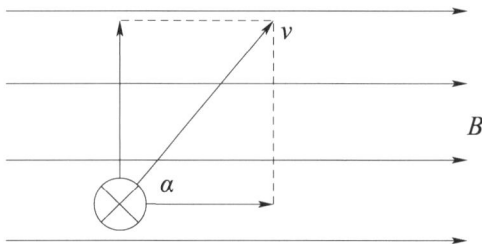

图 2-13 感应电动势的方向判定   图 2-14 感应电动势的计算

如果导体和磁感线之间有相对运动,用右手定则判断感应电流方向较为方便;如果导线与磁感线之间无相对运动,只是穿过闭合回路的磁通发生了变化,则用楞次定律来判断感应电流的方向。

四 自感和互感

❶ 自感

(1)自感现象。当线圈中的电流发生变化时,线圈中就会产生感应电动势,这个电动势总是阻碍线圈中原来电流的变化。这种由于流过线圈本身的电流发生变化而引起的电磁感应现象称为自感,如图 2-15 所示。在自感现象中产生的感应电动势称为自感电动势,用 E_L 表示,自感电流用 I_L 表示。自感电流产生的磁通称为自感磁通。

(2)自感系数。一个线圈中通过单位电流所产生的自感磁通称为自感系数(简称电感),用 L 表示,即:

$$L = \frac{N\Phi}{I} \qquad (2\text{-}9)$$

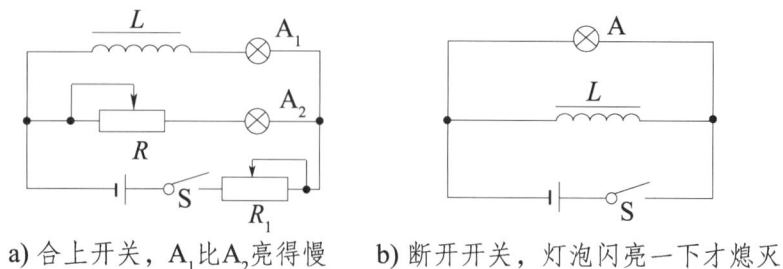

a) 合上开关，A_1 比 A_2 亮得慢   b) 断开开关，灯泡闪亮一下才熄灭

图 2-15 自感现象示意图

L 的单位是亨利，用 H 表示。常采用较小的单位有毫亨（mH）和微亨（μH）。

线圈的电感是由线圈本身的特性决定的。线圈越长，单位长度上的匝数越多，截面积越大，电感就越大。有铁芯的线圈，其电感要比空心线圈的电感大得多。

有铁芯的线圈，其电感也不是一个常数，称为非线性电感。电感为常数的线圈称为线性电感。当空心线圈结构一定时，可近似地将其看成线性电感。

（3）自感电动势。由 $LI = N\Phi$，有 $N\Delta\Phi = L\Delta I$，代入 $eL = N\dfrac{\Delta\Phi}{\Delta t}$，得：

$$eL = L\frac{\Delta I}{\Delta t} \tag{2-10}$$

2 互感

（1）互感现象和互感电动势。在开关 SA 闭合或断开瞬间以及改变 RP 的阻值时，检流计的指针都会发生偏转，如图 2-16 所示。我们把由一个线圈中电流发生变化而在另一线圈中产生电磁感应的现象称为互感现象，简称互感。由互感产生的感应电动势称为互感电动势，用 E_M 表示。

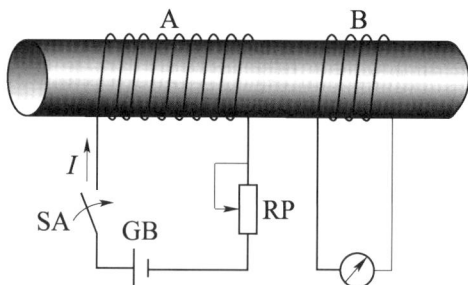

图 2-16 互感现象示意图

互感电动势的计算公式为：

$$E_{MB} = M\Delta I_A/\Delta t \tag{2-11}$$

式中：E_{MB}——线圈 B 的互感电动势；

M——互感系数，简称互感，H；

ΔI_A——线圈 A 的电流变化量。

（2）互感线圈的同名端。我们把由于线圈绕向一致而产生感应电动势的极性始终保持一致的端子称为线圈的同名端，用"·"或"＊"表示，如图 2-17 所示，1、4、5 就是一组同名端。

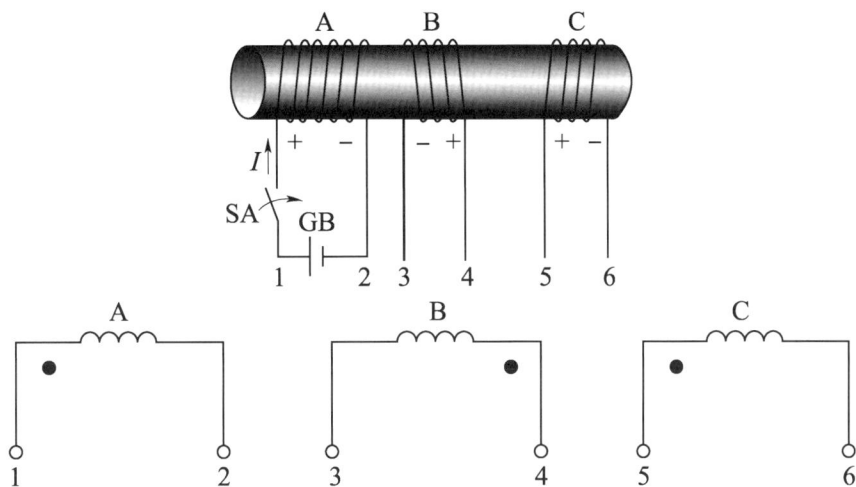

图 2-17　互感线圈的同名端

任务实施

验证电磁感应

❶ 任务目标

(1)验证电磁感应现象。

(2)判断通电螺线管的磁场方向。

❷ 材料准备

(1)条形磁铁。

(2)长螺线管、线圈。

(3)电阻。

(4)刀开关。

(5)导线若干。

(6)检流计。

(7)直流稳压电源。

❸ 学习过程

实验原理如下：

随时间变化的电场要在空间产生磁场,同样,随时间变化的磁场也要在空间产生电场。电场和磁场构成了统一的电磁场的两个不可分割的部分。

(1)楞次定律。

将一条形磁铁放置在线圈中,当其静止时,检流计的指针不偏转,但将它迅速地插入或拔出时,检流计的指针都会发生偏转,说明线圈中有电流,如图 2-18 所示。

(2)电磁感应。

电磁感应又称磁电感应现象,是指闭合电路的一部分导体在磁场中做切割磁感线运动,导体中就会产生电流的现象。这种利用磁场产生电流的现象叫做电磁感应现象,产生的电流叫做感应电流,如图 2-19 所示。

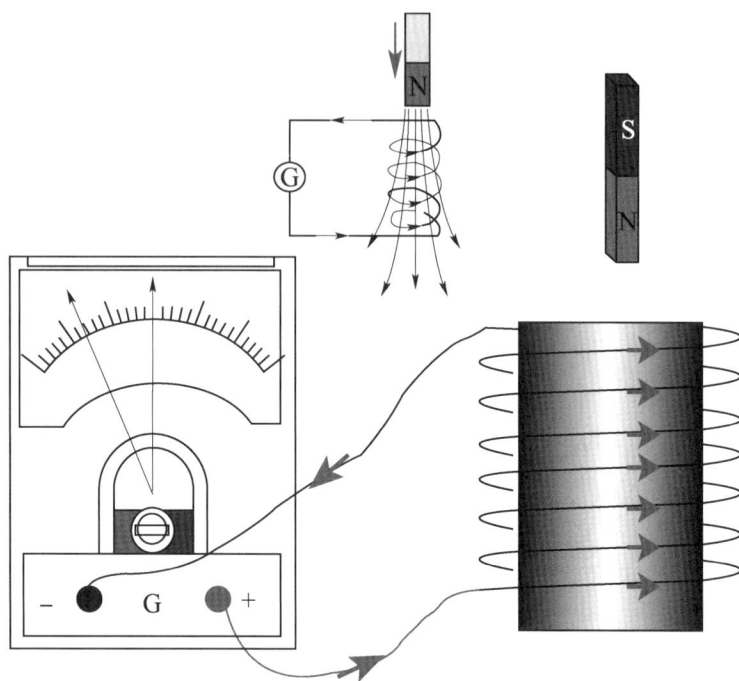

图 2-18　楞次定律

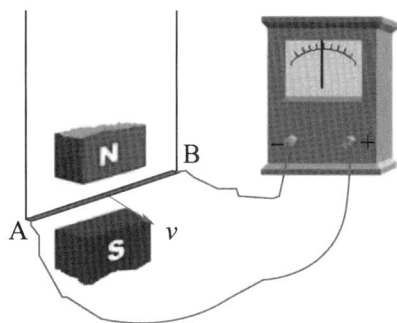

图 2-19　电磁感应现象

④ 操作步骤

(1)验证电磁感应现象(楞次定律)。

①把线圈接上检流计,形成闭合回路。

②将一条形磁铁放置在线圈中,静止时,检流计指针不偏转。

③将磁铁迅速插入或拔出线圈,检流计指针都发生偏转。

④说明变化的磁场使得线圈中有电流产生。

(2)根据实验现象验证电磁感应现象。

⑤ 考核评价

填写考核评价表(表2-4)。

考核评价表　　　　　　　　　　　　　　　　　表2-4

考核项目	评分标准	分数(分)	学生自评(分)	小组互评(分)	教师评价(分)	小计(分)
团队合作	是否和谐	5				
活动参与	是否主动	5				
安全生产	有无安全隐患	10				
现场5S管理	是否做到	10				
任务方案	是否合理	15				
学习过程	验证电磁感应定律	30				

考核项目	评分标准	分数（分）	学生自评（分）	小组互评（分）	教师评价（分）	小计（分）
任务完成情况	是否圆满完成	5				
操作过程	是否标准规范	10				
劳动纪律	是否严格遵守	5				
作业填写	是否完整、规范	5				
总分		100	得分			
学习心得						

任务三　继电器的检测

任务描述

汽车继电器广泛用于控制汽车起动、预热、空调、灯光、刮水器、电喷、油泵、防盗、音响、导航、电动风扇、冷却风扇、电动门窗、安全气囊、防抱死制动、悬架控制以及汽车电子仪表和故障诊断等系统中,其数量仅次于传感器。

通过本任务的学习,学生可以深入了解汽车继电器的结构组成和工作原理,能对汽车继电器性能好坏进行检测,切实提高学生的汽车维修技术水平。

学习目标

1. 知识目标

(1)了解继电器的结构、作用、类型。

(2)掌握继电器的工作原理。

2. 技能目标

(1)能区分继电器类型。

(2)能利用仪表检测继电器性能的好坏。

3. 素质目标

(1)培养学生仔细观察、认真思考的专业素养,爱岗敬业的工匠精神。

(2)培养学生养成团结协作意识,养成规范作业、安全工作的工作习惯,形成较强的岗位安全责任意识、质量意识。

(3)能够在实际操作过程中培养动手实践能力、解决实际问题的综合能力。

参考学时

共 4 学时,知识学习 2 学时、实训操作 2 学时。

任务所需设备、器材

(1)汽车继电器1个。

(2)汽车专用万用表、接线盒、直流稳压电源。

任务知识学习

继电器的认知

一 继电器概念

继电器(Relay)是一种电控制器件,如图2-20所示,其相当于一个电器开关,是当输入量(激励量)的变化达到规定要求时,在电气输出电路中使被控量发生预定的阶跃变化的一种电器。它具有控制系统(又称输入回路)和被控制系统(又称输出回路)之间的互动关系,通常应用于自动化的控制电路中。继电器实际上是用小电流去控制大电流运作的一种"自动开关",通过普通的小开关就可以达到接通或关闭高压电路,避免直接去接触大电流高电压,保护开关的安全,因此在电路中起着自动调节、安全保护、转换电路等作用。

图2-20 继电器的外形

1 继电器结构

汽车用继电器一般为电磁式继电器,其结构如图2-21所示。继电器通常由电磁铁(包含铁芯和线圈)、衔铁、复位弹簧、触点等组成,如图2-22所示。

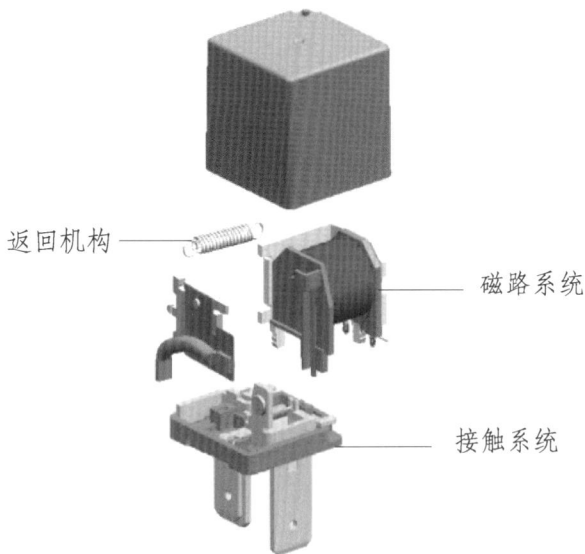

图2-21 继电器结构图

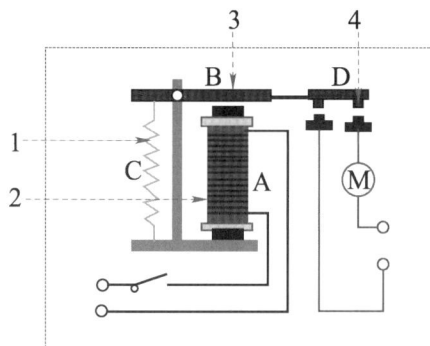

图2-22 继电器的组成
1-复位弹簧;2-电磁铁;3-衔铁;4-触点

2 继电器各组成部分的作用

(1)电磁铁:通电时产生磁性,吸下衔铁。

(2)衔铁:和动触点组成一个绕支点转动的杠杆,带动动触点上下运动。

（3）复位弹簧：电磁铁磁性消失时，带动衔铁弹离电磁铁。

（4）触点：相当于被控制电路的开关。

二 继电器工作原理

以开闭混合型继电器为例说明继电器的工作原理，如图 2-23 所示。只要在线圈两端加上一定的电压，线圈中就会流过一定的电流，从而
产生电磁效应，衔铁就会在电磁力吸引的作用下
克服复位弹簧的拉力吸向铁芯，从而带动衔铁的
动触点与静触点（常开触点）吸合。当线圈通电
后，电磁的吸力也随之消失，衔铁就会在弹簧的拉
力下返回原来的位置，使动触点与原来的静触点
（常闭触点）吸合。这样吸合、释放，从而达到了
在电路中导通、切断的目的。对于继电器的"常
开、常闭"触点，可以这样来区分：继电器线圈未通

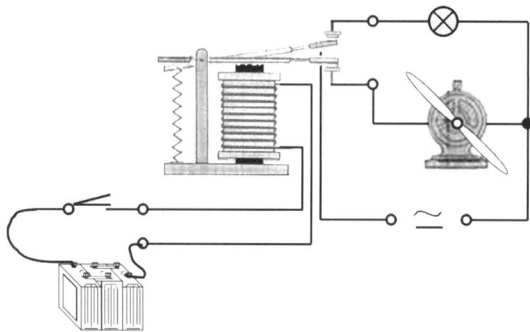

图 2-23　开闭混合型继电器工作原理

电时处于断开状态的静触点，称为"常开"触点；处于接通状态的静触点，称为"常闭"触点。

三 继电器的类型与作用

（1）汽车用继电器可分为功能继电器和电路控制继电器两种。功能继电器包括闪光继电器、刮水间歇继电器等。电路控制继电器，即单纯实现电路通断与转换的继电器，它的作用主要是减小开关的电流负荷，保护开关触点不被烧蚀，即用流经开关的小电流，控制用电装置的大电流。

（2）继电器按外形区分，有圆形和方形两种。按插脚多少区分，有三脚、四脚、五脚、六脚多种。继电器由电磁铁和触点等组成，为防止线圈断电时产生的自感电动势将电子设备损坏，有的继电器磁化线圈两端并联有泄放电阻或续流二极管。

（3）根据触点的状态不同，继电器又分为常开型、常闭型和开闭混合型三类，如图 2-24所示。常开型继电器平时触点是断开的，继电器动作后触点接通，接通控制电路。常闭继电器的触点平时是闭合的，继电器动作后触点断开，切断控制电路。混合型继电器平时常闭触点接通，常开触点断开，如果继电器线圈通电，则触点处于相反的状态。

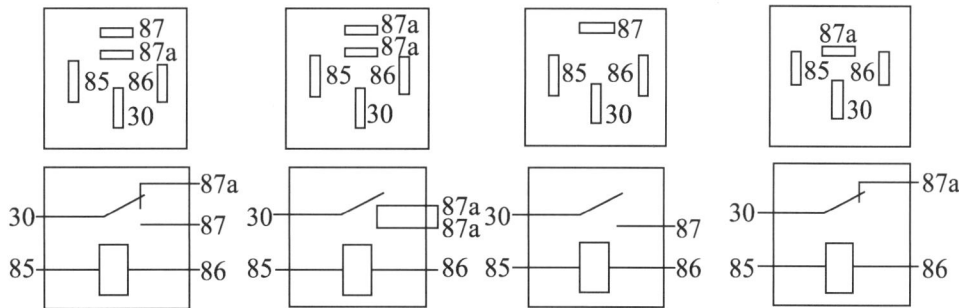

图 2-24　继电器的类型与内部示意图

（4）继电器的工作电压分为 12V 和 24V 两种,分别应用于相应标称电压的汽车上。两种标称电压的继电器不能互换使用。

任务实施

继电器检测

1 任务目标

（1）掌握汽车继电器的结构。

（2）掌握汽车继电器的工作原理。

（3）掌握汽车继电器检测的方法与步骤。

2 材料准备

（1）实验继电器 2 只。

（2）数字式万用表。

（3）蓄电池。

（4）试灯。

3 学习过程

（1）继电器的结构。

汽车用继电器一般为电磁式继电器,通常由铁芯、线圈、衔铁、触点簧片等组成,如图 2-25 所示。

（2）继电器的工作原理。

继电器如图 2-25 所示,在线圈两端子间加直流可调电压,电压逐渐增大,继电器触点闭合时的电压为闭合电压,然后逐渐减小电压,继电器触点断开时的电压为释放电压。继电器的工作原理如图 2-26 所示。

图 2-25 继电器外形

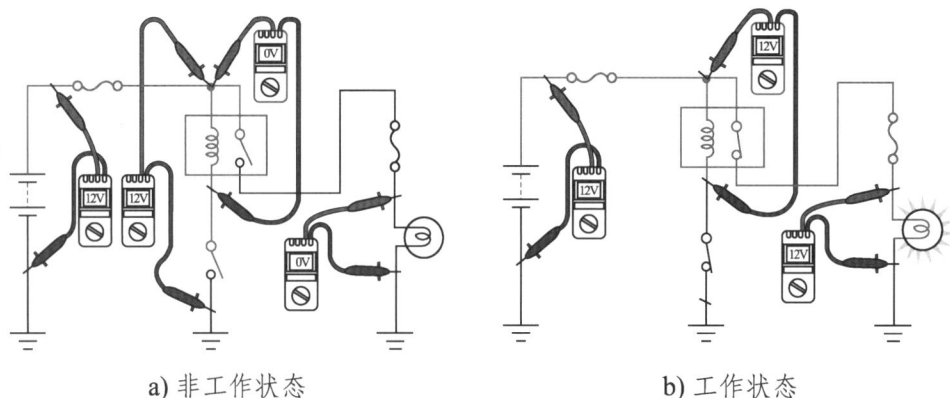

a) 非工作状态　　　　　b) 工作状态

图 2-26 继电器的工作原理图

4 实验步骤

（1）红黑表笔搭线,测试万用表是否正常。

（2）测量继电器 4 个插脚之间的电阻。

（3）接通电源,测试继电器电阻。

（4）将检测结果填入表2-5,并判别继电器好坏。

继电器的测试结果 表2-5

端子	30	87	85	86
非工作状态				
工作状态				

（5）清洁场地,将工具归位。

5 考核评价

填写考核评价表(表2-6)。

考核评价表 表2-6

考核项目	评分标准	分数（分）	学生自评（分）	小组互评（分）	教师评价（分）	小计（分）
团队合作	是否和谐	5				
活动参与	是否主动	5				
安全生产	有无安全隐患	10				
现场5S管理	是否做到	10				
任务方案	是否合理	15				
学习过程	检测继电器	30				
任务完成情况	是否圆满完成	5				
操作过程	是否标准规范	10				
劳动纪律	是否严格遵守	5				
作业填写	是否完整、规范	5				
总分		100	得分			
学习心得						

任务四　变压器的认知与应用

任务描述

变压器是根据电磁感应原理制成的一种静止的电气设备,它具有改变电压、电流和阻抗的功能,因此在强电、弱电(如测量技术和计算技术)方面都得到了广泛的应用。汽车上变压器应用广泛,如点火系统内用的升压变压器、电动汽车上用的旋转变压器、汽车氙气灯中用的平面变压器等。

通过本任务的学习,可让学生深入了解汽车点火线圈的结构组成和工作原理。通过对实训汽车点火线圈检测等理实一体化实操训练,切实提高学生的汽修技术水平,培养其仔细观察、认真思考的专业素养。

学习目标

1. 知识目标

(1)掌握变压器的作用,类型和结构组成。

(2)理解并掌握单相变压器的工作原理及其应用。

(3)理解并掌握三相变压器的不同接法。

(4)了解其他汽车变压器的种类及应用。

2. 技能目标

能对汽车点火线圈检测。

3. 素质目标

(1)树立规范操作的职业意识,引导学生树立远大理想,培养学生勇于创新的精神。

(2)通过变压器的认知与应用教学活动,培养学生对科学的探索意识,总结规律,积累经验的能力,不断提出真正解决问题的新理念、新思路、新办法。

(3)培养学生安全意识、节能环保意识和质量强国意识。

参考学时

共 4 学时,知识学习 2 学时、实训操作 2 学时。

任务所需设备、器材

(1)实训用汽车。

(2)常用正时检查调整组合工具套件,螺丝刀、套筒扳手等。

(3)手电筒、万用表等。

任务知识学习

一 单相变压器

❶ 变压器的概述

(1)变压器的使用范围。

变压器应用广泛,便于输送交流电。而采用高压输电可减小输电线上的电流,大大减少输电线上电能损耗,提高输电效率。例如,在输电、配电的电力系统中,为了提高传输电能的效率,常用变压器把发电机产生的电压升高,实现远距离高压输电。为保证用电安全和适合负载对电压的要求,电子设备和仪器中常用小功率电源变压器改变市电电压,再通过整流和滤波,得到电路所需电压。

放大电路中常用耦合变压器传递信号或阻抗匹配。汽车上点火系统也需要用到变压器。

（2）变压器的分类。

①根据用途分为：用于远距离输电、配电的电力变压器，用于机床局部照明和控制用的控制变压器，用于电子设备和仪表供电的电源变压器，用于传输信息的耦合变压器等。

②根据输入端电源相数分有：单相变压器和三相变压器。

③根据电压升降分有：升压变压器和降压变压器。

④根据结构分有：芯式和壳式。

虽然变压器的种类繁多、用途各异，使其电气性能相差悬殊，但其基本结构和工作原理却相似。

变压器的
基础知识

❷ 变压器的基本结构

变压器由一个闭合的铁芯上绕制两个（或多个）线圈（或称绕组），即由铁芯和绕组两部分构成，如图 2-27 所示。其文字符号是 T。

绕组作用是输入和输出电能。变压器工作时，接电源端的称为原绕组，这一侧称为原线圈；接负载端的称为副绕组，这一侧称为副线圈，匝数分别为 N_1、N_2，如图 2-28 所示。

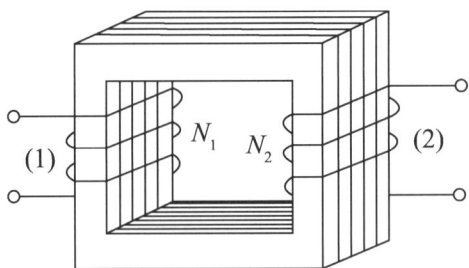

图 2-27 变压器结构示意图

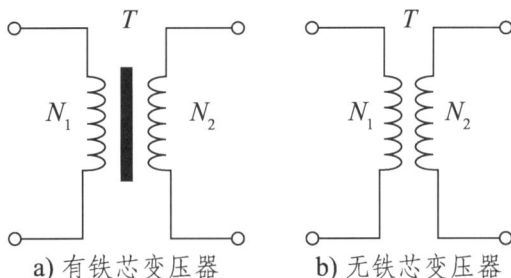

图 2-28 变压器的图形符号

a) 有铁芯变压器   b) 无铁芯变压器

变压器中铁芯是用铁磁材料制成的，用来增大线圈的电感量，提高效率。常见的铁芯材料有硅钢片、坡莫合金、铁氧体等。为了减小铁芯的涡流损耗，一般由薄硅钢片或坡莫合金片叠合而成，叠片的两面涂以绝缘漆。常见的芯式和壳式变压器的结构如图 2-29 所示。

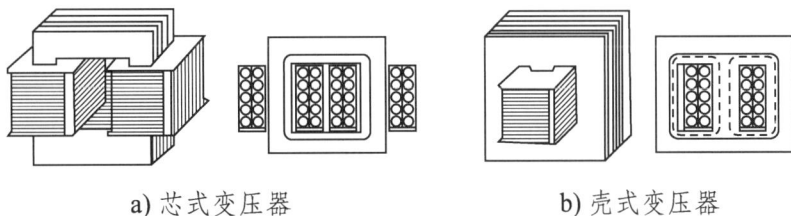

a) 芯式变压器   b) 壳式变压器

图 2-29 芯式和壳式变压器

❸ 变压器的工作原理

变压器是按电磁感应原理工作的。如果把变压器的原线圈接在交流电源上，在原线圈中就有交流电流流过，交变电流将在铁芯中产生交变磁通，这个变化的磁通经过闭合磁路同时穿过原线圈和副线圈。交变的磁通将在线圈中产生感应电动势，这时，副线圈开路不接负载（开路 $I_2 = 0$），这种状态称为空载运行；如果在副线圈上接上负载，那么电能将通过负载转换成其他形式的能,变压器便在有负载的情况下运行,称为负载运行。变压器工作原理如图 2-30 所示。

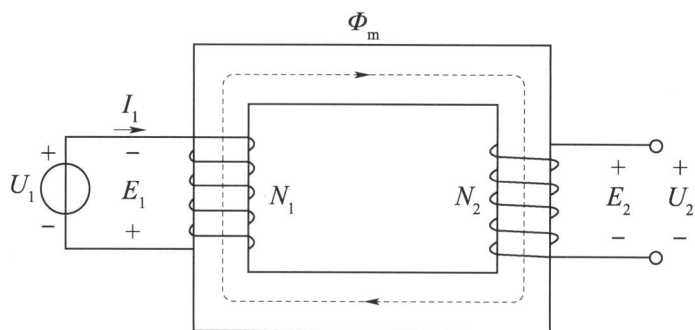

图 2-30　变压器原理图

4 交流电压、电流和阻抗的变换

(1)变换交流电压。

假设变压器原线圈接上额定的交变电压 U_1,副线圈输出电压为 U_2,原线圈的匝数为 N_1,副线圈的匝数为 N_2,那么:

$$\frac{U_1}{U_2} = \frac{N_1}{N_2} = K \tag{2-12}$$

K 称为变压比或变比。当 $N_1 > N_2$,$K > 1$ 时,变压器为降压变压器;当 $N_1 < N_2$,$K < 1$ 时,变压器为升压变压器。

由此可见,变压器原副线圈的端电压之比等于这两个线圈匝数比。

(2)变换交流电流。

根据能量守恒定律,在忽略变压器内部损耗的情况下,变压器从电网中获取的能量应该等于它提供给负载的能量,即输入功率等于输出功率,$P_1 = P_2$。

根据功率的公式则有:$P_1 = U_1 I_1$、$P_2 = U_2 I_2$,所以 $U_1 I_1 = U_2 I_2$,则:

$$\frac{I_1}{I_2} = \frac{U_2}{U_1} = \frac{N_2}{N_1} \tag{2-13}$$

由此可见,变压器原副线圈的电流强度跟线圈的匝数成反比。

(3)阻抗变换作用。

设变压器原线圈的输入阻抗为 $|Z_1|$,副线圈的负载阻抗为 $|Z_2|$,则:

$$|Z_1| = \frac{U_1}{I_1},\ |Z_2| = \frac{U_2}{I_2}$$

所以 $\frac{|Z_1|}{|Z_2|} = \frac{U_1 I_2}{U_2 I_1}$,由于 $\frac{U_1}{U_2} = \frac{N_1}{N_2}$、$\frac{I_1}{I_2} = \frac{N_2}{N_1}$,则有:

$$\frac{|Z_1|}{|Z_2|} = \left(\frac{N_1}{N_2}\right)^2 \tag{2-14}$$

接在变压器副线圈的负载阻抗 $|Z_2|$ 反映到变压器原线圈的等效阻抗 Z_1 是 $|Z_2|$ 的 K^2 倍,这就是变压器的阻抗变换作用。接在变压器副线圈的阻抗 Z_2 对电源而言,相当于接上

等效阻抗为 $K^2|Z_2|$ 的负载,当匝数比 K 不同时,同样的副线圈负载阻抗值反映到原线圈的等效阻值 Z_1 也不同,这种阻抗变换的过程又称为变压器的阻抗匹配。

5 变压器的额定值和效率

额定值通常标注在变压器的铭牌上,又称铭牌值。变压器的额定值主要包括额定电压 U_1N、U_2N,额定电流 I_1N、I_2N,额定容量 SN 和额定频率 fN。

变压器损耗主要由两部分组成:铁损 ΔP_{Fe} 和铜损 ΔP_{Cu},其效率:

$$\eta = \frac{P_2}{P_1} = \frac{P_2}{P_2 + \Delta P_{Fe} + \Delta P_{Cu}} \tag{2-15}$$

变压器的效率普遍比较高,一般小容量变压器的效率都在 $70\% \sim 80\%$,大型供电变压器在额定负载时的效率可达到 99%。

二 三相变压器

三相变压器是供电系统常采用的电器,目前交流供电系统都采用三相制。三相电压的交变可用两种方法来实现:一种方法是用三台规格一致的单相变压器连接成三相变压器组;另一种方法是用一台三相变压器,如图 2-31 所示的是三相变压器的示意图。

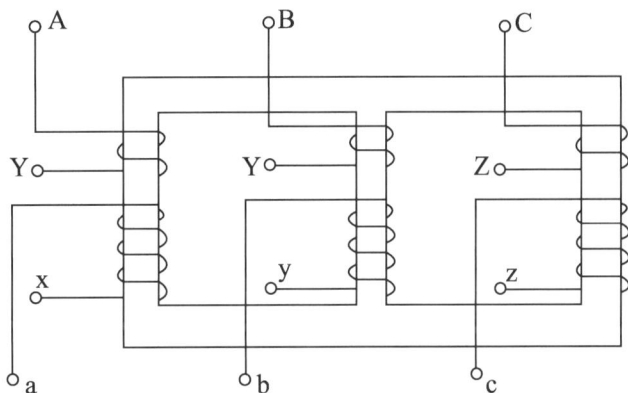

图 2-31　三相变压器示意图

如图 2-31 所示,三相变压器共有三个铁芯柱,每个铁芯柱都有一个原绕组和一个副绕组。原绕组的始端分别用 a、b、c 表示,其对应的末端用 x、y、z 表示。三相变压器的工作原理,每一相和单相变压器完全一样,这里不再重复介绍。三相变压器与由三台单相变压器组成的三相变压器组相比较,在同样容量的条件下,显然三相变压器具有体积小、成本低、效率高等优点。故三相变压器在输电、配电的供电系统中得到广泛运用。

三相变压器的原绕组和副绕组都可以接成星形或三角形。当绕组接成星形时,每相绕组的相电流等于线电流,相电压只有线电压的 1/3 倍,相电压较低有利于降低绕组的绝缘强度要求,故变压器的高压侧多采用"Y"形接法。目前我国生产的三相电力变压器,通常采用的接法有 Y/Yo、Y/△ 和 Yo/△ 三种,其中分子表示原绕组的接法,分母表示副绕组的接法,Yo 表示星形连接并有中线。其中 Y/Yo 的接法常用于照明负载和动力负载混合电的线路中,照明负载接相电压,动力负载接线电压。三相变压器连接方法举例,如图 2-32 所示。三相变压器绕组的接法通常标明在它的铭牌上。

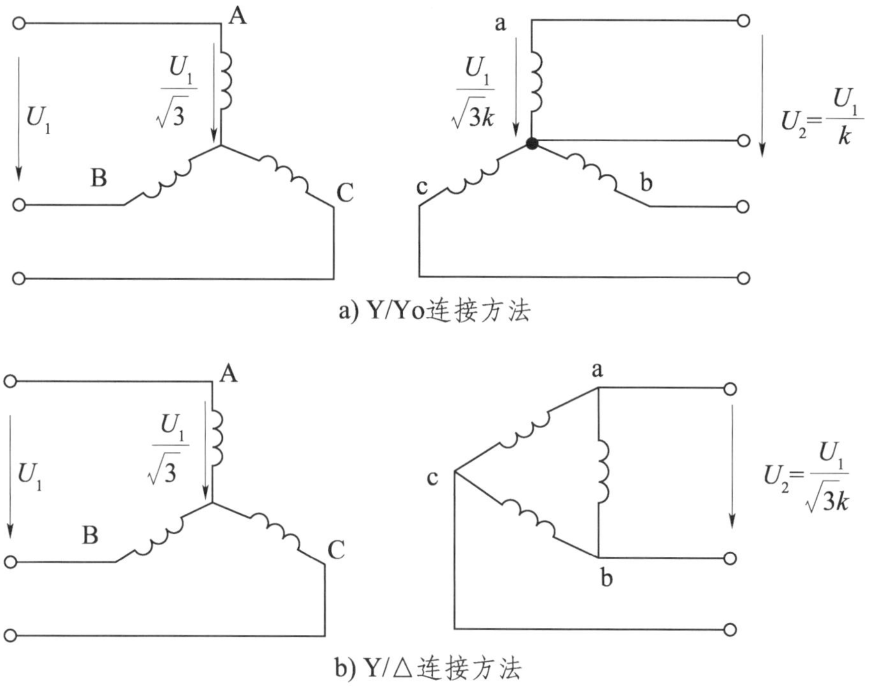

a) Y/Yo连接方法

b) Y/△连接方法

图 2-32　三相变压器连接方法举例

三　汽车变压器

1　汽车点火系统

汽车点火系统为了保证汽车的正常工作,会按照各缸点火顺序,定时地供给火花塞足够高能量的电压(15 ~ 30kV),使火花塞产生足够强的火花,从而点燃可燃混合气。汽车点火系统中的点火线圈就是一台升压变压器,通过电磁感应原理,将汽车上 12V 的低压电,转变为 15 ~ 30kV 的高压电,点燃可燃混合气。点火线圈外形如图 2-33 所示。

图 2-33　点火线圈外形图

汽车点火线圈根据磁路和结构的不同,可分为开磁路点火线圈(图 2-34)和闭磁路点火线圈(图 2-35)两种形式。

开磁路点火线圈多用于传统点火系统及普通电子点火系统。闭磁路点火线圈具有漏磁少、转换效率高、结构简单、体积小、质量轻等优点,多应用于高能电子点火系统及电控点火系统。

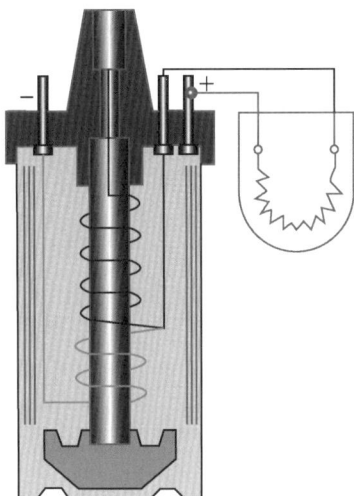

图 2-34 传统开磁路点火
线圈结构图

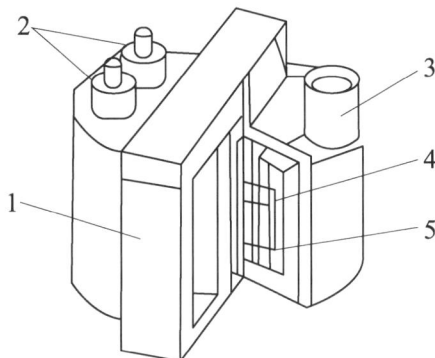

图 2-35 闭磁路点火线圈结构图
1-"曰"字形铁芯；2-初级绕组接线柱；
3-高压接线柱；4-初级绕组；5-次级绕组

❷ 其他汽车变压器

（1）旋转变压器。

旋转变压器是一种电磁式传感器，又称同步分解器，在电动汽车上广泛使用，如图 2-36
所示。它是一种测量角度用的小型交流电动机，用来测量旋转物体
的转轴角位移和角速度，由定子和转子组成。其中定子绕组作为变
压器的原线圈，接受励磁电压，励磁频率通常有 400Hz、3000Hz 及
5000Hz 等。转子绕组作为变压器的副线圈，通过电磁耦合得到感应
电压。

旋转变压器的工作原理和普通变压器基本相似，区别在于普通
变压器的原线圈、副线圈绕组是相对固定的，所以输出电压和输入电
压之比是常数，而旋转变压器的原线圈、副线圈绕组则随转子的角位

图 2-36 旋转变压器

移发生相对位置的改变，因而其输出电压的大小随转子角位移而发生变化，输出绕组的电压
幅值与转子转角成正弦、余弦函数关系，或保持某一比例关系，或在一定转角范围内与转角
呈线性关系。

旋转变压器在同步随动系统及数字随动系统中可用于传递转角或电信号；在解算装置
中可作为函数的解算之用，故也称为解算器。

旋转变压器一般有两极绕组和四极绕组两种结构形式。两极绕组旋转变压器的定子和
转子各有一对磁极；四极绕组则各有两对磁极，主要用于高精度的检测系统。除此之外，还
有多极式旋转变压器，用于高精度绝对式检测系统、伺服系统。

（2）电动汽车上的变压器。

普通变压器是利用电磁感应的原理来改变交流电压的装置，主要构件是初级线圈、次级
线圈和铁芯（磁芯），主要功能有：电压变换、电流变换、阻抗变换、隔离、稳压（磁饱和变压
器）等。电动汽车上用的不是一般的变压器，而是"升压器"，就是把蓄电池的低压"直流电"
升高到能够带动电机运转的"交流电"，其外观如图 2-37 所示。例如：蓄电池是 12V 而电动

机需要60V才可转动,那么当蓄电池的12V电流在通过"升压器"后就可以达到60V的电压来给电动机供电,使其转动。

图 2-37　电动汽车上的变压器

任务实施

点火线圈的认知

❶ 任务目标

(1)掌握点火线圈的在车辆的安装位置。

(2)掌握点火线圈的作用。

(3)掌握点火线圈各个端子的连接及检测。

❷ 材料准备

(1)被测试的点火线圈、良好的点火线圈各1个。

(2)万能电器试验台。

(3)常用工具1套。

(4)万用表、试灯各1个。

(5)点火系统电路板3套(不同系统)。

❸ 学习过程

(1)点火线圈的结构原理。

独立式点火是指每一个汽缸分配一个点火线圈,即点火线圈和输出放大器集成在一个部件上,点火线圈直接安装在火花塞的顶上。独立式点火线圈安装位置如图2-38所示。

图 2-38　独立式点火线圈安装位置

点火线圈各端子如图 2-39 所示。点火线圈的 1 端子为供电端、2 端子为车身搭铁、3 端子为发动机搭铁、4 端子为触发/诊断端。

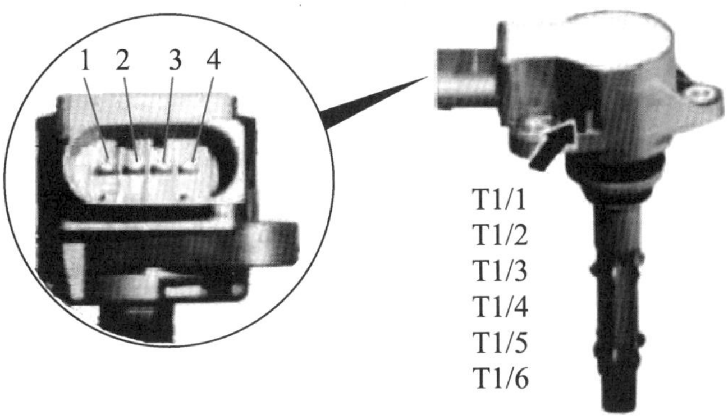

图 2-39　独立式点火线圈实物图

1-供电端;2-车身搭铁;3-发动机搭铁;4-触发/诊断端

(2)点火线圈的检测。

拆下火花塞,通过观察电极处的燃烧情况来判断是哪一个汽缸不正常,燃烧不正常的火花塞电极处会发黑或有油污。确定某汽缸有故障后,将有故障的汽缸的点火线圈与另一汽缸的点火线圈互换,如果故障随着点火线圈转移,即可确定为点火线圈故障。同时也要检查点火线圈的连接线是否存在断路现象,点火线圈的控制信号与控制电脑之间应无断路或短路故障。

(3)检测结果填入表 2-7。

点火线圈测试结果 表 2-7

类别	1 端子	2 端子	3 端子	4 端子
测量值				
状况				

❹ 考核评价

填写考核评价表(表 2-8)。

考核评价表 表 2-8

考核项目	评分标准	分数(分)	学生自评(分)	小组互评(分)	教师评价(分)	小计(分)
团队合作	是否和谐	5				
活动参与	是否主动	5				
安全生产	有无安全隐患	10				
现场5S管理	是否做到	10				
任务方案	是否合理	15				
学习过程	检测点火线圈	30				

续上表

考核项目	评分标准	分数（分）	学生自评（分）	小组互评（分）	教师评价（分）	小计（分）
任务完成情况	是否圆满完成	5				
操作过程	是否标准规范	10				
劳动纪律	是否严格遵守	5				
作业填写	是否完整、规范	5				
总分		100	得分			
学习心得						

知识拓展

从电磁学发展中培养科学精神

在科学的浩瀚星空中，电磁学的发展历程无疑是璀璨夺目的篇章。它不仅深刻改变了人类的生活方式，更体现了人类对未知世界探索的伟大精神。

回顾电磁学发展，早期人们对电和磁的认识仅停留在一些简单的自然现象，如摩擦起电、天然磁石吸铁等。直到 18 世纪，电学和磁学的研究才逐渐步入正轨。科学家们通过不断实验，积累了大量的基础数据，为后续理论突破奠定基础。

19 世纪，迎来了电磁学的重大变革。法拉第，这位伟大的科学家，出身平凡却对科学充满热忱。当时，人们虽已知电和磁有联系，但对其具体关系仍不明确。法拉第凭借着对未知探索的执着，在简陋的实验室中进行了无数次实验。他打破常规思维，经过长达十年的不懈努力，终于在 1831 年发现电磁感应现象——闭合电路的一部分导体在磁场中做切割磁感线运动时，导体中就会产生电流。这一发现犹如一道曙光，照亮了电磁学发展的道路，为发电机的发明奠定了理论基础，开启了电气时代的大门。

几乎同一时期，麦克斯韦"站在巨人的肩膀"上，深入研究电磁现象。他没有局限于已有的实验结论，而是大胆创新，运用数学工具对电磁学理论进行系统整合。麦克斯韦提出了著名的麦克斯韦方程组，以简洁而优美的数学形式统一了电学和磁学，预言了电磁波的存在。这一理论在当时极具前瞻性，许多人对此表示怀疑，但麦克斯韦坚信自己的理论。后来，赫兹通过实验证实了电磁波的存在，麦克斯韦的电磁理论得到了广泛认可，成为现代通信技术的理论基石。

法拉第和麦克斯韦的成功，源于他们对未知的强烈好奇心、永不放弃的探索精神以及突破传统思维的创新勇气。这种科学精神正是我们在学习电磁学基础时需要借鉴的。在面对复杂的电磁学公式、抽象的电磁场概念时，同学们要像科学家们一样，独立思考，不盲目接受现成答案，勇于质疑教材和老师的观点。遇到难题，要积极探索解决方案，尝试从不同角度思考问题，大胆提出新的思路和方法。

科学精神是推动科学进步的核心动力，电磁学的发展历程是对这种精神的生动诠释。

希望同学们能从法拉第、麦克斯韦等科学家的故事中汲取力量,在学习的道路上,发扬科学精神,培养独立思考、勇于质疑、大胆创新的能力,为未来的科学研究和工程实践打下坚实的基础。

✏ **习题**

一、填空题

1.通常用法拉第电磁感应定律来计算感应电动势的大小,用＿＿＿＿＿＿定律来判断感应电动势的方向。

2.磁铁在线圈中移动的速度越快,线圈中磁通的变化率就＿＿＿＿＿＿,产生的感应电动势就＿＿＿＿＿＿。

3.产生电磁感应现象的条件是:导体做＿＿＿＿＿＿磁力线运动,或使通过线圈中的＿＿＿＿＿＿发生变化。

4.电流周围存在着＿＿＿＿＿＿,称为电流的＿＿＿＿＿＿。

5.磁感应强度是描述磁场各点的磁场＿＿＿＿＿＿和＿＿＿＿＿＿的物理量。

6.磁力线是互不交叉的闭合曲线,在磁体的外部由＿＿＿＿＿＿极指向＿＿＿＿＿＿极,在磁体内部则相反。

7.磁极间的相互作用力叫作＿＿＿＿＿＿,作用规律是同性磁极＿＿＿＿＿＿、异性磁极＿＿＿＿＿＿。

8.具有磁性的物体叫作＿＿＿＿＿＿;任何磁体都有两个＿＿＿＿＿＿。

二、判断题

1.导体只要在磁场里运动,就可产生感应电动势。 (　　)

2.磁力线的疏密反映的是磁场的强弱。 (　　)

3.产生感应电流的唯一条件是导体做切割磁力线运动。 (　　)

4.感应电动势的大小和方向,可由法拉第电磁感应定律来判断。 (　　)

5.感应磁场的方向总是和原磁场的方向相反。 (　　)

6.变化的磁场在线圈中一定能产生感应电流。 (　　)

7.穿过某一截面磁力线的总数就是该面积上的磁通量。 (　　)

8.磁力线能形象地描述磁场的强弱,所以它存在于磁场周围。 (　　)

9.磁力是磁体相互接触而产生的。 (　　)

10.磁力线永远从磁体的 N 极出发,终止于 S 极。 (　　)

三、选择题

1.在平面上用符号"×"表示磁感应强度的方向是(　　)。
　　A.垂直进入纸面　　　　　　　　　　B.垂直从纸面出来
　　C.平行纸面　　　　　　　　　　　　D.都不对

2.不易被磁化,但保留剩磁的能力很强的材料属于(　　)。
　　A.矩磁材料　　　B.硬磁材料　　　C.软磁材料　　　D.非铁磁材料

3. 下面的概念中,(　　　)是错误的。

    A. 电路中有感应电动势就一定由感应电流

    B. 自感也是电磁感应的一种

    C. 电路中有感应电流就一定有感应电动势

    D. 互感也是电磁感应的一种

4. 判断电流产生磁场的方向用(　　　)。

    A. 左手定则　　　　　B. 安培定则　　　　　C. 螺旋定则　　　　　D. 右手定则

5. 电磁开关是根据(　　　)制成的。

    A. 电磁感应　　　　　　　　　　　B. 电流的磁效应

    C. 磁场对电流的作用　　　　　　　D. 楞次定律

6. 当磁铁从线圈中抽出时,线圈中感应电流产生的磁通方向(　　　)。

    A. 与磁铁运动方向相同　　　　　　B. 与磁铁运动方向相反

    C. 与磁铁磁通的方向相反　　　　　D. 都不对

7. 导体做切割磁力线运动或通过线圈的磁通发生变化时,在导体或线圈上就会产生感应电动势。这就是(　　　)。

    A. 自感现象　　　　　　　　　　　B. 互感现象

    C. 电磁感应现象　　　　　　　　　D. 电流磁效应现象

项目三

新能源汽车电力电子元器件

📋 **项目导言**

电力电子元器件是电子电路中的基本元素,具有两个或以上的引线或金属接点,可以是单独封装的(电阻器、电容器、电感器等),也可以是各种具有不同复杂度的群组(集成电路)。电力电子元器件须相互连接以构成一个具有特定功能的电子电路。电子电路在汽车上得到了广泛的应用,使汽车的性能(经济性、排放性、安全性、舒适性、通过性等)得到很大的发展和提升,给发展智能化、网络化汽车及智能交通系统奠定了良好基础。要掌握新能源汽车电气方面的知识及检修方法,就必须认识电力电子元器件,本项目设置 5 个教学任务:电容器的认知与检测、二极管的认知与检测、晶闸管的认知与检测、场效应晶体管的认知与检测、IGBT 的认知与检测。

任务一　电容器的认知与检测

📇 **任务描述**

电容器是储存和容纳电荷的装置,也是储存电场能量的装置。电容器是电子设备中大量使用的电子元器件之一,广泛应用于隔直、耦合、旁路、滤波、调谐回路、能量转换、控制电路等方面。在电路中电容器一般焊接在电路板上,在车辆上电容器广泛存在于车辆控制模块等电气部件中。

📶 **学习目标**

1. 知识目标

(1) 掌握电容器的结构原理、分类与作用。

(2) 掌握电容器的检测、选用方法。

2. 技能目标

(1) 能正确对电容器进行检测。

(2) 能正确对电容器进行选用。

3. 素质目标

(1)培养学生严谨的工作态度和精益求精的工匠精神,展示中国工匠可信的形象。

(2)培养学生独立学习和思考、分析和处理问题的能力。

(3)培养学生严格遵循电容器操作规范,识别潜在安全风险,形成规范化的安全防护习惯,养成安全生产、规范操作的职业素养。

参考学时

共 2 学时,知识学习 1 学时、实训操作 1 学时。

任务所需设备、器材

电容器、万用表。

📑 **任务知识学习**

一 电容器的结构原理

任何两个彼此绝缘且相隔很近的导体(包括导线)间都构成一个电容器。组成电容器的两个导体称为极板,中间的绝缘材料称为电介质,常用的介质包括空气、云母、纸、油等,如图 3-1 所示。

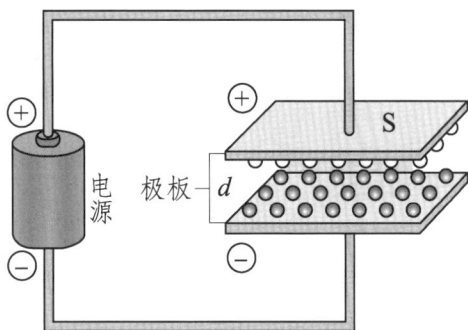

图 3-1　电容器的结构

把电容的两极分别与直流电源的正负极相接后,与电源正极相接的极板上的电子被电源正极吸引使极板带正电荷,电容器另一个极板会从电源负极获得等量的负电荷,从而使电容器存储了电荷。这种使电容器存储电荷的过程叫作充电。充电后,电容器两极板总是带等量异种电荷,两极板之间形成电场,具有电场能。

二 电容器充电放电

❶ 电容器的充电

使电容器带电(储存电荷和电能)的过程称为充电,这时电容器的两个极板总是一个极板带正电,另一个极板带等量的负电。把电容器的一个极板接电源(如电池组)的正极,另一个极板接电源的负极,两个极板就分别带上了等量的异种电荷。充电后电容器的两极板之间就有了电场,充电过程把从电源获得的电能储存在电容器中,如图 3-2 所示。

❷ 电容器的放电

使充电后的电容器失去电荷(释放电荷和电能)的过程称为放电。例如,用一根导线把电容器的两极接通,两极上的电荷互相中和,电容器就会放出电荷和电能。放电后电容器两极板之间的电场消失,电能转化为其他形式的能,如图 3-3 所示。

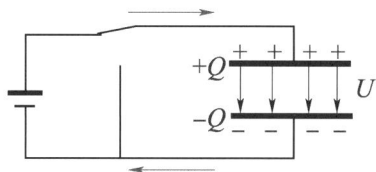

图 3-2　电容器的充电　　　图 3-3　电容器的放电

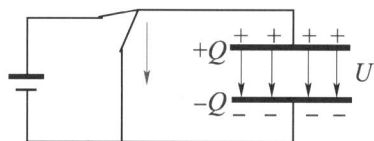

在一般的电子电路中,常用电容器来实现旁路、耦合、滤波、振荡、相移以及波形变换等,这些作用都是其充电和放电功能的演变。

三　电容器分类

（1）按照结构分为:固定电容器、可变电容器和微调电容器。

（2）按电解质分为:有机介质电容器、无机介质电容器、电解电容器和空气介质电容器等。

（3）按用途分为:高频旁路电容器、低频旁路电容器、滤波电容器、调谐电容器、高频耦合电容器、低频耦合电容器、小型电容器。

（4）按制造材料的不同可以分为:瓷介电容器、涤纶电容器、电解电容器、钽电容器、铝电容器,还有先进的聚丙烯电容器等。

电容器的概念
及其原理

四　电容器的检测与选用

❶ 电容器质量的判断与检测

（1）质量判定。

用万用表 R×1k 挡,将表笔接触电容器(1μF 以上的容量)的两引脚,接通瞬间,表头指针应向顺时针方向偏转,然后逐渐逆时针复位,如果不能复原,则稳定后的读数就是电容器的漏电电阻。阻值越大表示电容器的绝缘性能越好。若在上述的检测过程中,表头指针不摆动,说明电容器开路;若表头指针向右摆动的角度大且不复位,说明电容器已击穿或严重漏电;若表头指针保持在 0Ω 附近,说明该电容器内部短路。

（2）容量判定。

检测过程同上,表头指针向右摆动的角度越大,说明电容器的容量越大,反之则说明容量越小。

（3）极性判定。

用万用表的 R×1k 挡,先测一下电解电容器的漏电阻值,而后将两表笔对调一下,再测一次漏电阻值。两次测试中,漏电阻值小的一次,黑表笔接的是电解电容器的负极,红表笔接的是电解电容器的正极。

（4）可变电容器碰片检测。

用万用表的 R×1k 挡,将两表笔固定接在可变电容器的定、动片端子上,慢慢转动可变电容器的转轴。如表头指针发生摆动,说明有碰片,否则说明是正常的。

❷ 电容器的选用

（1）额定电压。

所选电容器的额定电压一般是在线电容工作电压的 1.5～2 倍。但选用电解电容器(特别是液体电介质电容器)时应特别注意:一是使线路的实际电压相当于所选额定电压的50%~70%;二是存放时间长的电容器不能选用(存放时间一般不超过一年)。

(2)标称容量和精度。

大多数情况下,对电容器的容量要求并不严格。但在振荡回路、滤波、延时电路及音调电路中,对容量的要求则非常精确。

(3)使用场合。

根据电路的要求合理选用电容器。

(4)体积。

一般希望使用体积小的电容器。

五 超级电容

❶ 超级电容的结构原理

超级电容是指介于传统电容器和蓄电池之间的一种新型储能装置,通过极化电解质来储能,允许大电流快速充放电,由高比表面积的多孔电极材料、集流体、多孔性电池隔膜及电解液组成。

当超级电容接通电源后,在电场力的作用下,吸引电解液中的阴离子向正极聚集,同时正极电解液中的阳离子向负极聚集,各自在正、负极板上形成间隔非常小的离子层。放电时,正负离子离开固体电极的表面,返回电解液本体。

❷ 超级电容与一般电容器的区别

电容是一种储存电荷的"容器",需要在外加电压的作用下才能储存电荷。不同的电容在相同大小的电压作用下,储存的电荷量也可能不相同。

超级电容的电容大,储存电荷量的能力大;超级电容的充电速度快,充电10s~10min可达到其额定容量的95%以上;超级电容循环使用寿命长,深度充放电循环使用次数可达数万次,并且没有"记忆效应";超级电容大电流放电能力超强,能量转换效率高,过程损失小,大电流能量循环效率高于90%。

❸ 超级电容在新能源汽车上的应用

超级电容充电快、耐充电、能量转换效率高,同时存在高自放电的特性,可以作为新能源汽车的储能装置,最常用的领域当属新能源客车,宇通、金龙、金旅、海格、中车等知名企业纷纷将超级电容成功应用于新能源客车(图3-4)。

在新能源客车领域,超级电容主要应用在城市混合动力客车制动能量回收系统。由超级电容模块组成的制动能量回收系统能够吸收并存储车辆在制动时产生的全部动能,并在客车起动或加速时将这些能量释放出来,从而使车辆节省能耗。

超级电容的缺点:①安全性,超级电容过快的

图3-4 超级电容在新能源客车上的应用

放电速度和过低的内阻,如果设计不好,本身就蕴含着"能量突然大爆发"的风险;②较低的工作电压,制约了它在驱动汽车上的应用。不过随着技术的进步,这些问题都可以解决。

任务实施

电容器的检测

1 任务目标

(1)掌握电容器的检测判定方法。

(2)掌握电容器的测量方法。

2 材料准备

(1)数字式万用表。

(2)电容器若干。

(3)导线若干。

3 学习过程

(1)数字式万用表的使用方法。数字式万用表的面板组成与功能选择旋钮如图 3-5、图 3-6 所示。

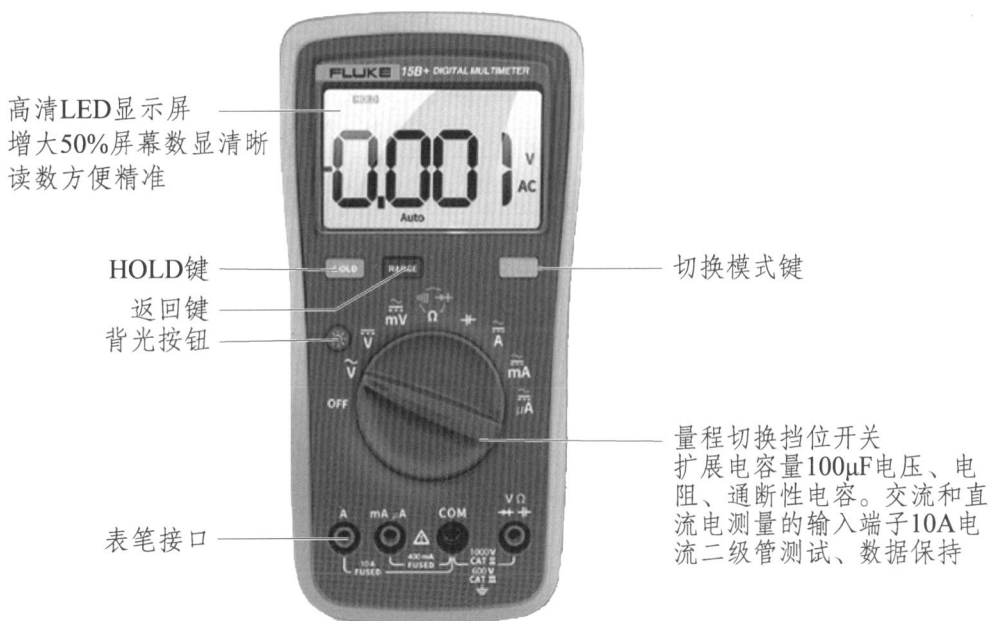

高清LED显示屏
增大50%屏幕数显清晰
读数方便精准

HOLD键
返回键
背光按钮

切换模式键

量程切换挡位开关
扩展电容量100μF电压、电阻、通断性电容。交流和直流电测量的输入端子10A电流二级管测试、数据保持

表笔接口

图 3-5　数字式万用表面板组成

(2)电容的测量。

①将红色和黑色插线分别插入"VΩ"和"COM"处。

②将旋转开关转至"—|(—"处。

③将探针接触电容器引脚。

④读数稳定后(最多18s后),读取显示屏所显示的电容值,将数据记录至表3-1。

注意:应在测量电容之前断开电路的电源,并将所有的高压电容器放电。

图 3-6　数字式万用表功能选择旋钮

电容测量结果   表 3-1

类别	电容 1	电容 2
测量值		
状况		

4 考核评价

填写考核评价表(表 3-2)。

考核评价表   表 3-2

考核项目	评分标准	分数（分）	学生自评（分）	小组互评（分）	教师评价（分）	小计（分）
团队合作	是否和谐	5				
活动参与	是否主动	5				
安全生产	有无安全隐患	10				
现场5S管理	是否做到	10				
任务方案	是否合理	15				
学习过程	数字式万用表测量电容	30				
任务完成情况	是否圆满完成	5				
操作过程	是否标准规范	10				
劳动纪律	是否严格遵守	5				
作业填写	是否完整、规范	5				
总分		100	得分			
学习心得						

任务二　二极管的认知与检测

任务描述

二极管在汽车中应用广泛、种类繁多。例如,控制电路中利用二极管的单向导电性能实现开关、整流等功能,利用二极管的发光性能实现仪表板上信号指示或警报功能。本任务以半导体为例,介绍二极管的结构、类型、单向导电特性及伏安特性,使学生掌握判别二极管正负引脚的技能。

任务知识学习

一 半导体基础知识

1 本征半导体

自然界中的物质根据导电性能可分成导体、绝缘体和半导体三类。导体的导电能力很强，如金、银、铜、铁、锌；绝缘体几乎不导电，如塑料、玻璃、橡胶等；导电能力介于导体和绝缘体之间的物质称为半导体，常用的半导体材料有硅、锗等，其中硅是最常见的一种半导体材料，如图 3-7 所示。

本征半导体是一种完全纯净的、结构完整的半导体晶体，其原子结构排列非常整齐（图 3-8）。在绝对零度（－273℃）时，本征半导体中的电子无法挣脱本身原子核束缚，呈现绝缘性。在室温条件下，半导体中被共价键束缚的价电子会获得足够的能量，挣脱共价键的束缚，形成自由电子（图 3-9），这些自由电子很容易在晶体内运动，为半导体传导电流作出贡献。

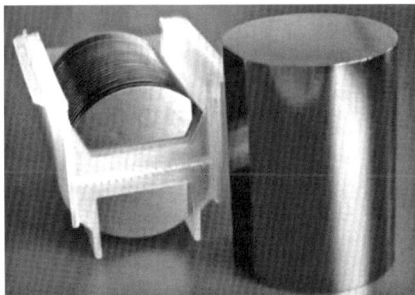

图 3-7 硅片

当电子挣脱共价键的束缚成为自由电子后，共价键中留有一个空位，这个空位称为空穴（图 3-9）。空穴吸引附近价电子填补这一空位，并在原来的位置留下新的空穴。空穴的出现是半导体区别于导体的一个重要特点。在外加电场后，半导体中的自由电子和空穴就会在电场的作用下定向移动，形成电流。

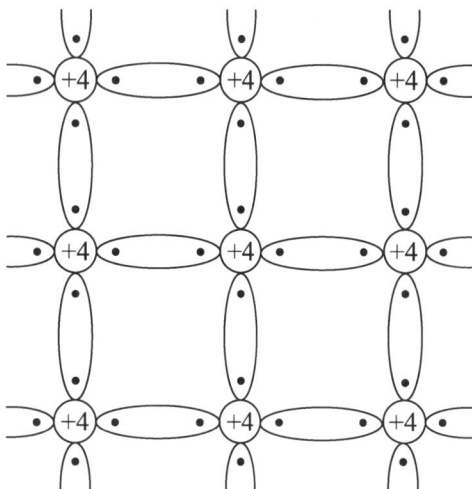

图 3-8　硅半导体共价键示意图　　　图 3-9　自由电子与空穴的形成

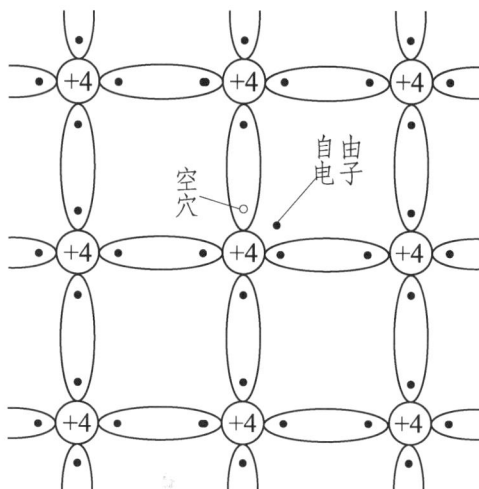

本征半导体的导电能力与自由电子和空穴的数量密切相关,环境温度越高,挣脱共价键束缚的自由电子越多,空穴也越多,导电能力越强。

❷ P 型半导体

在本征半导体中掺入微量合适的杂质,会使半导体的导电性能发生明显变化。掺入微量三价元素硼,形成 P 型半导体。因硼只有 3 个价电子,在与周围硅原子组成共价键时,缺少一个电子,晶体中产生一个空穴,其他电子在获得激发条件下成为自由电子,就有可能填补空穴,使硼原子成为不能移动的负离子,而原来的硅原子共价键因缺少一个电子,成了正离子,但整个半导体仍呈电中性。

❸ N 型半导体

在本征半导体中掺入微量五价元素磷,形成 N 型半导体。磷有 5 个价电子,在与周围硅原子组成共价键时,多一个电子,在获得激发条件下容易成为自由电子,参与传导电流,它移动后,磷原子成了带正电的离子,但整个半导体仍呈电中性。

二　PN 结的形成和特点

❶ PN 结的形成

在半导体两个不同的区域分别掺入三价和五价杂质元素,便形成 P 型区和 N 型区。在它们的交界处出现电子和空穴的浓度差,一些电子从 N 型区向 P 型区扩散,一些空穴从 P 型区向 N 型区扩散,破坏 P 型区和 N 型区交界处原来的电中性,形成很薄的空间电荷区,即 PN 结。

(1)多数载流子的扩散运动。

在自然界中,物体会从浓度高的地方向浓度低的地方扩散,称为扩散运动。当将 P 型半导体和 N 型半导体制作在一起时,由于 N 区的自由电子为多数载流子,自由电子的浓度高、空穴的浓度低,而 P 区的空穴为多数载流子,空穴的浓度高、自由电子的浓度低,所以在 P 型半导体和 N 型半导体的交界面两侧,出现了自由电子与空穴的浓度差,从而引起了多数载流子的扩散运动,如图3-10a)所示。N区的自由电子扩散到P区,P区的空穴也扩散到N区。P区的空穴扩散到N区后和自由电子复合,N区的自由电子扩散到P区后和空穴复合,在交界面附近载流子的浓度就会下降,仅留下不能移动的杂质离子,原来的电荷平衡被打破,形成一个很薄的空间电荷区,这就是PN结,又称为耗尽层,如图3-10b)所示。

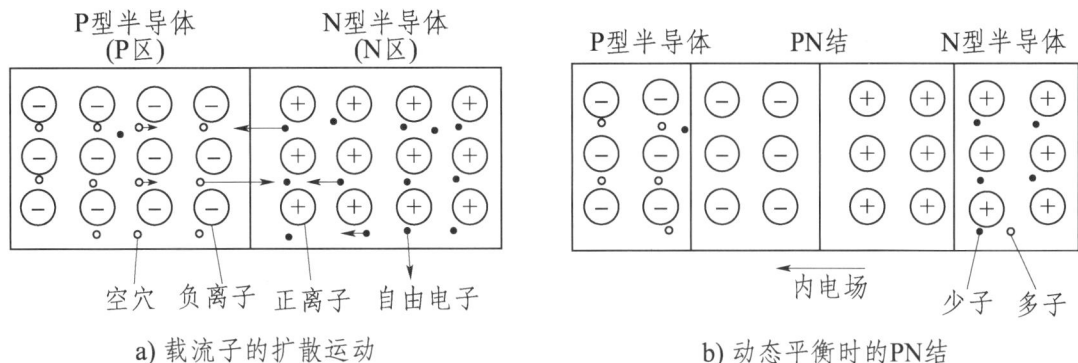

a) 载流子的扩散运动

b) 动态平衡时的PN结

图 3-10　PN结的形成

(2) 少数载流子(少子)的漂移运动。

当空间电荷区出现后,将产生一个内电场,电场方向由N区指向P区。内电场将阻止多数载流子的进一步扩散,并且N区的少子空穴和P区的少子自由电子将受到内电场的作用向另一边运动,这种运动称为漂移运动。扩散运动和漂移运动是两种作用相反的运动,当扩散运动和漂移运动达到动态平衡时,空间电荷区的宽度将保持不变,即PN结的宽度保持不变,于是形成了稳定的PN结。

2 PN结的单向导电性

(1) PN结正偏。

当P区接电源正极、N区接电源负极时,称为PN结正偏(图3-11)。此时,外加电压的电场方向与PN结内建电场方向相反,使PN结厚度变薄,原来处于平衡状态的漂移运动和扩散运动的平衡被打破,多数载流子的扩散运动明显增强,形成了较大的扩散电流,PN结的导电能力明显增强,即PN结导通。

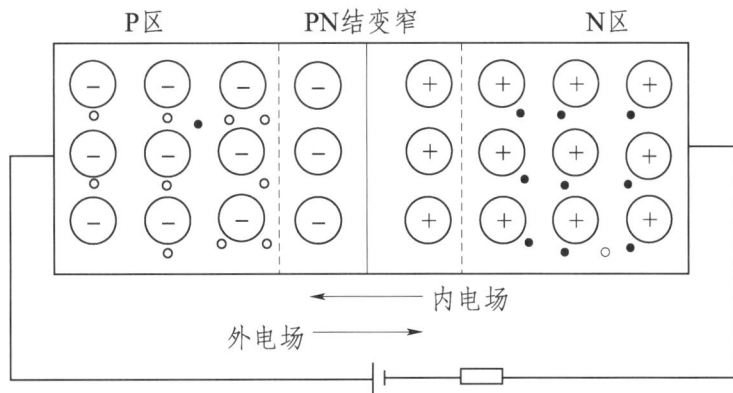

图 3-11　PN结正偏

(2) PN结反偏。

当P区接电源负极、N区接电源正极时,称为PN结反偏(图3-12)。此时,外电场与内电场方向一致,使内电场增强,PN 结厚度变厚,阻止了多数载流子的扩散运动,而少数载流子的漂移运动明显增强,形成漂移电流,由于少数载流子的数量有限,所以漂移电流很小,PN 结呈现出较高的阻抗,即 PN 结截止。

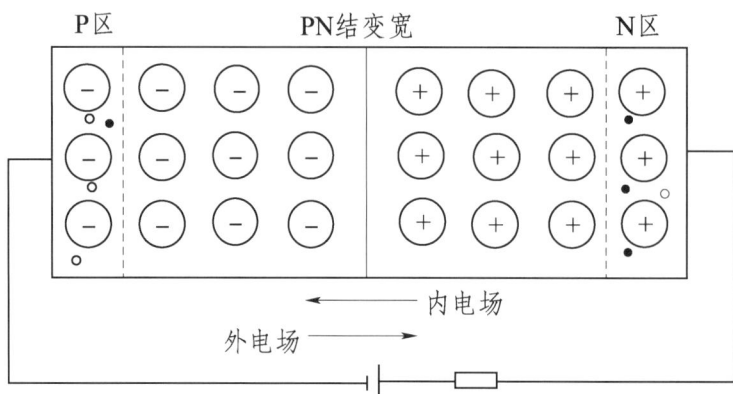

图 3-12　PN 结反偏

（3）PN 结的单向导电性。

PN 结正偏时,PN 结电阻很小,有较大电流流过,即呈现低电阻,称为 PN 结导通;PN 结反偏时,PN 结呈现出较高的阻抗,称为 PN 结截止,这就是 PN 结的单向导电性。

❸ 二极管

（1）二极管的结构。

将 PN 结用外壳封装,并分别在 P 区和 N 区引出两个电极,就是二极管。连接 P 区的电极称为正极,连接 N 区的电极称为负极。在电路图中,二极管用图 3-13 所示的符号表示,文字代号为 V 或 VD。二极管根据 PN 结结构的不同,可分为点接触型、面接触型和平面型。

图 3-13　二极管符号

点接触型二极管的 PN 结面积小,结电容小,一般用在较高频率的场合,常用于检波、混频电路。

面接触型二极管的 PN 结面积大,可通过的电流大,常用于低频整流电路。

平面型二极管有两种结构:PN 结面积较大的通常用于整流电路中作整流二极管使用,PN 结面积小的常在脉冲数字电路中作开关二极管使用。

（2）二极管单向导电特性。

当二极管正极接高电位、负极接低电位时,二极管导通,反之截止,二极管这种特性称为二极管单向导电特性。在如图 3-14 所示电路图中,当开关放在 1 位置时,二极管导通,灯泡亮;当开关放在 2 位置时,二极管截止,灯泡不亮。

（3）二极管的伏安特性。

在理想状态下,二极管导通时相当于开关接通,此时二极管两端的电压为零;二极管截止时相当于开关断开,此时流过二极管的电流为零。通常把具有这种特性的二极管称为理想二极管。但是实际使用的二极管在导通时都会产生一定的正向压降,而截止时也会

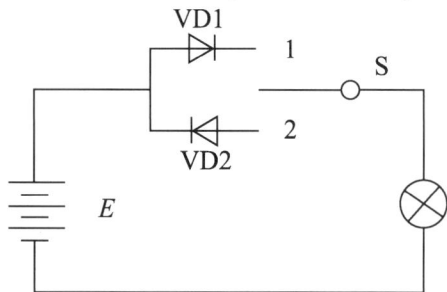

图 3-14　二极管的单向导电性实验电路

有微小的电流流过。二极管两端的电压大小和流过二极管的电流之间的关系曲线称为二极管的伏安特性曲线。如图 3-15 所示为某硅二极管的伏安特性曲线。

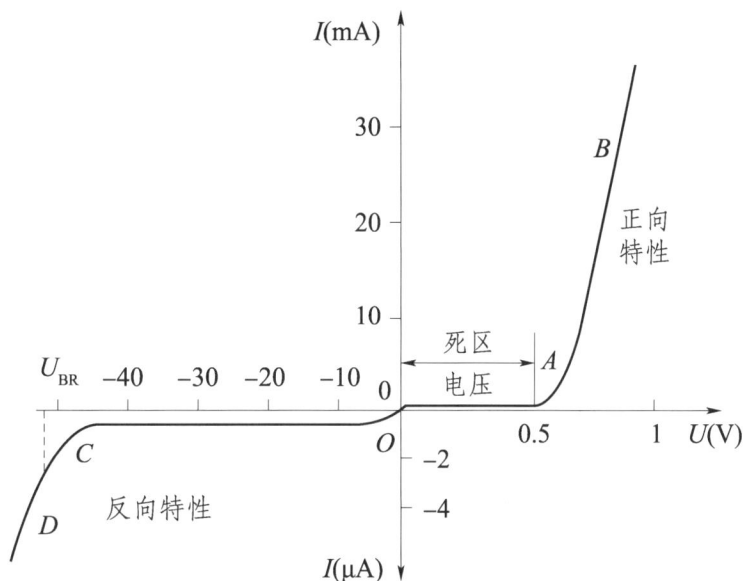

图 3-15　硅二极管伏安特性曲线

①二极管的正向特征。如图 3-15 所示,纵坐标轴右边的曲线为二极管的正向特性曲线。在正向特性曲线的起始段,即图中的 OA 段,曲线的变化很平坦,此时正向电压不断增加,但是通过二极管的电流变化却缓慢,二极管并没有导通,此区域称为"死区"。当曲线经过 A 点后,电压稍有增加,电流就会较快增加。通常将开始导通时的正向电压称为开启电压,一般硅二极管的开启电压约为 0.5V,锗二极管的开启电压约为 0.1V。当电压大于开启电压后,通过二极管的电流和二极管两端的电压呈指数关系变化,如图中的 AB 段所示。当电压进一步增加时,通过二极管的电流将急剧增大,随后二极管两端的电压将基本维持恒定不变,二极管处于导通状态,此电压称为二极管的导通电压。通常硅二极管的导通电压为 0.6~0.8V,锗二极管的导通电压为 0.2~0.3V。

②二极管的反向特性。如图 3-15 所示,纵坐标轴左边的曲线为二极管再加上反向电压时的特性曲线。从图中的 OC 段可以看出,当二极管加上反向电压后,反向电流也会增加,但流过二极管的反向电流却维持不变,此时的电流称为二极管的反向饱和电流。反向饱和电流越小,表示二极管反向阻断性能越好。锗二极管的反向饱和电流为几十至一百多微安;硅二极管的反向饱和电流很小,只有几微安,或更低。

当二极管两端的反向电压进一步增加到反向击穿电压 U_{BR} 时,流过二极管的反向电流会突然增大,此时二极管出现反向击穿状态,如图中的 CD 段所示。

当二极管反向击穿后,只要流过二极管的反向电流控制在一定范围内,二极管两端的反向电压降低后,二极管还能恢复正常,不致损坏。但当反向电流足够大,使二极管的 PN 结发生热击穿而烧毁后,二极管将永久损坏。在使用二极管时,加在二极管两端的反向电压不能大于它的反向击穿电压(稳压管除外)。

(4)二极管的主要参数。

二极管的参数很多,常规参数有正向压降、反向击穿电压、反向漏电流等,交流参数有开关速度、存储时间、截止频率、结电容等,极限参数有最大耗散功率、工作温度、存储条件、最大整流电流等。

因二极管的种类繁多,不同用途的二极管有不同的参数要求,下面重点介绍二极管的几个主要参数。

①最大整流电流 I_{FM}。I_{FM} 是指二极管正常工作时,允许通过的最大正向平均电流,它与 PN 结的材料、结面积和散热条件有关。因为电流流过 PN 结会引起二极管发热,如果在实际应用中,流过二极管的平均电流超过 I_{FM},二极管将因过热而烧坏。

②最高反向工作电压 U_{RM}。U_{RM} 是指加在二极管两端的最大反向电压。为了保证二极管工作在安全区域,通常取二极管实际反向击穿电压的 1/3 ~ 1/2,作为二极管的最高反向工作电压。

③反向饱和电流 I_R。I_R 是指二极管未击穿时的反向电流。I_R 越小,二极管的反向漏电流越小,其单向导电性越好。反向饱和电流受温度的影响较大,温度升高,反向饱和电流将变大。

④最高工作频率 f_M。f_M 是指二极管所能承受的最高工作频率,由二极管结电容的大小决定。当二极管的结电容较大时,高频信号会通过结电容流过二极管,使二极管失去单向导电性,所以在使用中,加在二极管上的信号频率不能大于 f_M。

二极管的参数可以从半导体器件手册中直接查找,但由于半导体器件在制造过程中的离散性,手册中的数据只能作为通用数据,而对于某个具体的半导体二极管,则可以通过测量的方法获得。

二极管的参数是选用二极管的重要依据。当设备中的二极管损坏时,要采用同型号的新管更换,如无法找到同型号的器件,一般用类型相同、性能相近的器件代替。例如,额定电流大的二极管可以代替额定电流小的二极管;反向耐压高的二极管可以代替反向耐压低的二极管;对于检波二极管还要特别注意 f_M 参数,工作频率高的二极管可以代替工作频率低的二极管。

⑤二极管的类型。二极管的种类很多,常见的有整流二极管、检波二极管、稳压二极管、发光二极管、光敏二极管和变容二极管等,如图 3-16 所示。整流二极管是利用 PN 结的单向导电特性,将交流电变换成脉动直流电。检波二极管是利用 PN 结的单向导电特性,将高频或中频无线电信号中的低频信号提取出来。稳压二极管是利用二极管反向击穿时两端电压保持恒定的特性,获取稳定电压。发光二极管采用砷化镓、镓铝砷和磷化镓等材料制成,当正向电流达到 1mA 左右时开始发光,达到一定数值时,发光强度趋于饱和。光敏二极管在受到光照时,反向漏电流迅速增加,形成光电流。

4 二极管的识别与检测

(1)二极管引脚的识别与测量。

①直观识别二极管引脚的极性。电路中,二极管的正负极不能接错,否则将导致电路无法正常工作,甚至损坏电路,烧毁二极管。为了区分二极管的引脚,制造二极管时,一般在它的外壳上用图形符号或标志环等标注出极性。

通过二极管的外形识别,螺栓端为正极,如图 3-17a)所示。

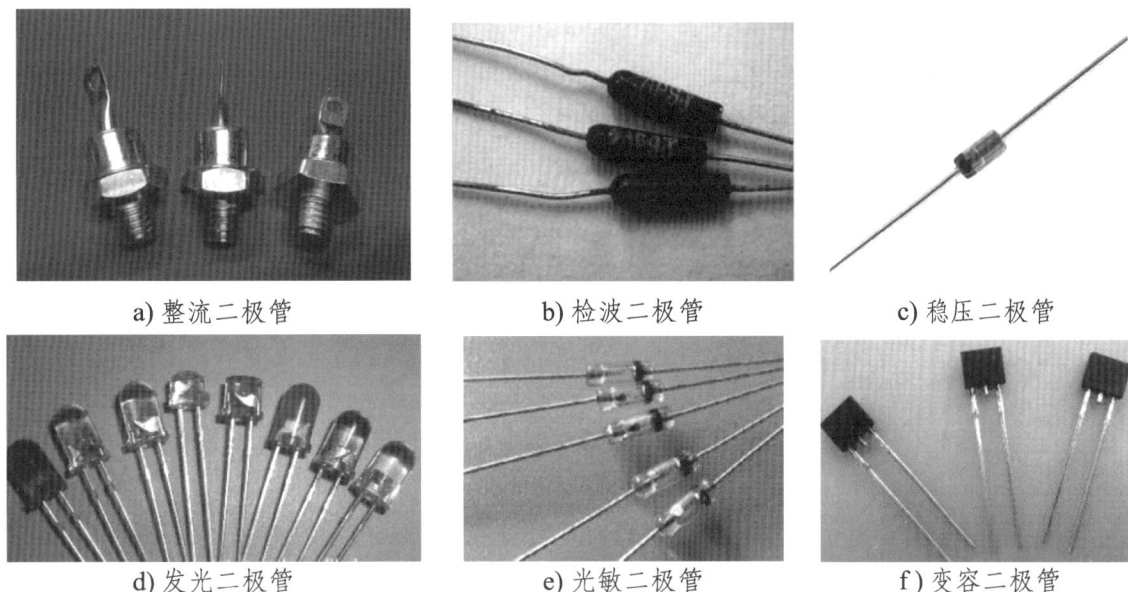

a) 整流二极管　　　b) 检波二极管　　　c) 稳压二极管

d) 发光二极管　　　e) 光敏二极管　　　f) 变容二极管

图 3-16　常见二极管实物

通过二极管的引脚特征识别,长引脚为正极,短引脚为负极,如图 3-17b) 所示。

通过标志环识别,有标志环的一端为负极,如图 3-17c) 所示。

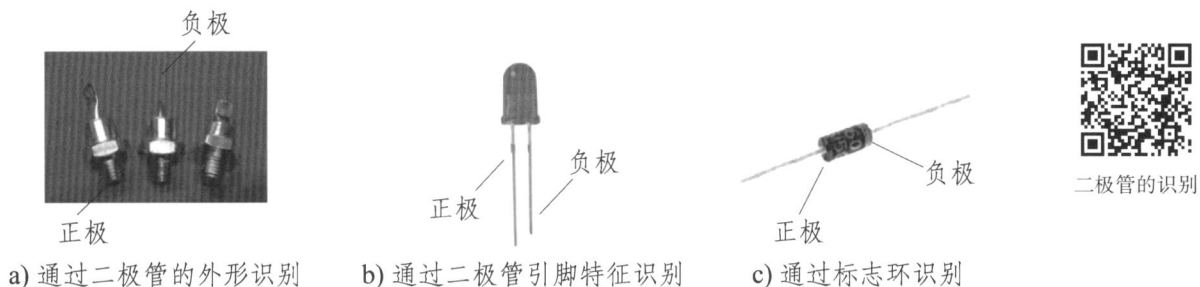

二极管的识别

a) 通过二极管的外形识别　　b) 通过二极管引脚特征识别　　c) 通过标志环识别

图 3-17　二极管正负极识别

②用数字式万用表判断二极管引脚极性。用数字式万用表判断二极管的引脚极性时,将万用表拨到二极管挡上。二极管挡为数字式万用表测量二极管、电路通断的专用挡位,该挡的正向直流电流约为 1mA,正向直流电压约为 2.8V,当外接电阻小于 70Ω 时,表内蜂鸣器鸣响。

将数字式万用表拨至二极管测试挡,用两个表笔分别接触二极管的两个电极,若万用表显示值在 1V 以下,说明二极管处于正向导通状态,这时红表笔接的是正极,黑表笔接的是负极(因为红表笔带正电、黑表笔带负电),若显示为数字 1(表示电阻无穷大,开路),说明二极管处于反向截止的状态,这时黑表笔接的是正极,红表笔接的是负极。

(2)普通二极管的检测。

用万用表判断普通二极管的好坏时,数字式万用表用二极管挡,分别测量二极管的正、反向电阻,假设两次测量的电阻阻值分别为 R_1 和 R_2。

①如果 R_1 较小,R_2 为无穷大,则二极管的性能良好,其中 R_1 为正向电阻,R_2 为反向电阻。

②如果 R_1 和 R_2 都为无穷大,则表示二极管开路。

③如果 R_1 和 R_2 都很小,则表示二极管短路。

73

④如果 R_2 的阻值比较小,则表示二极管反向漏电严重,不能使用。

(3)稳压二极管的检测。

测量稳压二极管时,使用的挡位和测量普通二极管时相同,性能良好的稳压二极管的测量结果和普通整流二极管相同。

(4)发光二极管的检测。

使用数字式万用表测量发光二极管时,使用万用表的二极管挡。对于性能良好的发光二极管,当红表笔接正极、黑表笔接负极时,发光二极管将点亮,万用表显示屏将显示其正向压降。从显示值可以看出,发光二极管的正向压降明显大于普通二极管。

任务实施

二极管的检测

❶ 任务目标

(1)了解半导体材料的类型及其导电性能。
(2)掌握二极管的结构、类型、导电特性及其伏安特性。
(3)会用数字式万用表判别二极管的正负引脚。

❷ 材料准备

(1)普通二极管。
(2)发光二极管。
(3)稳压二极管。
(4)数字式万用表。

❸ 学习过程

(1)用数字式万用表判断二极管引脚极性的方法。

用数字式万用表表笔正、反两次测量二极管,万用表上有一次显示为数字1(表示电阻无穷大,开路),另一次常显示一个几百的数字。在这次测量中,万用表红表笔接的是二极管的正极,黑表笔接的是二极管的负极,万用表显示的数字为所测得二极管的正向压降(电流1mA)。

(2)不同二极管的检测步骤。

根据表 3-3 所列电子元器件,准备好器材,用数字式万用表测量二极管的正、反向电阻值,将测量结果填入表 3-4 中,并根据所测二极管正、反向电阻值来判断二极管的极性和好坏。查阅相关手册或通过互联网检索,获取二极管的主要参数,并记入表 3-4 中。

电子元器件明细表 表 3-3

序号	名称	型号规格	数量	单位
1	二极管	2AP1	1	个
2	二极管	2AP9	1	个
3	二极管	1N4001	1	个
4	发光二极管	BT101	1	个
5	二极管	1N4736	1	个

二极管检测及参数查阅记录表 表3-4

序号	型号	测量结果				资料查阅		
		万用表挡位	正向电阻	反向电阻	质量判断	I_{FM}	U_{RM}	I_R
1	2AP1							
2	2AP9							
3	1N4001							
4	BT101							
5	1N4736							

❹ 考核评价

填写考核评价表(表3-5)。

考核评价表 表3-5

考核项目	评分标准	分数(分)	学生自评(分)	小组互评(分)	教师评价(分)	小计(分)
团队合作	是否和谐	5				
活动参与	是否主动	5				
安全生产	有无安全隐患	10				
现场5S管理	是否做到	10				
任务方案	是否合理	15				
学习过程	二极管识别	30				
任务完成情况	是否圆满完成	5				
操作过程	是否标准规范	10				
劳动纪律	是否严格遵守	5				
作业填写	是否完整、规范	5				
总分		100	得分			
学习心得						

任务三　晶闸管的认知与检测

🏗 任务描述

　　晶闸管具有体积小、质量轻、功耗低、使用寿命长、效率高、控制灵敏、容量大等优点,从而得到了广泛的应用。在汽车电子设备中,晶闸管可起到电子开关、调压、调速、调光、逆变等作用。掌握晶闸管的结构、工作原理等可为从事汽车电气相关的工作奠定基础。

学习目标

1. 知识目标

(1)掌握晶闸管的结构、种类和主要参数。

(2)理解晶闸管的工作原理。

(3)熟悉晶闸管和双向晶闸管的特性。

2. 技能目标

(1)能检测晶闸管。

(2)能正确对晶闸管进行导通关断实验。

3. 素质目标

(1)培养学生热爱劳动、持之以恒、精益求精的敬业精神。

(2)培养学生养成团队协作意识、岗位安全责任意识、环保意识、质量意识和经济意识,弘扬中华传统美德。

(3)培养学生仔细观察、认真思考的专业素养、解决实际问题的综合能力。

参考学时

共 4 学时,知识学习 2 学时、实训操作 2 学时。

任务所需设备、器材

晶闸管、万用表。

任务知识学习

一 晶闸管

晶闸管如图 3-18 所示,也被称为可控硅或硅控制整流器(Silicon Controlled Rectifier, SCR),是一种大功率电器元件,属于功率半导体器件的一种。它具有三个 PN 结的四层结构,一般由两个晶闸管反向连接而成。晶闸管的功能十分多样,不仅可以用于整流,还可以作为无触点开关实现快速接通或切断,以及实现直流电与交流电之间的逆变,或将一种频率的交流电转变为另一种频率的交流电等。

图 3-18　晶闸管外形

晶闸管不仅具有单向导电性,而且还具有比硅整流元件更为宝贵的可控性。晶闸管只有导通和关断两种状态,它能以毫安级电流控制大功率的机电设备,如果超过此功率,因元件开关损耗显著增加,允许通过的平均电流相降低,此时,标称电流应降级使用。

❶ 晶闸管的优、缺点

(1)晶闸管的优点:以小功率控制大功率,功率放大倍数高达几十万倍;反应极快,在微秒级内开通、关断;无触点运行,无火花、无噪声;效率高,成本低等。

(2)晶闸管的缺点:静态及动态的过载能力较差;容易受干扰而误导通。

❷ 晶闸管的分类

按关断、导通及控制方式,晶闸管可分为普通单向晶闸管、双向晶闸管、逆导晶闸管、可关断晶闸管、BTG 晶闸管、温控晶闸管及光控晶闸管等多种类型。

按封装形式,晶闸管可分为金属封装晶闸管、塑料封装晶闸管和陶瓷封装晶闸管三种类型。其中,金属封装晶闸管又分为螺栓形、平板形、圆壳形等,塑料封装晶闸管又分为带散热片型和不带散热片型两种。

在本次任务的学习中,我们以普通的单向晶闸管为例。

二 单向晶闸管的结构

单向晶闸管,也称逆阻型晶闸管,是半导体器件中常用的开关元件。它只能在一个方向上导电,即只能从阳极向阴极导通电流,通流方向不能反转。单向晶闸管具有高速、大电流、低压降等特点,因此广泛应用于交流电源变直流、直流电力控制等领域。

如图 3-19 所示,单向晶闸管是一种四层半导体器件,其核心结构由 PNPN 四层结构组成,包括两个 P 型半导体层和两个 N 型半导体层。晶闸管有三个电极:阳极(Anode)、阴极(Cathode)和控制电极(Gate,通常称为栅极)。其中,N 型区域(N_1 和 N_2)在晶闸管的工作中起到了电流传导的作用,而 P 型区域(P_1 和 P_2)则起到了电流控制的作用。

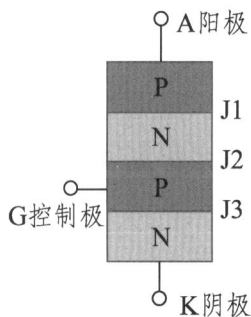

图 3-19 单向晶闸管的结构

三 单向晶闸管的工作原理

单向晶闸管在电路中起着非常关键的作用,主要是作为可控整流元件、无触点开关元件和逆变元件来使用。

在新能源汽车中,晶闸管通常用于控制动力蓄电池的充放电过程以及电机的驱动等关键部分。通过控制晶闸管的导通和关断,可以实现对动力蓄电池和电机的精确控制,从而提高新能源汽车的性能和安全性。

如果将图 3-19 中间的 NP 层于中间分开,则其上部分形成 PNP 层,下部分形成 NPN 层,如图 3-20a)所示。将上下两部分分别等效为 PNP、NPN 三极管,形成的等效图如图 3-20b)所示。

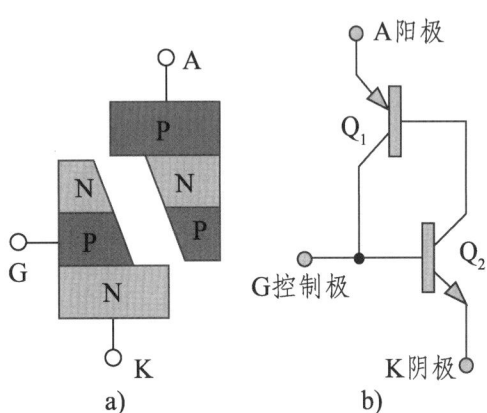

图 3-20　晶闸管等效图

在晶闸管的结构中,A 阳极和 K 阴极与电源和负载连接,形成主电路,而 G 控制极和 K 阴极与控制晶闸管的装置连接,形成控制电路。当晶闸管承受正向阳极电压时,它仅在门极承受正向电压的情况下才会导通。具体来说,如果给阳极 A 与阴极 K 之间增加正向电压,此时电流会经过 Q_1 三极管的发射极达到基极,此时 Q_2 三极管不导通,电流无法通过 Q_2 三极管。但是如果给 G 控制极和 K 阴极之间也增加正向电压,则 Q_2 三极管导通,此时电流可从 A 阳极经过 Q_1、Q_2 到达 K 阴极。而晶闸管一旦导通,即使再去掉 G 控制极的触发电压,晶闸管也会维持导通的状态,此时也称作晶闸管的自锁状态。

控制极的作用是通过外加正向触发脉冲使晶闸管导通,却不能使它关断。若要使导通的晶闸管关断,可以断开阳极电源或使阳极电流小于维持导通的最小值(称为维持电流)。如果晶闸管阳极和阴极之间外加的是交流电压或脉动直流电压,那么,在电压过零时,晶闸管会自行关断。

四　晶闸管在新能源汽车上的应用

晶闸管在新能源汽车上的应用主要体现在电动车辆的动力系统和充电桩的功率控制方面。

(1)晶闸管在电动车辆的动力系统中发挥着关键作用。它被用作驱动电机的控制开关,可以实现电机的正、反转和调速功能。通过控制晶闸管的触发和关断时机,可以实现电动车辆的平稳起动、制动能量回收以及高效的动力输出。晶闸管的高可靠性和低功耗特点,使得电动车辆的动力系统在性能和效率方面表现出色。

(2)对于新能源汽车而言,充电桩是其重要的能量补充装置。晶闸管在充电桩中被用来控制电能的输送和动力蓄电池的充电过程。这样可以确保充电过程的安全性和高效性,同时也有助于延长动力蓄电池的使用寿命。

任务实施

晶闸管的认知

❶ 任务目标

(1)掌握晶闸管的结构。
(2)理解晶闸管的工作原理。
(3)能正确判别各个电极。

❷ 材料准备

(1)晶闸管。
(2)数字式万用表。

❸ 学习过程

(1) 判别各电极。

根据普通晶闸管的结构可知，其门极 G 与阴极 K 之间为一个 PN 结，具有单向导电特性，而阳极 A 与门极之间有两个反极性串联的 PN 结。因此，通过用万用表的 R×100Ω 或 R×1kΩ 挡测量普通晶闸管各引脚之间的电阻值，即能确定三个电极。

(2) 触发能力检测。

对于小功率(工作电流为 5A 以下)的普通晶闸管，可用万用表 R×1Ω 挡测量。测量时黑表笔接阳极 A，红表笔接阴极 K，此时表针不动，显示阻值为无穷大(∞)。用镊子或导线将晶闸管的阳极 A 与门极短路，相当于给 G 极加上正向触发电压，此时若电阻值为几欧姆至几十欧姆，则表明晶闸管因正向触发而导通。再断开 A 极与 G 极的连接(A、K 极上的表笔不动，只将 G 极的触发电压断掉)，若表针示值仍保持在几欧姆至几十欧姆的位置不动，则说明此晶闸管的触发性能良好。

(3) 检测步骤。

① 判别各电极。

② 触发能力检测。

❹ 考核评价

填写考核评价表(表3-6)。

晶闸管的极性判断

考核评价表　　　　　　　　　　　　　表 3-6

考核项目	评分标准	分数(分)	学生自评(分)	小组互评(分)	教师评价(分)	小计(分)
团队合作	是否和谐	5				
活动参与	是否主动	5				
安全生产	有无安全隐患	10				
现场5S管理	是否做到	10				
任务方案	是否合理	15				
学习过程	晶闸管的识别	30				
任务完成情况	是否圆满完成	5				
操作过程	是否标准规范	10				
劳动纪律	是否严格遵守	5				
作业填写	是否完整、规范	5				
总分		100	得分			
学习心得						

任务四　场效应晶体管的认知与检测

任务描述

场效应晶体管在汽车上应用广泛,如纯电动汽车中的电机控制器(MCU)。学习场效应晶体管的结构、工作原理及特性等,可对相关作业中选择场效应晶体管起到重要作用。

学习目标

1. 知识目标

(1)掌握场效应晶体管的结构和主要参数。

(2)理解场效应晶体管的工作原理。

(3)熟悉场效应晶体管的特性。

2. 技能目标

(1)能正确确定场效应晶体管 G 极。

(2)能判断场效应晶体管好坏。

3. 素质目标

(1)通过技能操作,培养正确的劳动态度,弘扬劳动精神、奋斗精神、奉献精神。

(2)培养学生认真严谨、积极主动的工作态度及敬业奉献、服务人民的思想意识。

(3)通过对场效应晶体管的教学活动,培养学生养成团结协作的意识,养成安全生产、规范操作的职业素养。

参考学时

共 4 学时,知识学习 2 学时、实训操作 2 学时。

任务所需设备、器材

场效应晶体管、万用表。

任务知识学习

一　场效应晶体管

场效应晶体管(Field Effect Transistor,FET)是一种半导体器件,如图 3-21 所示,它利用电场效应来控制半导体材料的导电性。场效应晶体管的功能相当于电路中的"继电器",被广泛应用于新能源汽车中。控制单元根据各传感器的信号运算后,输出相应电压信号,从而控制场效应晶体管导通或者断开,实现控制对应电路模块。

FET 的工作原理是通过改变栅极(Gate)与源极(Source)之间的电压,来控制源极和漏极(Drain)之间的电流。FET 的导电性受到栅极电压的调制,因此,它被称为电压控制器件。

FET 具有许多优点,如输入阻抗高、噪声低、功耗小、动态范围大、易于集成等。因此,它被广泛应用于各种电子设备中,如放大器、开关、振荡器、数字电路等。根据 FET 的结构和工作原理,可以将其分为不同的类型,如结型场效应晶体管(JFET)和金属氧化物半导体场效应晶体管(MOSFET)等。

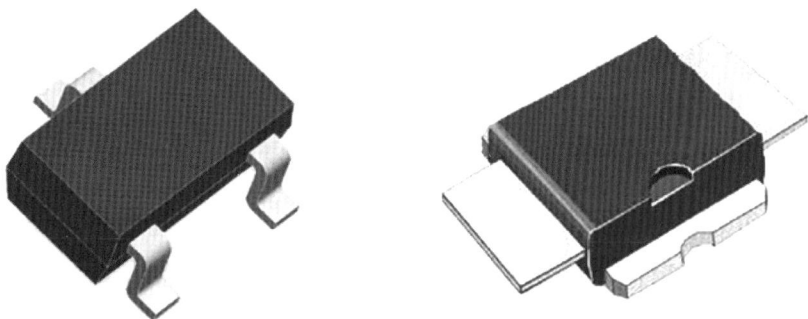

图 3-21　场效应晶体管

二　场效应晶体管的结构

场效应晶体管主要由三个区域组成:源极(Source)、漏极(Drain)和栅极(Gate),如图 3-22 所示。

(1)源极(Source):可以是金属或半导体材料。当源极为正偏时,可以吸引沟道区域的电子;当源极为负偏时,可以排斥沟道区域的空穴。

(2)漏极(Drain):位于场效应晶体管的底部,与金属电极连接,主要作用是将沟道区域的载流子收集起来,输出到外部电路。

(3)栅极(Gate):位于场效应晶体管的底部,与金属电极连接。当栅极与控制电压接通时,会在栅极和源极之间形成一个电场,使得沟道区域的载流子发生漂移。

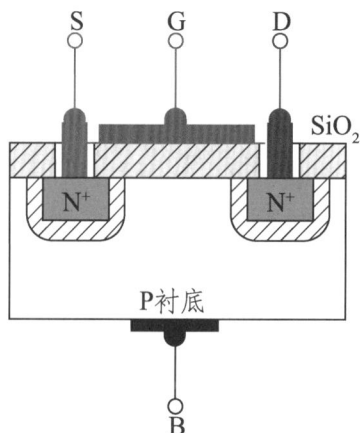

图 3-22　场效应晶体管的结构

(4)绝缘层:栅极与通道之间通过一个很薄的绝缘层隔开,这个绝缘层是场效应晶体管实现电场控制电流的关键。

(5)通道(Channel):源极和漏极之间通过一段被称为通道的区域连接起来,这个通道的宽度和导电性可以通过栅极电压来控制。

三　场效应晶体管的工作原理

❶ 截止状态

当栅极与源极之间的电压为零或小于某个阈值电压时,栅极与通道之间没有形成足够的电场,沟道区域没有或只有很少的载流子,此时场效应晶体管处于截止状态,源极与漏极的电流几乎为零。

❷ 导通状态

当栅极与源极之间施加了一个正电压(称为栅源正电压),栅源之间形成一个正偏压,

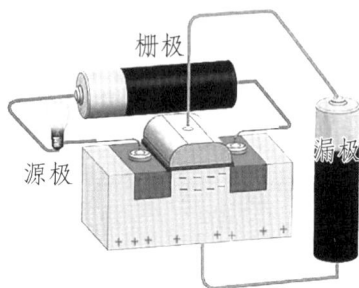

图 3-23 导通状态

并在栅极表面形成一个用于控制电流的电场。这个电场会导致沿着栅极—漏极之间的衬底表面形成一个可控的导电通道,从而允许电流流动。随着栅源电压的增加,导电通道变宽,源漏电流也增加。如图 3-23 所示,载流子在栅极电压的作用下聚集在源极与漏极之间的沟道,使沟道的电阻降低,此时源极和漏极之间的电流开始增加,从而使源极和漏极导通。

③ 饱和状态

当栅源电压增加到某个临界值以上时,导电通道的宽度达到最大,此时沟道中的载流子数量达到饱和,源极和漏极之间的电流也达到了饱和状态。即使栅源的电压再增加,源漏电流也不会再显著增加,场效应晶体管处于饱和状态。

四 场效应晶体管在新能源汽车上的应用

① 核心元件地位

MOSFET 作为新能源汽车中的核心元件,广泛应用于汽车动力电机、驱动系统、变速器控制器以及制动、转向控制等方面。

在新能源汽车广泛普及之前,MOSFET 已经在燃油车中涉及电动功能的区域得到了应用,每辆车的用量约为 100 个。

随着汽车电动化趋势的加速,MOSFET 的需求急剧增长,新能源汽车中每辆车的 MOSFET 用量已提升至 200 个以上。

② 功能应用

MOSFET 以其控制功率低和开关速度快的特性,在高低压电路中得到了广泛应用,成为功率半导体的核心器件。

在新能源汽车中,硅基 MOSFET 是不可或缺的存在,它是汽车电子中的关键元件,特别是在电制动方式中,MOSFET 作为 DC-DC(直流-直流转换器)、OBC(车载充电器)等电源的重要组成部分,能够实现电能的转换与传输。

③ 智能化发展

随着汽车智能化的发展,ADAS(高级驾驶辅助系统)、安全、信息娱乐等功能也需要MOSFET 作为电能转换的基础器件,来支撑数字、模拟等芯片实现功能。这使得中高端车型的 MOSFET 用量可增至每辆车 400 个以上,为中低压 MOSFET 器件带来了更大的增量空间。

任务实施

场效应晶体管的认知

① 任务目标

(1)理解场效应晶体管工作原理。

（2）理解场效应晶体管的电路原理。

（3）能正确识别场效应晶体管管脚。

❷ 材料准备

（1）场效应晶体管。

（2）数字式万用表。

场效应晶体管检测

❸ 学习过程

（1）场效应晶体管的管脚识别。

场效应晶体管的栅极相当于晶体管的基极，源极和漏极分别对应于晶体管的发射极和集电极。将万用表置于 R×1kΩ 挡，用两表笔分别测量每两个管脚间的正、反向电阻。当某两个管脚间的正、反向电阻相等，均为数千欧时，则这两个管脚为漏极 D 和源极 S（可互换），余下的一个管脚即为栅极 G。

（2）判定栅极。

用万用表黑表笔碰触管子的一个电极，红表笔分别碰触另外两个电极。若两次测出的阻值都很小，说明均是正向电阻，该管属于 N 沟道场效应晶体管，黑表笔接的也是栅极。

（3）估测场效应晶体管的放大能力。

将万用表拨到 R×100Ω 挡，红表笔接源极 S，黑表笔接漏极 D，相当于给场效应晶体管加上 1.5V 的电源电压。这时表针指示出的是 D—S 极间电阻值。然后用手指捏栅极 G，将人体的感应电压作为输入信号加到栅极上。

（4）检测场效应管性能好坏。

用万用表测量场效应管源极与漏极、栅极与源极、栅极与漏极之间的电阻值，根据其是否与场效应晶体管手册标明的电阻值相符来判别管的好坏。

❹ 检测步骤

（1）识别场效应晶体管的管脚。

（2）判定栅极。

（3）估测场效应晶体管的放大能力。

（4）检测场效应晶体管性能好坏。

❺ 考核评价

填写考核评价表（表 3-7）。

考核评价表　　　　　　　　　　　　　　　　　　　表 3-7

考核项目	评分标准	分数（分）	学生自评（分）	小组互评（分）	教师评价（分）	小计（分）
团队合作	是否和谐	5				
活动参与	是否主动	5				
安全生产	有无安全隐患	10				
现场 5S 管理	是否做到	10				

续上表

考核项目	评分标准	分数（分）	学生自评（分）	小组互评（分）	教师评价（分）	小计（分）
任务方案	是否合理	15				
学习过程	场效应晶体管的识别	30				
任务完成情况	是否圆满完成	5				
操作过程	是否标准规范	10				
劳动纪律	是否严格遵守	5				
作业填写	是否完整、规范	5				
总分		100	得分			
学习心得						

任务五　IGBT的认知

任务描述

IGBT即绝缘栅双极晶体管，在电动汽车上主要应用在汽车驱动电机控制系统、车载空调系统和充电桩3个方面。学习IGBT的结构、工作原理、特性等可以为学习新能源汽车专业课程奠定基础。

学习目标

1. 知识目标

(1) 掌握IGBT的结构和主要参数。

(2) 理解IGBT的工作原理。

(3) 熟悉IGBT的特性。

2. 技能目标

(1) 能判别IGBT引脚。

(2) 能正确检测IGBT电路。

3. 素质目标

(1) 通过IGBT的教学活动，培养学生在学习中敢担当、能吃苦的好品质及一丝不苟的工作作风。

(2) 培养学生创新精神、认真负责的工作态度，不断提出真正解决问题的新理念新思路新办法。

(3) 培养学生安全意识、节能环保意识和质量强国意识。

参考学时

共 4 学时,知识学习 2 学时、实训操作 2 学时。

任务所需设备、器材

IGBT 电路、万用表。

📖 **任务知识学习**

一 IGBT

新能源汽车日常行驶时,工作电流高达上百安培。电控单元按照驾驶员的操作,精确地控制电机输入电流的变化,这些控制的关键部件就是绝缘栅双极晶体管(Insulated Gate Bipolar Transistor,IGBT),如图 3-24 所示,是一种复合全控型电压驱动式功率半导体器件。IGBT 结合了金属氧化物半导体场效应晶体管(MOSFET)的高输入阻抗和电力晶体管(GTR)的低导通压降两方面的优点。其结构通常是由 IGBT 单元、续流二极管芯片(FWD)以及栅极驱动等外围电路组成,并集成于同一模块内。不仅电机驱动要用到 IGBT,新能源汽车的充电桩和空调压缩机也需要 IGBT,IGBT 的主要作用是将大功率直流电转化成交流电。

IGBT

图 3-24 IGBT 模块

IGBT 的主要特点包括:

(1)高效能。IGBT 具有较低的导通压降和较高的开关频率,使得它在各种电力电子系统应用中都表现出色,特别是在需要高效能转换和控制的场合。

(2)高速开关。IGBT 的开关速度非常快,可以在几微秒到几十微秒内完成开关动作,这使得它非常适用于需要高速响应的电力电子系统。

(3)可靠性高。IGBT 的绝缘栅结构使得它具有很好的稳定性和可靠性,能够在高电压、大电流的环境下长时间稳定运行。

(4)易于控制。IGBT 是一种电压控制型器件,通过控制栅极电压可以实现对其导通和关断的控制,这使得它在电力电子系统中易于实现复杂的控制策略。

IGBT 在新能源汽车、智能电网、风力发电、太阳能发电等领域都有广泛的应用。在新能源汽车中,IGBT 被用作电池管理系统、电机控制器和充电桩等关键部件的功率半导体器件,对提升新能源汽车的能效和性能至关重要。

二 IGBT 的结构

IGBT 是一种复合全控型电压驱动式开关功率半导体器件。它的结构清晰且独特,如图 3-25 所示,主要包括以下几个部分。

❶ 外部结构

IGBT 外部有三个电极,分别为 G(栅极)、C(集电极)和 E(发射极)。

❷ 内部结构

IGBT 内部结构由四层半导体组成,通过组合 PNP 和 NPN 晶体管来实现,构成 PNPN 排列。

❸ 主要层结构

(1)(P+)衬底(注入区):位于最靠近集电极区,用于注入大部分载流子(空穴电流)到 N−层。

(2)N 漂移区域:包括 N 层,其厚度决定了 IGBT 的电压阻断能力。

❹ 主体区域

由(P)基板组成,靠近发射极,内部包含(N+)层。

❺ 结点

注入区域和 N 漂移区域之间的连接点是 J_2,N−区域和主体区域之间的结点是 J_1。

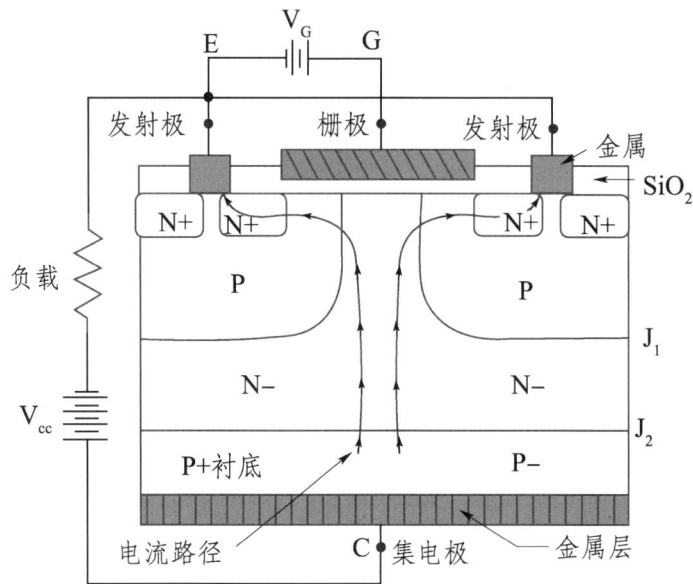

图 3-25　IGBT 结构

三　IGBT 的工作原理

IGBT 的工作原理可以清晰地分为以下几个阶段。

❶ 关断阶段

如图 3-26 所示,当栅极(G)和发射极(E)之间的电压被降低至零或负向电压时,IGBT 进入关断阶段。MOSFET 的导电层消失,导致 P 型基区变宽。P 型基区的变宽阻断了 NPN 晶体管的导通,IGBT 整体从集电极(C)到发射极(E)之间的导电通道被截断,电流无法通过。

❷ 导通阶段

当在 IGBT 的栅极(G)和发射极(E)之间施加正向电压,且该电压大于 IGBT 的阈值电压时,IGBT 开始导通,如图 3-27 所示。

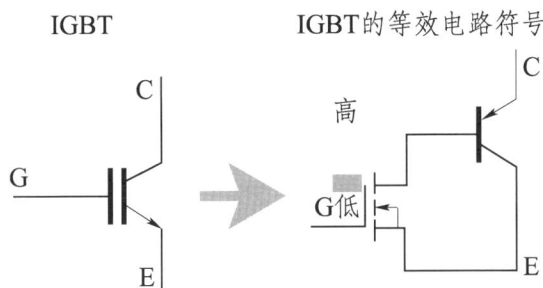

图 3-26　IGBT 关断阶段　　　　　　图 3-27　IGBT 导通阶段

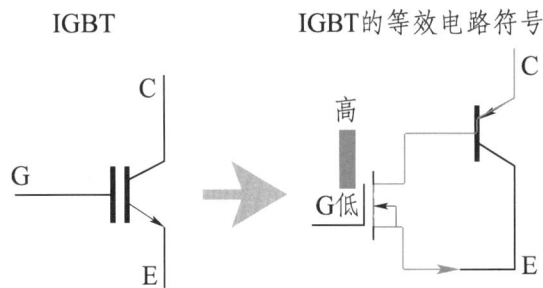

在此阶段,MOSFET 部分的导电层建立,导致 P 型基区变窄。P 型基区的变窄触发了 NPN 晶体管的导通,从而使得 IGBT 整体从集电极(C)到发射极(E)之间形成低阻的导电通道,允许电流流过。

❸ 饱和阶段(针对导通状态)

当 IGBT 处于导通状态的饱和阶段时,如图 3-28 所示,BJT(双极结型晶体三极管)处于工作饱和区,而 MOSFET 的导通特性主导电流的流动。在这个阶段,IGBT 的导通电阻较低,电流能够顺畅地流过。

需要注意的是,IGBT 的栅极与发射极之间的电压(即驱动电压),需要维持在适当的范围内。如果驱动电压过低,IGBT 可能无法稳定工作;如果驱动电压过高,甚至超过栅极—发射极之间的耐压,IGBT 可能会永久损坏。

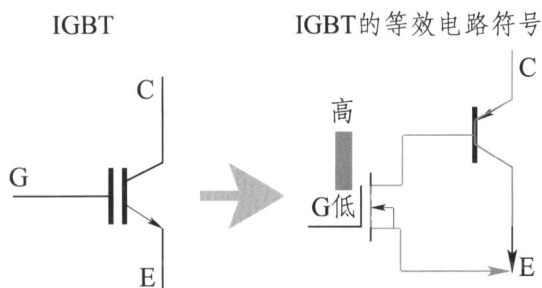

图 3-28　IGBT 饱和阶段

总的来说,IGBT 的工作原理是通过控制栅极电压来调节其导通和关断状态,从而实现对电流的精确控制。这种控制方式使得 IGBT 在电力电子系统中具有广泛的应用前景。

四　IGBT 在新能源汽车上的应用

IGBT 结合了双极结型晶体三极管(BJT)和金属氧化物场效应晶体管(MOSFET)的优点,如驱动功率小、饱和压降低等。具有高可靠性、稳定性的 IGBT 在新能源汽车中有着广泛的应用。

❶ 汽车驱动电机控制系统

IGBT 作为功率转换器件,主要用于电动汽车中动力蓄电池的直流电到电机交流电的转换,即逆变过程,如图 3-29 所示。电动汽车在电流转换过程中,动力蓄电池电压一般在 200V 以上,过流能力在 300A 以上,IGBT 模块能够实现高压、大电流的操作。IGBT 约占驱动电机系统成本的一半,而驱动电机系统又占整车成本的 15% ~ 20%,因此,IGBT 占整车成本的 7% ~ 10%,是除动力蓄电池之外成本第二高的元件。

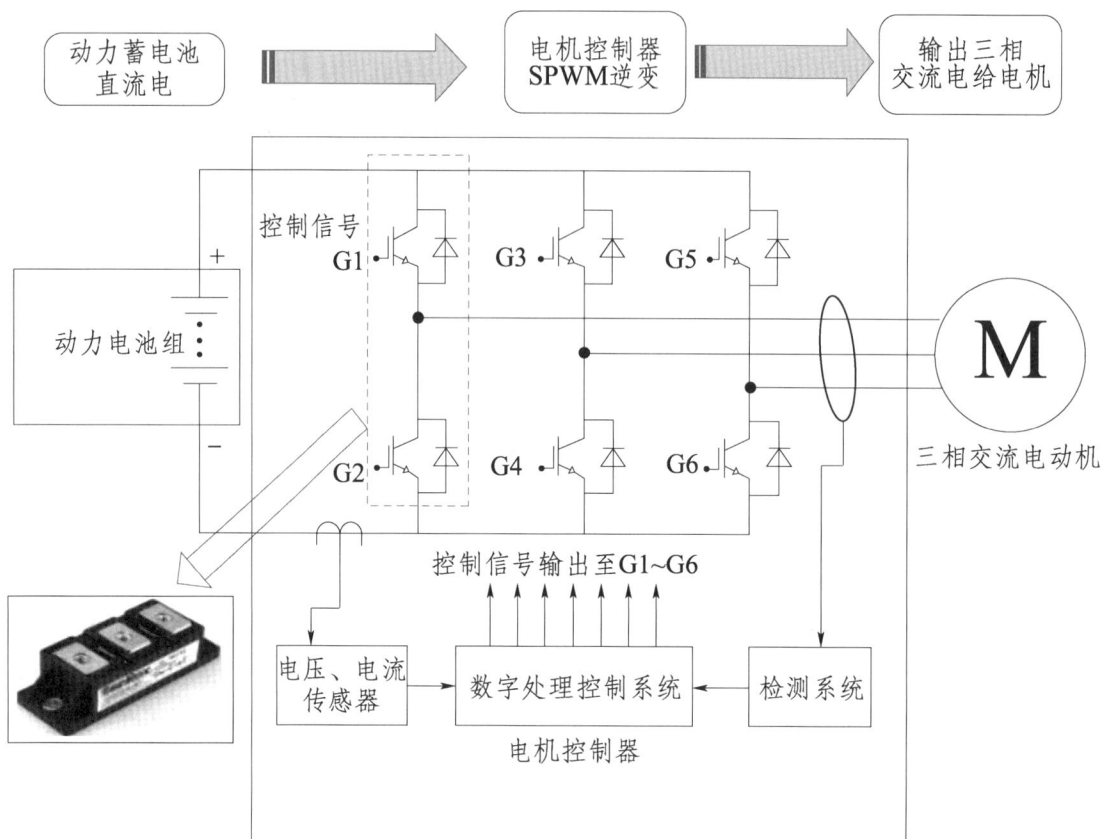

图 3-29 IGBT 在驱动电机控制系统的应用

❷ 车载空调控制系统

车载空调的工作原理与驱动电机相似,即通过逆变器将高压动力蓄电池的直流电转换成交流电后,驱动空调压缩机电机进行工作。车载空调控制系统中击穿电压和额定电流的选定主要通过 IGBT 来实现。

❸ 充电桩

以直流充电桩为例,IGBT 在充电桩中扮演着核心角色,负责将交流电转换为直流电,并逆变为高频交流电,最后转换成不同的直流电压等级,为电动汽车充电。IGBT 占直流充电桩中约 30% 的原材料成本。

综上所述,IGBT 在新能源汽车中的应用十分广泛,不仅关乎汽车的动力性能、能源效率,还直接影响到整车的制造成本。随着新能源汽车市场的不断发展,对 IGBT 的需求也在持续增长,其在电动汽车领域中的地位越发重要。

🔧 任务实施

IGBT的认知

❶ 任务目标

(1)掌握 IGBT 的结构和主要参数。

(2)理解 IGBT 的工作原理。

(3)会用数字式万用表判别 IGBT 引脚。

❷ 材料准备

(1) IGBT。

(2) 数字式万用表。

❸ 学习过程

(1) 用数字式万用表检测识别 IGBT 的引脚。

用万用表电阻挡测量 IGBT 时,某一极与其他两极的阻值都显示为无穷大,如果调换表笔后该极与其他两极的阻值仍为无穷大,则可以判断此极为栅极。其余两极再使用万用表测量,如果测得的阻值为无穷大,调换表笔后测量阻值比较小,则在测量阻值较小的一次中,可以判断红表笔接的为集电极,黑表笔接的为发射极。

(2) 操作步骤。

① IGBT 结构认知。

② IGBT 引脚的检测识别。

❹ 考核评价

填写考核评价表 (表 3-8)。

考核评价表   表 3-8

考核项目	评分标准	分数(分)	学生自评(分)	小组互评(分)	教师评价(分)	小计(分)
团队合作	是否和谐	5				
活动参与	是否主动	5				
安全生产	有无安全隐患	10				
现场 5S 管理	是否做到	10				
任务方案	是否合理	15				
学习过程	IGBT 的识别	30				
任务完成情况	是否圆满完成	5				
操作过程	是否标准规范	10				
劳动纪律	是否严格遵守	5				
作业填写	是否完整、规范	5				
总分		100	得分			
学习心得						

🖐 **知识拓展**

新能源领域的中国力量

长期以来,在中国的半导体行业中,IGBT 芯片的生产几乎完全依赖于进口,给国家的高端制造业带来了巨大的"卡脖子"问题。然而,随着一支年轻团队的崛起,这种状况正在逐步改变。中车株洲电力机车研究所(简称中车株洲所)的半导体产业化青年团队,在十年的努力下,自主研发出国内首条IGBT芯片生产线,标志着中国在这一核心领域实现重大突破。

一、从困境到自主研发的转型

2006年,中车株洲所为满足电力机车的发展需求,以高于国际市场3倍的价格购买了一批IGBT芯片。然而,这批芯片在测试阶段却接连出现故障,经过检测,最后确定为残次品。这个经历让中车株洲所的负责人意识到"关键核心技术是无法通过购买获得的"。决定开启自主研发之路后,团队的年轻人在困境中找到了新的出路,经过不懈努力,逐渐攻克了IGBT技术的多个关键难题。

二、创新与坚持的精神

当谈及研发过程中遇到的挑战时,IGBT芯片设计主管姚尧回忆道:"缺测试工具就自主研发,缺测试环境就自主搭建,我们经常在实验室里待上一整天。"为了解决生产中的技术难题,团队成员们以"咬牙坚持"的精神,一次次进行参数验证和调整。经过无数个日夜的奋斗,他们终于成功研发出中国首条、全球第二条8英寸IGBT芯片生产线。这不仅使得高速铁路等交通工具实现了"中国芯"的全面应用,也为未来的半导体产业发展打下了基础。

中车时代系列IGBT产品已经实现产业化,年产能超过1000片,为可再生能源领域提供了高效可靠的技术支持。同时,TCL中环新能源科技股份有限公司通过持续的技术攻关,攻克了IGBT高占面积比、高温性能等难题,推动了IGBT国产化的技术进步。这些企业的努力不仅提升了国产IGBT的技术水平,还带动了整个行业的产业升级和技术创新,为全球能源转换领域贡献了中国力量。

习题

一、填空题

1. 超级电容的主要优点之一是_____,可以在较低电压下储存大量能量。

2. 伏安特性曲线反映了二极管的_____特性,正向导通和反向截止状态非常明显。

3. 晶闸管的结构由四个半导体层组成,包括两个_____半导体层和两个_____半导体层。

4. 晶闸管与可控硅相比,具有更_____的开关效率。

5. IGBT的栅极是G极,它通过施加_____控制IGBT的导通状态。

二、判断题

1. 超级电容在实际应用中可能存在"记忆效应",长时间未使用会导致能量损失。
( )

2. 反向击穿电压是指二极管反向电压超过某一阈值时,二极管呈现导通状态。 ( )

3. 晶闸管的正向导通特性是指正极接高电位、负极接低电位时,晶闸管导通并流过电流。
( )

4. 晶闸管具有良好的可控性,可以通过电位控制导通或关断。 ( )

5. IGBT 的栅极—发射极电压必须高于其阈值电压才能导通,否则无法导通。　　(　　)

三、选择题

1. 超级电容在放电过程中,其电压随时间的衰减遵循(　　)。

　　A. 线性衰减　　　　　　B. 指数衰减　　　　　　C. 指数充电　　　　　　D. 线性充电

2. 二极管的伏安特性曲线在(　　)区域内接近一条直线。

　　A. 正向导通　　　　　　B. 反向截止　　　　　　C. 导通状态　　　　　　D. 截止状态

3. 晶闸管的结构由四个半导体层组成,分别是(　　)。

　　A. P－N－P－N　　　B. N－P－N－P　　　C. P－N－N－P　　　D. N－P－P－N

4. 晶闸管的控制方式是(　　)。

　　A. 正向控制　　　　　　B. 反向控制　　　　　　C. 有触点控制　　　　　　D. 无触点控制

5. IGBT 的特点之一是其开关速度非常快,通常可以在(　　)时间范围内完成开关动作。

　　A. 微秒级　　　　　　　B. 毫秒级　　　　　　　C. 秒级　　　　　　　　D. 分钟级

项目四
交流电基础

📋 **项目导言**

直流电的大小和方向不随时间变化,而交流电的大小和方向随时间作周期性变化。由于交流电比较容易产生和获得,加之交流电可以利用变压器实现电压的升高和降低,从而使电能的输送效率更高,所以交流电在生产及日常生活中应用更加广泛,例如新能源汽车上常用的驱动电机即为交流电机,既可作为电动机,也可作为发电机。某些需要直流电的场合,也是利用整流设备将交流电转换为直流电。学习好交流电的相关知识更有利于对新能源汽车知识的学习。

本项目将介绍正弦交流电的认知和三相交流电的认知。

任务一　正弦交流电的认知

🔧 **任务描述**

电的发现是人类历史的革命,它对人类生活影响巨大。生活中我们经常使用交流电,因此,我们需要知道什么是交流电,它是如何产生的,如何正确使用交流电。通过本任务的学习,学生可以了解到正弦交流电的相关知识。

🏃 **学习目标**

1. 知识目标

(1)掌握正弦交流电的基本概念、术语。

(2)理解交流电路电阻、电感、电容特性。

2. 技能目标

(1)能换算电压、电流等有效值。

(2)能根据相位差,判断电压和电流的超前或滞后性。

3. 素质目标

(1)通过学习交流电的基本知识,培养学生锲而不舍的科学精神,探索意识,以科学的态度对待科学。

(2)培养学生养成团结协作意识,养成规范作业、安全工作的工作习惯,形成较强的岗位安全责任意识、质量意识。

参考学时

共4学时,知识学习4学时。

📖 **任务知识学习**

一 正弦交流电

正弦交流电的认知

❶ 正弦量

在电路中,电压、电流的大小和方向都不随时间变化的电流称为直流电,电压、电流的大小和方向随时间变化的电流称为交流电。如图4-1a)所示为稳恒直流电,如图4-1b)所示为波动直流电流,如图4-1c)所示为正弦交流电,如图4-1d)所示为非正弦交流电。

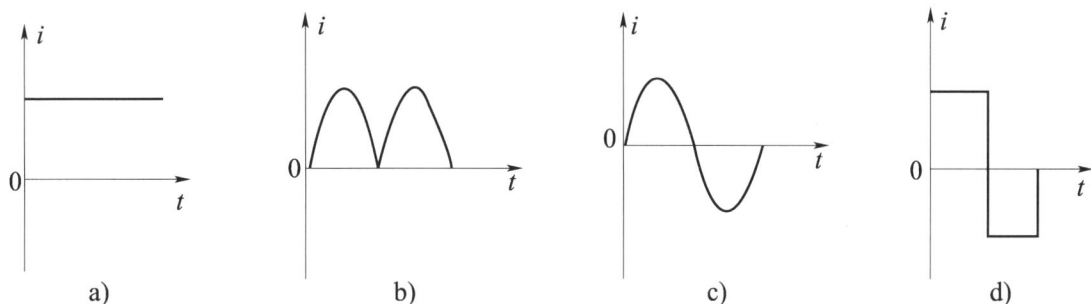

图4-1　电流的变化曲线

随时间按正弦规律变化的交流电压、电流称为正弦电压、电流。如图4-1c)所示的正弦交流电流的每一个值在通过相同的时间后重复出现,该时刻即为周期 T,而且在每一个周期内,电流的值按正弦规律变化,其瞬时值有正有负,且在一个周期内平均值为零。正弦交流电压和正弦交流电流统称为正弦量。

我国正弦交流电运用非常广泛,主要原因包括:①可以利用变压器对电动势、电压、电流升高或降低,这种变换方式既灵活又经济;②正弦量经过加、减、求导、积分等数学运算后,仍为正弦量,这在电工技术上有重大意义;③正弦量变化平滑,在正常情况下不会引起过电压而破坏电器的绝缘设备。

❷ 交流电的三要素

正弦量在任一时刻瞬时值用小写字母 u、i、e 分别表示正弦电压、电流、电动势。正弦量瞬时值中的最大值,叫作幅值,用大写字母带下标"m"表示,如 U_m、I_m、E_m。正弦量中的有效值,用大写字母表示,如 U、I、E。

现以电流为例说明正弦交流电流数学表达式和三要素。

如图4-2所示为一个正弦电流 i 的波形。图中 T 为电流 i 变化一周所需的时间,称为周期,其单位是秒(s)。电流每秒变化的次数叫作频率,用 f 表示,单位是赫兹(Hz),其他常用单位包括千赫(kHz)、兆赫(MHz),它们的换算关系是:$1kHz = 10^3 Hz$、$1MHz = 10^6 Hz$。我国和大多数国家电力标准频率是50Hz,美国和日本等国家是60Hz。在工程实际中,常以频率的大小作为区分电路的标志,如高频电路、低频电路等。

周期和频率的关系是:

$$f = \frac{1}{T} \tag{4-1}$$

如图 4-2 所示的正弦电流 i，其瞬时值可用正弦函数表示，即：

$$i = I_m \sin(\omega t + \varphi) \tag{4-2}$$

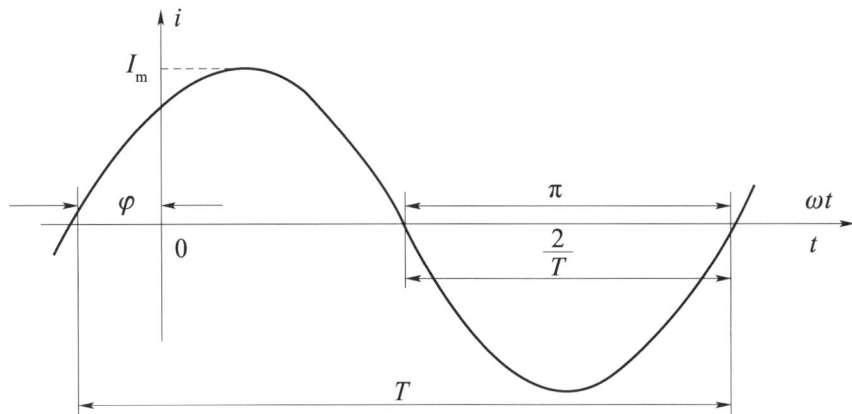

图 4-2　正弦交流电的波形图

由式(4-2)可知，对于一个正弦电流 i，若知道 I_m、ω、φ，则电流与时间 t 的函数就是唯一确定的，因此，I_m(幅值)、ω(角频率)、φ(初相位)称为正弦电流 i 的三要素。表述如下。

(1)角频率。式(4-2)中的 ω 在数值上等于单位时间内正弦函数幅角的增长值，称为角频率，它的单位为弧度每秒(rad/s)。由于在一个周期内幅角增长 2π 弧度，所以式(4-2)表明了正弦量的角频率 ω 和周期 T、频率 f 之间的关系，它们都表示正弦量变化快慢的物理量，只要知道其中一个，另外两个量就可求得。

(2)幅值。由于正弦函数的最大值为1，因此，式(4-2)中的 I_m 为电流 i 的最大值，也称为幅值。

(3)初相位。式(4-2)中正弦函数的幅角 $\omega t + \varphi$ 称为正弦量的幅角，简称相位。$t = 0$ 时的相位角 φ 称为初相位角或初相位。

❸ 交流电的有效值

在电工技术中，有时并不需要知道交流电的瞬时值，而规定一个能够表征其大小的特定值——有效值，依据是交流电流和直流电流通过电阻时，电阻都要消耗电能(热效应)。

交流电流 i 通过电阻 R 在一个周期内所产生的热量和直流电流 I 通过同一电阻 R 在相同时间内所产生的热量相等，则这个直流电流 I 的数值即为交流电流 i 的有效值。

$$I = \frac{I_m}{\sqrt{2}} = 0.707 I_m \tag{4-3}$$

同理可得到电压的有效值 U 和电动势的有效值 E，即：

$$\begin{cases} U = \dfrac{U_m}{\sqrt{2}} \\[2mm] E = \dfrac{E_m}{\sqrt{2}} \end{cases} \tag{4-4}$$

若一交流电压有效值 $U = 220V$，则其最大值 $U_m \approx 311V$。工程上说的正弦电压、正弦电流一般指有效值,如设备铭牌额定值、电网的电压等级等。但绝缘水平、耐压值指的是最大值。因此,在考虑电气设备的耐压水平时应按最大值考虑。测量中,电磁式交流电压、电流表读数均为有效值。我国工业和民用交流电源的有效值为220V、频率为50Hz,因而通常将这一交流电压简称为工频电压。

❹ 同频率的相位差

设正弦电压 u 和电流 i 为同频率的正弦量,u、i 可分别表示为:

$$u = U_m \sin(\omega t + \varphi_1) \tag{4-5}$$

$$i = I_m \sin(\omega t + \varphi_2) \tag{4-6}$$

相位差 φ 为:

$$\varphi = (\omega t + \varphi_1) - (\omega t + \varphi_2) = \varphi_1 - \varphi_2$$

相位差 φ 是多值的,一般取 $|\varphi| \leqslant \pi$。

两个正弦量的相位关系如下(判断方法:超前代表进程在先,即先到达最大值、先过零点等)。

(1)当 $\varphi > 0$ 时,称电压比电流超前 φ。

(2)当 $\varphi < 0$ 时,称电压比电流滞后 φ,如图 4-3a)所示。

(3)当 $\varphi = 0$ 时,称电压与电流同相,如图 4-3b)所示。

(4)当 $\varphi = \pi$ 或 180°时,称电压与电流反相或电压比电流超前180°,如图 4-3c)所示。

(5)当 $\varphi = \pi/2$ 或 90°时,称电压与电流正交或电压比电流超前90°,如图 4-3d)所示。

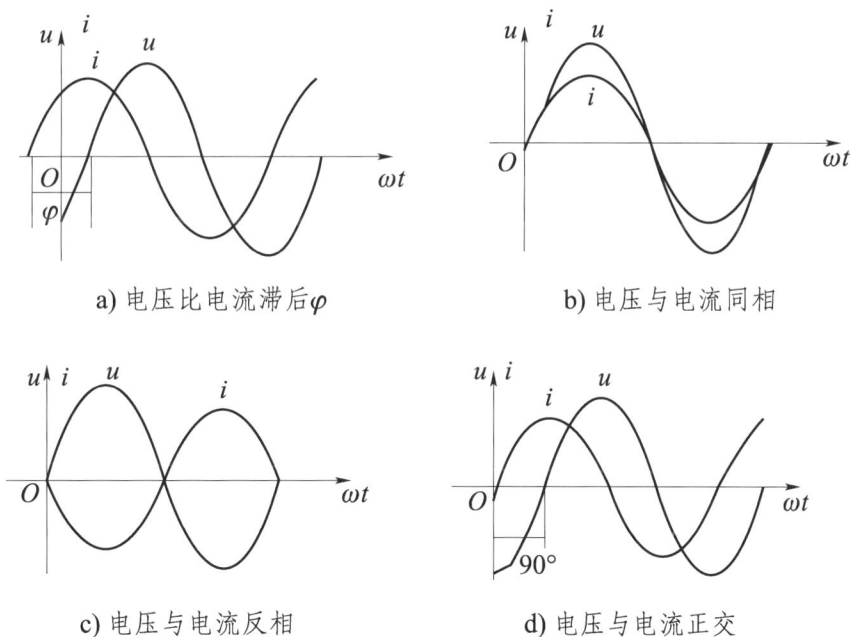

a) 电压比电流滞后 φ b) 电压与电流同相

c) 电压与电流反相   d) 电压与电流正交

图 4-3 相位差

❺ 交流电的表示法

(1)解析式表示法。电流、电压、电动势可用如下解析式表示:

$$\begin{cases} i = I_m \sin(\omega t + \varphi) \\ u = U_m \sin(\omega t + \varphi) \\ e = E_m \sin(\omega t + \varphi) \end{cases} \tag{4-7}$$

例如:已知某正弦交流电流的最大值是 2A,频率为 100Hz,设初相位为 60°,则该电流的瞬时表达式为:

$$i = I_m \sin(\omega t + \varphi) = 2\sin(2\pi f t + 60°) = 2\sin(628t + 60°)\,A$$

(2)波形图表示法。例如,电动势的波形举例,如图 4-4 所示。

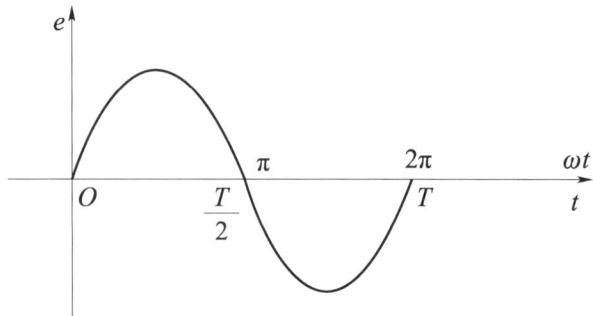

图 4-4 波形图表示法举例

(3)相量图表示法。正弦量可以用最大值(幅值)相量或有效值相量表示,但通常用有效值相量表示。

①最大值相量表示法:用正弦量的最大值作为相量的模(大小)、用初相角作为相量幅角的表示法。例如有三个正弦量为:

$$e = 60\sin(\omega t + 60°)\,V$$
$$u = 30\sin(\omega t + 30°)\,V$$
$$i = 5\sin(\omega t - 30°)\,A$$

则它们的最大值相量图如图 4-5 所示。

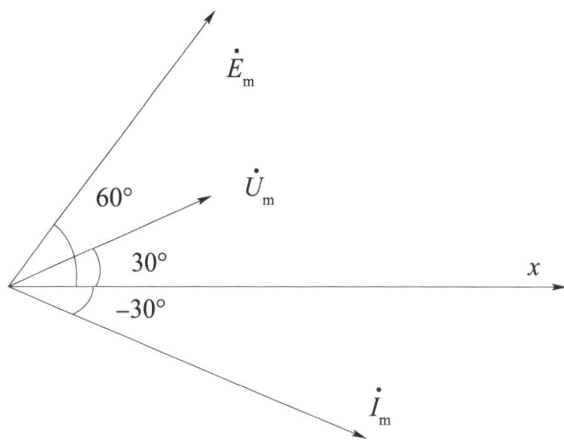

图 4-5 正弦量的幅值相量图举例

②有效值相量表示法:用正弦量的有效值作为相量的模(长度大小)、仍用初相角作为相量幅角的表示法。

$$\begin{cases} i = \sqrt{2}\,I\sin(\omega t + \varphi) \Leftrightarrow \dot{I} = I\angle\varphi \\ u = \sqrt{2}\,U\sin(\omega t + \varphi) \Leftrightarrow \dot{U} = U\angle\varphi \end{cases} \tag{4-8}$$

例如:$i = 100\sqrt{2}\sin(314t + 30°)\,A$,$u = 311.1\sin(314t - 60°)\,V$。

可分别表示为:

$$\dot{I} = 100\angle 30°A$$

$$\dot{U} = 220\angle -60°A$$

例如:将 $u = 220\sqrt{2}\sin(\omega t + 53°)$ V 和 $i = 240\sqrt{2}\sin(\omega t)$ A 用有效值相量图可表示为如图 4-6 所示。

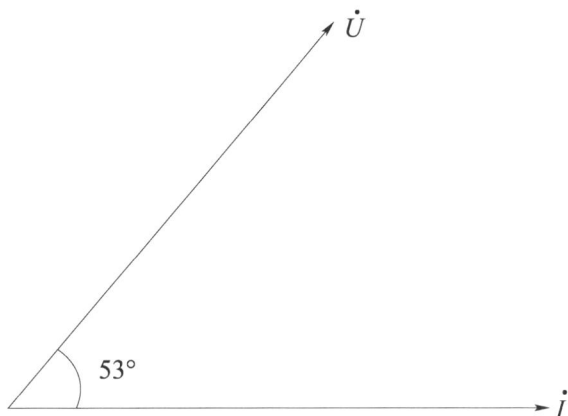

图 4-6　正弦量的有效值相量图举例

二　交流电路电阻、电感、电容特性

在直流稳态电路中,电感元件可视为短路,电容元件可视为开路。但在交流电路中,由于电压、电流随时间变化,电感元件中的磁场不断变化,引起感应电动势。电容极板间的电压不断变化,引起电荷在与电容极板相连的导线中移动,从而形成电流。因此,电阻 R、电感 L 及电容 C 对交流电路中的电压、电流都会产生影响。

1　电阻的特性

只含有电阻元件的交流电路称为纯电阻电路,如含有白炽灯、电炉、电烙铁等的电路。设电压电流的参考方向相关联,如图 4-7a)所示。

(1)电压、电流的瞬时值关系。电阻与电压、电流瞬时值之间的关系服从欧姆定律。设加在电阻 R 上的正弦交流电压瞬时值为 $u = U_m\sin(\omega t)$,则通过该电阻的电流瞬时值为:

$$i = \frac{u}{R} = \frac{U_m}{R}\sin(\omega t) = I_m\sin(\omega t) \tag{4-9}$$

(2)电压、电流的有效值关系。电压、电流的有效值关系又叫作大小关系。由于纯电阻电路中正弦交流电压和电流的最大值之间满足欧姆定律,因此把等式两边同时除以 2,即得到有效值关系,即:

$$I = \frac{U}{R}\text{或} U = IR \tag{4-10}$$

这说明,正弦交流电压和电流的有效值之间也满足欧姆定律。

(3)相位关系。由式(4-5)可知电阻的两端电压 U 与通过它的电流 I 同相,其波形图和相量图如图 4-7b)、c)所示。

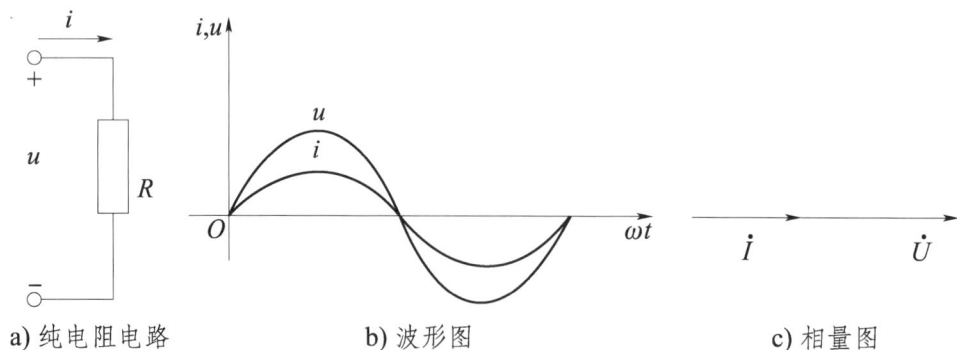

a) 纯电阻电路　　　　b) 波形图　　　　c) 相量图

图 4-7　电阻元件的交流电路

(4) 纯电阻电路的功率。在任一瞬间,电阻中电流瞬时值与同一瞬间电阻两端电压瞬时值的乘积,称为电阻获得的瞬时功率。

$$P = ui = U_m \sin(\omega t) I_m \sin(\omega t)$$
$$= U_m I_m \sin^2(\omega t)$$
$$= UI[1 - \cos^2(\omega t)] \tag{4-11}$$

式中,$I_m = \dfrac{U_m}{R}$ 是正弦交流电的最大值。这说明,正弦交流电压和电流的最大值之间满足欧姆定律。

① 由上式可知,瞬时功率 P 的变化频率是电源频率的 2 倍。瞬时功率在任一瞬间的数值都是正值。这说明了电阻总是从电源取用功率,即总是消耗功率,是耗能元件。

② 由于瞬时功率时刻变动,不便计算,因而通常用电阻在交流电一个周期内消耗功率的平均值来表示功率的大小,叫作平均功率,也称为有功功率,用 P 表示,单位瓦特(W)。

$$P = \frac{1}{T}\int_0^T p\,\mathrm{d}t = \frac{1}{T}\int_0^T UI[1 - \cos^2(\omega t)]\,\mathrm{d}t = UI = RI^2 \tag{4-12}$$

电流电压用有效值表示时,其功率 P 的计算与直流电路相同(同一电阻接在 220V 交流电源上与接在 220V 直流电源上,所取用的功率是完全相同的)。

瞬时功率波形如图 4-8 所示。图中虚线有 u、i 和平均功率 P。

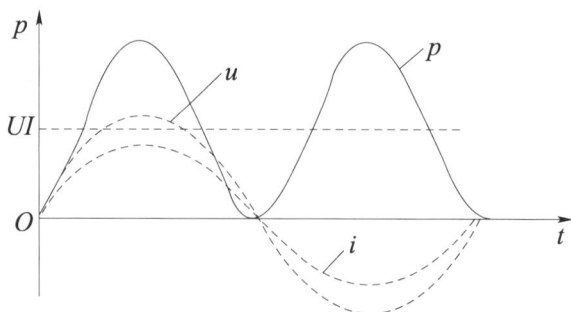

图 4-8　瞬时功率波形图

❷ 电感的特性

只含有电感元件的交流电路称为纯电感电路,如只含有理想线圈的电路。设电压电流的参考方向相关联,如图 4-9a) 所示。

（1）电感电流与电压的瞬时值关系。当纯电感电路中有交变电流通过时，根据电磁感应定律，线圈 L 上将产生自感电动势，其表达式为：

$$e_L = -L\frac{d_i}{d_t} \tag{4-13}$$

对于一个内阻很小的电源，其电动势 E 与端电压 u_L 总是大小相等、方向相反。即：

$$u = -e_L = -\left(-L\frac{d_i}{d_t}\right) = L\frac{d_i}{d_t} \tag{4-14}$$

设电感 L 中流过的电流为：

$$i = I_m\sin(\omega t) \tag{4-15}$$

则：

$$u = L\frac{d_i}{d_t} = \omega L I_m\cos(\omega t) = U_m\sin(\omega t + 90°) \tag{4-16}$$

（2）电感电流与电压的有效值关系。由式（4-8）可知，U、I 幅值的关系为：

$$U_m = \omega L I_m \tag{4-17}$$

u、I 有效值的关系为：

$$U = \omega L I = X_L I \tag{4-18}$$

式中：X_L——感抗，Ω。

$$X_L = \omega L = 2\pi f L \tag{4-19}$$

在直流电路中，$f = 0$、$X_L = 0$ 电感可视为短路，感抗在交流电路中才有意义。

在交流电路中，$f\uparrow \rightarrow X_L\uparrow \rightarrow \infty$ 电感可视为开路，L 对高频电流阻碍作用很大。

（3）电感电流与电压的相位关系。由式（4-15）和式（4-16）可见，在相位上，电感电压比电流超前 90°（或 $\pi/2$）或电感电流比电压滞后 90°。可画出 u、i 的波形图和相量图，如图 4-9b）、c）所示。

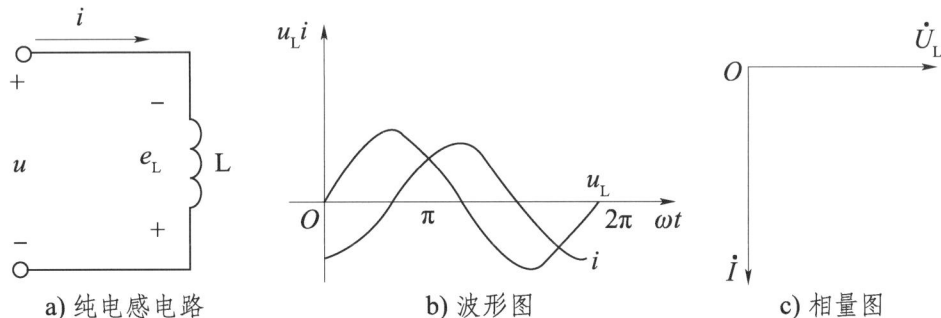

a）纯电感电路   b）波形图   c）相量图

图 4-9　电感元件的交流电路

（4）纯电感电路功率。纯电感电路的功率的大小是各瞬时电压与电流的乘积。

$$\begin{aligned}
p &= ui \\
&= U_m\sin\omega t I_m\sin(\omega t + 90°) \\
&= U_m I_m\sin\omega t\cos\omega t \\
&= 1/2 U_m I_m\sin 2\omega t \\
&= UI\sin 2\omega t
\end{aligned} \tag{4-20}$$

纯电感电路的平均功率（有效功率）为：

$$P = \frac{1}{T}\int_0^T p\mathrm{d}t = \frac{1}{T}\int_0^T UI\sin2\omega t\,\mathrm{d}t = 0 \tag{4-21}$$

这样,在同一个周期内,纯电感电路中没有能量的消耗,只有电能和磁能周期性的转换。因此,电感元件中是一个储能元件。

转换的功率可用无功功率 Q 衡量。瞬时功率不为零,将瞬时功率最大值称为无功功率,用 Q 表示,单位是乏(var)或千乏(kvar),$1\mathrm{kvar} = 10^3\mathrm{var}$。

$$Q = UI = I^2 X_\mathrm{L} = U_\mathrm{L}^2/X_\mathrm{L} \tag{4-22}$$

注意:"无功"的含义是"交换"而不是"消耗",它是相对"有功"而言,不能理解为"无用"。事实上,无功功率在生产实际中占有很重要的地位。具有电感的变压器、电动机等设备都是靠电磁转换工作的。

3 电容的特性

(1)纯电容电路电流与电压的关系。设电压电流的参考方向相关联,如图4-10a)所示。纯电容电路电流与电压的关系为:

$$i = C\frac{d_u}{d_t} = \omega C U_\mathrm{m}\cos(\omega t) = I_\mathrm{m}\sin(\omega t + 90°) \tag{4-23}$$

设电压为 U 为参考相量,即:

$$u = U_\mathrm{m}\sin(\omega t) \tag{4-24}$$

(2)电容电流与电压的有效值关系。由式(4-23)、式(4-24)可知,u、i 幅值的关系为:

$$I_\mathrm{m} = \omega C U_\mathrm{m} \text{ 或 } U_\mathrm{m} = \frac{1}{\omega C}I_\mathrm{m} \tag{4-25}$$

u、i 有效值的关系为:

$$U = \frac{1}{\omega C}I = X_\mathrm{C}I \tag{4-26}$$

式中:X_C——容抗,Ω。

$$X_\mathrm{C} = \frac{1}{\omega C} = \frac{1}{2\pi fc} \tag{4-27}$$

上式表明,同一电容(C 为定值),对不同频率的正弦电流表现出不同的容抗,频率越高,则容抗越小。因此,电容器对高频电流有较大的传导作用。

(3)电容电流与电压的相位关系。由式(4-23)和式(4-24)可见,在相位上,电感电流比电压超前90°(或 $\pi/2$)或电感电压比电流滞后90°。可画出 u、i 的波形图和相量图,如图4-10b)、c)所示。

(4)电容电路功率。纯电容电路的功率的大小是各瞬时电压与电流的乘积。

$$\begin{aligned}p &= ui\\ &= U_\mathrm{m}\sin(\omega t)I_\mathrm{m}\sin(\omega t + 90°)\\ &= U_\mathrm{m}I_\mathrm{m}\sin(\omega t)\cos(\omega t)\\ &= 1/2 U_\mathrm{m}I_\mathrm{m}\sin(2\omega t)\\ &= UI\sin(2\omega t)\end{aligned} \tag{4-28}$$

纯电容电路的平均功率(有功功率)为:

$$P = \frac{1}{T}\int_0^T p\,\mathrm{d}t = \frac{1}{T}\int_0^T UI\sin(2\omega t)\,\mathrm{d}t = 0 \tag{4-29}$$

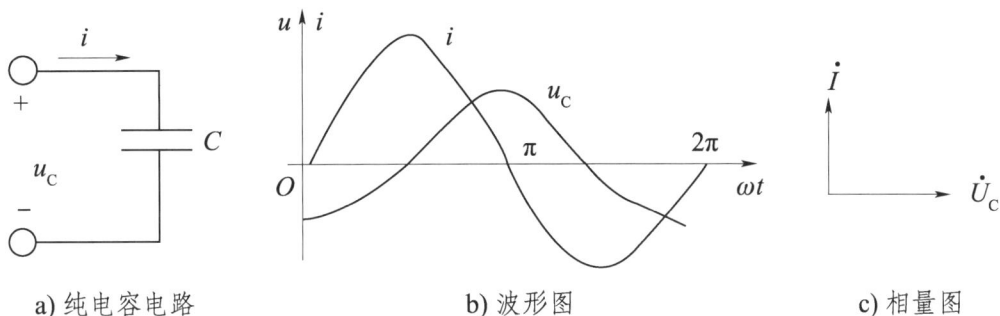

a) 纯电容电路　　　　　b) 波形图　　　　　c) 相量图

图 4-10　电容元件的交流电路

这样,在同一个周期内,纯电容电路中没有能量的消耗,只是电容元件与电源之间不停地有能量交换(电容器不停地充电和放电)。因此,电容元件中是一个储能元件。

无功功率用来表示电容和电源交换能量的规模,单位是乏(var)或千乏(kvar),$1\mathrm{kvar} = 1 \times 10^3\mathrm{var}$。

任务实施

正弦交流电波形测量

1 任务目标

(1)掌握数字式示波器的结构。

(2)掌握数字式示波器测量正弦交流电的方法。

2 材料准备

(1)示波器。

(2)数字式万用表。

(3)实验传感器、执行器。

3 学习过程

(1)数字式示波器。

数字式示波器如图 4-11 所示,除了可测试各种传感器、执行元件、电路和点火系统等的电压波形外,还具有汽车万用表功能,可对测试内容进行记录、回放,能提供在线帮助,包括提供系统工作原理、测试连接方法、接线颜色等,还可测试电压、电阻、闭合角、喷油脉冲、喷油时间、点火电压等。有的示波器内部还存有汽车数据库和标准波形,使判断故障更为方便。

(2)实验步骤。

①连接好示波器:接好示波器电源(9V 或 12V 恒压输入,也可用内置干电池)。红色 A 通道探针接信号输出端子,黑色 COM 公共输入端用鳄鱼夹搭铁;如同一传感器有两个输入信号,则红色 A 通道接高输出端,黑色 COM 公共输入端接低输出端;如要同时测试两个信号波形时,黄色 B 通道探针接另一个信号输出端子即可。

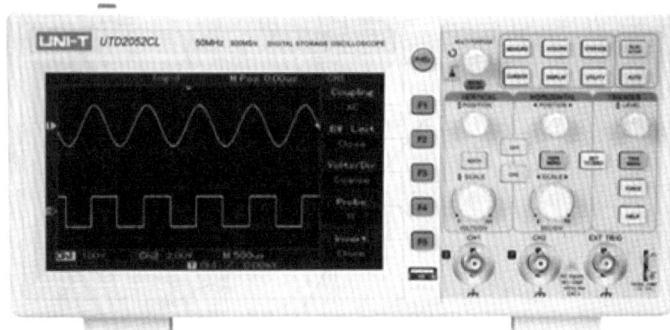

图 4-11　数字示波器面板

②关闭所有附属电气设备,打开示波器电源开关,检查被测电子信号在不同状态时的波形特征。如特征不明显可以利用光标键调整其时基和幅度量程(即改变每格的时间和电压幅值)。将检测结果填入表4-1。

示波器测量正弦交流电测试结果　　　　　　　　　　　　　　　　表 4-1

班级		姓名		日期	
画出测量波形					

❹ 考核评价

填写考核评价表(表4-2)。

考核评价表　　　　　　　　　　　　　　　　表 4-2

考核项目	评分标准	分数 (分)	学生自评 (分)	小组互评 (分)	教师评价 (分)	小计 (分)
团队合作	是否和谐	5				
活动参与	是否主动	5				
安全生产	有无安全隐患	10				
现场 5S 管理	是否做到	10				
任务方案	是否合理	15				

考核项目	评分标准	分数（分）	学生自评（分）	小组互评（分）	教师评价（分）	小计（分）
学习过程	示波器检测正弦交流电	30				
任务完成情况	是否圆满完成	5				
操作过程	是否标准规范	10				
劳动纪律	是否严格遵守	5				
作业填写	是否完整、规范	5				
总分		100	得分			
学习心得						

任务二　三相交流电的认知

任务描述

通过本任务的学习,可使学生了解到单相及三相交流电的相关知识。通过对汽车交流发电机结构认知与接线方式等实训内容,提高学生对交流电路不同接法的判断水平和实操能力。

学习目标

1.知识目标

(1)掌握三相交流电的基本概念、术语。

(2)了解三相交流电动势的产生原因。

2.技能目标

(1)掌握三相交流电源和负载的不同接法。

(2)能进行相间电压电流的换算。

3.素质目标

(1)培养学生独立学习、获取新知识、分析和处理信息的能力,不断提出真正解决问题的新理念新思路新办法。

(2)通过安全用电教学活动,培养学生的安全意识,提升职业素养,树立职业道德观。

(3)培养学生认真负责的工作态度及一丝不苟的工作作风。

参考学时

共4学时,知识学习3学时、实训操作1学时。

任务所需设备、器材

测电笔、万用表、绝缘手套、绝缘鞋、绝缘地垫。

一 三相交流电动势的产生

三相交流电的认知

1 三相交流电路的定义

由三相交流电源供电的电路称为三相交流电路。所谓三相交流电路,是指由三个频率相同、最大值(或有效值)相等、在相位上互差120°的单相交流电动势组成的电路,这三个电动势称为三相对称电动势。

2 三相交流电的优点

(1)三相交流发电机比功率相同的单相交流发电机体积小、质量轻、成本低。

(2)电能输送。当输送功率相等、电压相同、输电距离一样,三相交流电路线路损耗也相对较低。同时,用三相制输电比单相制输电可大大节省输电线有色金属的消耗量,即输电成本较低。

(3)目前,获得广泛应用的三相异步电动机,是以三相交流电作为电源,它与单相电动机或其他电动机相比,具有结构简单、价格低廉、性能良好和使用维护方便等优点。因此,在现代电力系统中,三相交流电路获得广泛应用。

3 三相交流电的产生

三相交流电的产生就是指三相交流电动势的产生。三相交流电动势由三相交流发电机产生,它是在单相交流发电机的基础上发展而来的。

图 4-12a)所示为三相交流发电机的原理图,发电机的转动部分称为转子,在转子的励磁绕组中通以直流电,产生恒定的磁场。发电机的固定部分称为定子,定子铁芯的内圆放置电枢绕组。三个尺寸和匝数相同的绕组分别用 $U_1 U_2$、$V_1 V_2$、$W_1 W_2$ 表示,称为三相绕组 U 相、V 相、W 相,U_1、V_1、W_1 称为绕组的首端,U_2、V_2、W_2 称为绕组的末端。三个绕组安装在定子铁芯槽内,三相绕组在空间位置上相差120°。各相绕组的匝数和形状都相同,图 4-12b)所示为 U 相绕组的示意图。

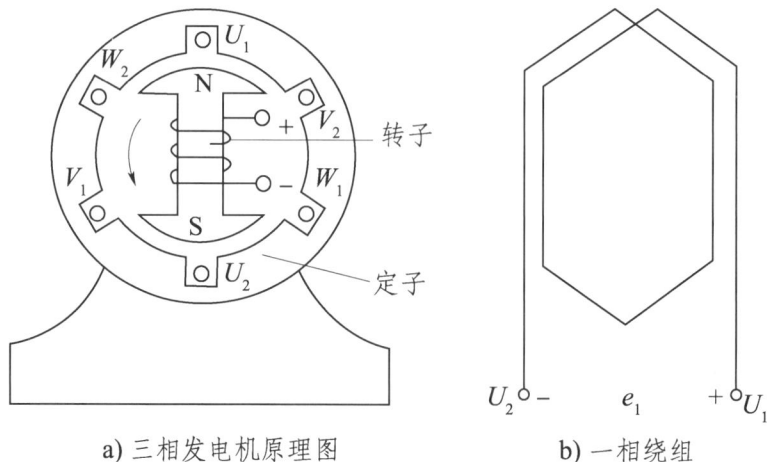

a) 三相发电机原理图   b) 一相绕组

图 4-12　三相对称交流电动势的产生

磁极放在转子上,一般均由直流电通过励磁绕组产生一个很强的恒定磁场。当转子由原动机拖动做匀速转动时,三相定子绕组即切割转子磁场而感应出三相对称交流电动势。

这三个电动势的三角函数表达式为:

$$\begin{cases} e_U = E_m \sin(\omega t) \\ e_V = E_m \sin(\omega t - 120°) \\ e_W = E_m \sin(\omega t - 240°) = E_m \sin(\omega t + 120°) \end{cases} \quad (4\text{-}30)$$

三相对称交流电动势波形图如图4-13a)所示,三相对称交流电动势相量图如图4-13b)所示。

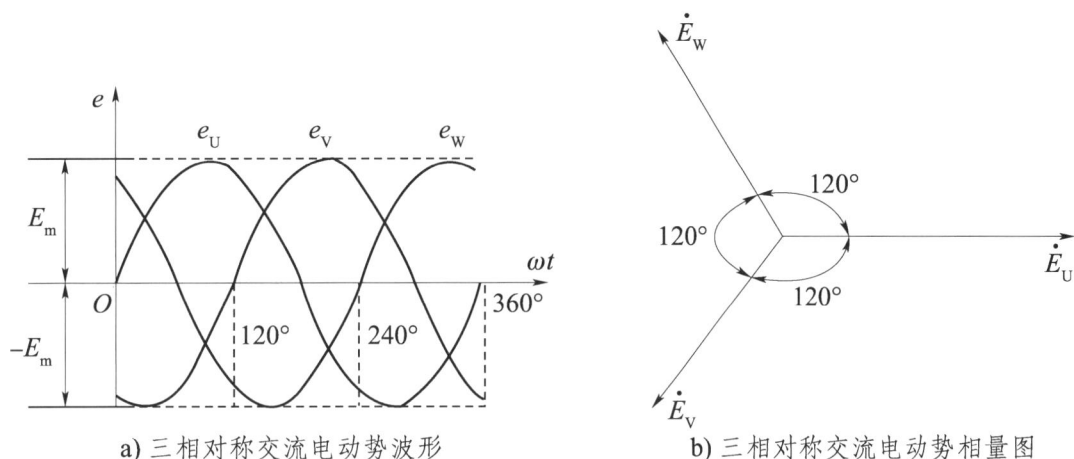

a) 三相对称交流电动势波形　　　　b) 三相对称交流电动势相量图

图4-13　三相对称交流电动势

由图4-12a)可以看出,三相对称交流电动势在任一瞬间其三个电动势的代数和为零。即:

$$e_U + e_V + e_W = 0 \quad (4\text{-}31)$$

由图4-12b)还可以看出,三相正弦交流电动势的相量和也等于零,即:

$$\dot{E}_U + \dot{E}_V + \dot{E}_W = 0 \quad (4\text{-}32)$$

把它们称作三相对称交流电动势,规定每相电动势的正方向是从线圈的末端指向首端(或由低电位指向高电位)。

二　三相电源的连接

三相交流发电机实际有3个绕组,6个接线端,我们目前采用的是将其发出三相交流电按照一定的方式,连接成一个整体向外送电。连接的方法通常为星形和三角形。

❶ 三相电源的星形连接(Y连接)

(1)星形连接。将电源的三相绕组末端 U_2、V_2、W_2 连在一起,首端 U_1、V_1、W_1 分别与负载相连,这种方式就叫作星形连接。其接法如图4-14所示。

(2)中点、中性线、相线、地线。三相绕组末端相连的一点称为中点或零点,一般用"N"表示。从中点引出的线叫作中性线(简称中线),也称零线,称为零线的原因是三相电源对称时刻中性线中没有电流通过了,再就是它直接或间接地接到大地,与大地相连电压也接近零。

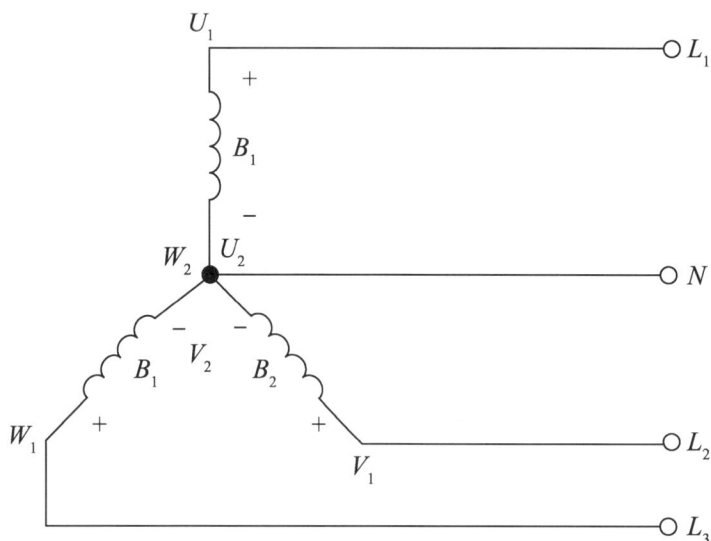

图 4-14　三相电源的星形连接(有中性点)

从首端 U_1、V_1、W_1 引出的三根导线称为相线(或端线)。由于它与大地之间有一定的电位差,一般通称火线。火线与零线共同组成供电回路。在低压电网中用三相四线制输送电力,其中有三根相线一根零线。

地线是把设备或用电器的外壳可靠地连接大地的线路,是防止触电事故的良好方案。

为了保证用电安全,在用户使用区改为用三相五线制供电,这第五根线就是地线,它的一端是在用户区附近用金属导体深埋于地下,另一端与各用户的地线接点相连起保护作用。

(3)输电方式。由三根火线和一根地线所组成的输电方式称为三相四线制(通常在低压配电系统中采用)。只由三根火线所组成的输电方式称为三相三线制(在高压输电时采用较多)。

(4)三相电源星形连接时的电压关系。

①相电压 U_P。每个绕组的相线与中性线之间的电压称为相电压。相电压的有效值用 U_U、U_V、U_W 表示。

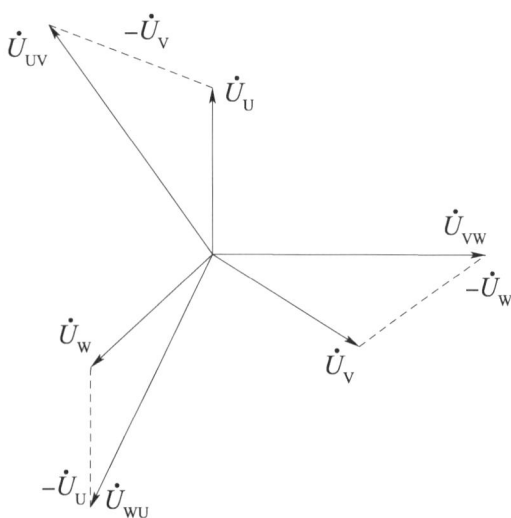

图 4-15　电源星型连接时的电压相量图

②线电压 U_L。各绕组相线与相线之间的电压,称为线电压,其有效值分别用 U_{UV}、U_{VW}、U_{WU} 表示。

③相电压与线电压参考方向。相电压的正方向是由首端指向中点 N,例如电压 U_U 是由首端 L 指向中点 N;线电压的方向,如电压 U_{UV} 是由首端 U 指向首端 V,书写时不能颠倒,否则,相位相差 $180°$。

④线电压 U_L 与相电压 U_P 的关系。相电源 Y 形连接时的电压相量图如图 4-15 所示。三个相电压大小相等,在空间各相差 $120°$。

故两端线 U 和 V 之间的线电压应该是两个相应的相电压之差,即:

$$
\begin{cases}
\dot{U}_{UV} = \dot{U}_U \cdot \dot{U}_V \\
\dot{U}_{VW} = \dot{U}_V \cdot \dot{U}_W \\
\dot{U}_{WU} = \dot{U}_W \cdot \dot{U}_U
\end{cases}
\tag{4-33}
$$

线电压大小利用几何关系可求得为:

$$
U_{UV} = 2U_U \cos 30° = \sqrt{3}\, U_U
$$

同理可得: $U_{VW} = \sqrt{3}\, U_V$、$U_{WU} = \sqrt{3}\, U_W$。

可得结论为:三相电路中线电压的大小是相电压的 $\sqrt{3}$ 倍,其公式为 $U_L = \sqrt{3}\, U_P$。

平常我们所讲的电源电压为 220V,即指相电压;所讲的电源电压为 380V,即指线电压。由此可见,三相四线制的供电方式可以给负载提供两种电压,即线电压 380V 和相电压 220V,因而,其在实际中获得了广泛的应用。

❷ 三相电源的三角形连接(△ 连接)

(1)三角形连接。如图 4-16 所示,将电源一相绕组的末端与另一相绕组的首端依次相连(接成一个三角形),再从首端 U_1、V_1、W_1 分别引出端线,这种连接方式就叫作三角形连接,如图 4-16a)所示。其相量图,如图 4-16b)所示。

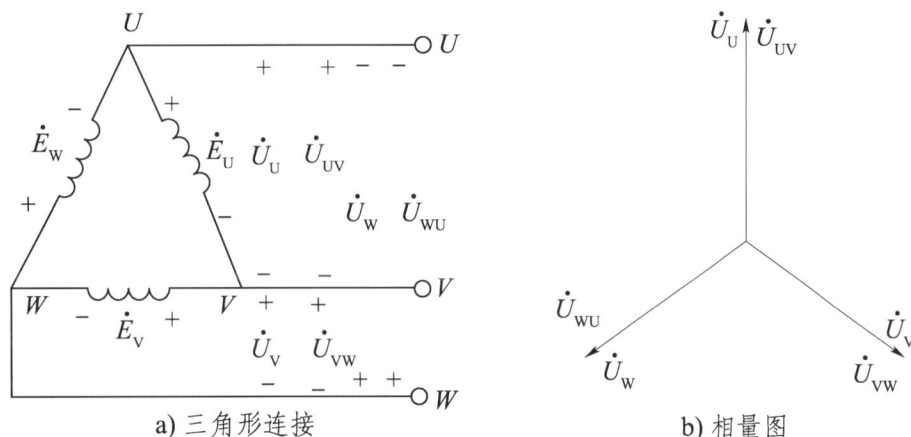

a) 三角形连接   b) 相量图

图 4-16 三相电源的三角形连接

(2)三相电源三角形连接时的电压关系如式(4-34)所示。

$$
\begin{cases}
\dot{U}_{UV} = \dot{U}_U \\
\dot{U}_{VW} = \dot{U}_V \\
\dot{U}_{WU} = \dot{U}_W
\end{cases}
\tag{4-34}
$$

所以,三相电源三角形连接时,电路中线电压的大小与相电压的大小相等,即:

$$
U_L = U_P \tag{4-35}
$$

由相量图可以看出,三个线电压之和为零,即:

$$
\dot{U}_{UV} + \dot{U}_{VW} + \dot{U}_{WU} = 0 \tag{4-36}
$$

同理可得,在电源的三相绕组内部三个电动势的相量和也为零,即:

$$\dot{E}_{UV} = \dot{E}_{VW} + \dot{E}_{WU} = 0 \tag{4-37}$$

因此,当电源的三相绕组采用三角形连接时,在绕组内部是不会产生环路电流(环流)的。在生产实际中,发电机绕组很少接成三角形,通常接成星形。

三 三相负载的连接

在三相负载中,如果每相负载的电阻均相等,电抗也相等(且均为容抗或均为感抗),则称为三相对称负载。如果各相负载不同,就是不对称的三相负载,如三相照明电路中的负载。负载也和电源一样可以采用两种不同的连接方法,即星形连接和三角形连接。

1 三相负载的星形连接

如图4-17所示为三相负载星形连接三相四线制电路,它的接线原则与电源的星形连接相似,即将每相负载末端连成一点 N'(中性点 N'),首端 U、V、W 分别接到电源线上。这样的连接方式就称为星形连接。

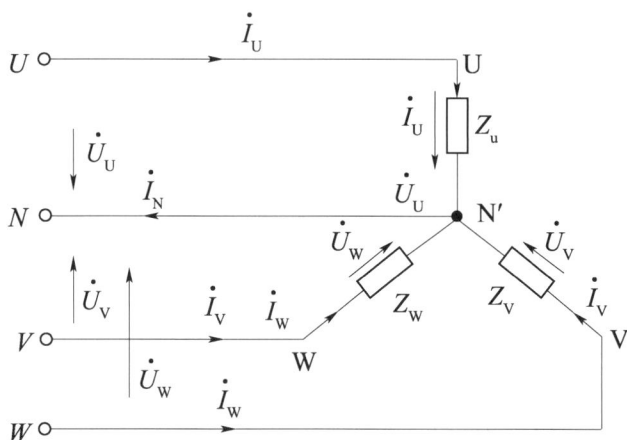

图4-17 三相负载星形连接的三相四线制电路

由图4-16可知,流过中线电流为:

$$\dot{I}_N = \dot{I}_U + \dot{I}_V + \dot{I}_W \tag{4-38}$$

若三相负载对称,则在三相对称电压的作用下,流过三相对称负载中每相负载的电流应相等,即:

$$I_L = I_U = I_V = I_W = \frac{U_P}{|Z_P|} \tag{4-39}$$

此时,流过中性线的电流 I_N 为零,中性线可以去掉,形成三相三线制电路。但事实上,三相负载不对称,若断开中性线,将会使有的负载端电压升高,有的负载端电压降低,因此,负载不能在额定电压下正常工作,甚至可能引起用电设备的损坏。为了确保负载正常工作,对于星形连接的不对称负载(例如:照明电路)必须接中性线,而且不能把熔断器和其他开关安装在中性线上。因此,凡有照明、单相电动机、电扇、各种家用电器的场合,即一般低压用电

108

场所,大多采用三相四线制。如图 4-18 所示为三相负载星形连接三相四线制电路,它能提供 220V 和 380V 两种电压。

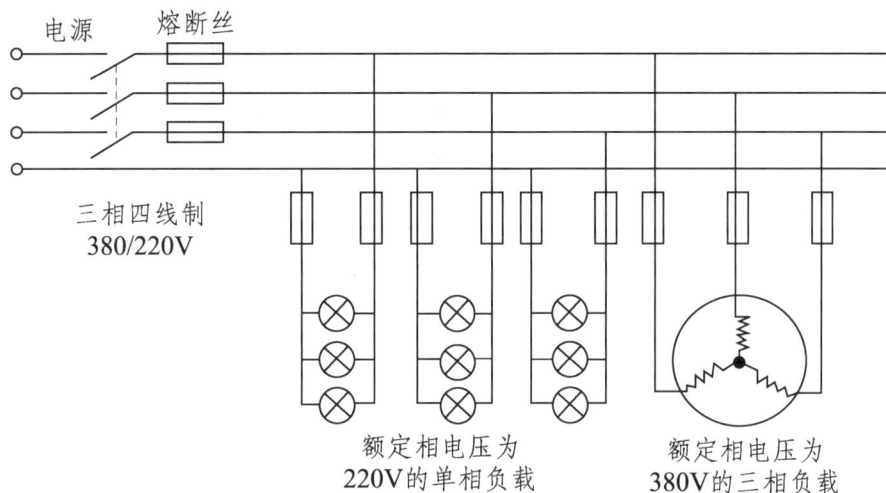

图 4-18　三相负载星形连接三相四线制电路

❷ 三相负载的三角形连接

如果负载的额定电压等于三相电源的线电压,则必须把负载接于两根相线之间。把这样的负载分为三组,分别接于相线 U 与 V、V 与 W、W 与 U 之间,就构成了负载的三角形连接,如图 4-19 所示。

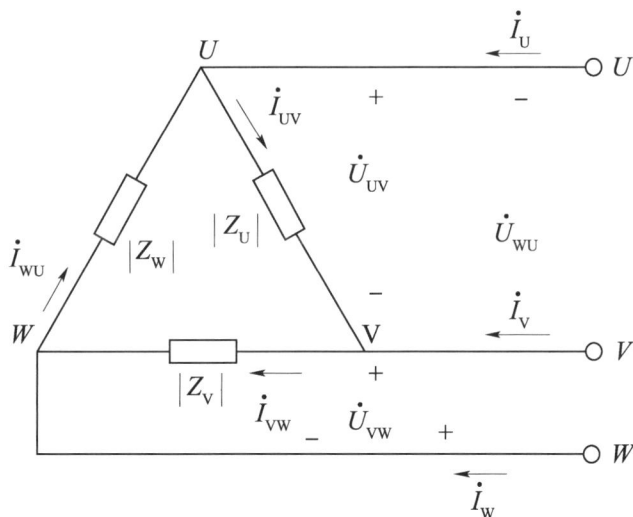

图 4-19　三相负载的三角形连接

由于,三相电源的线电压是对称的,而每相负载直接接于相线之间,因此,各相负载所受的电压(也称负载相电压)总是对称的。

🔧 **任务实施**

汽车交流发电机结构认知

❶ 任务目标

(1)熟悉汽车交流发电机的结构。

(2)能够独立区分三相交流电的连接方式。

❷ 材料准备

(1) 汽车交流发电机。

(2) 常用拆装工具、万用表、弹簧秤、千分尺、游标卡尺或钢板尺、拉器、百分表、V 形铁。

(3) 油盆、毛刷、适量清洗剂、润滑脂、"00" 号纱布及棉纱。

❸ 学习过程

(1) 汽车交流发电机的拆解与认知(图 4-20)。

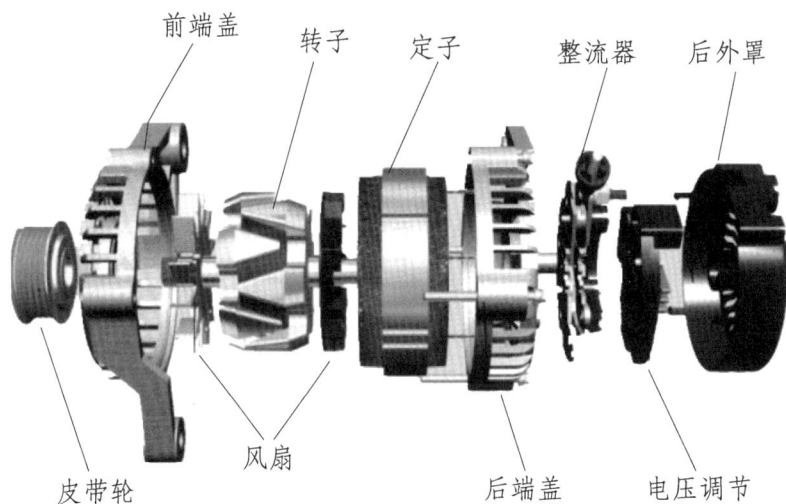

图 4-20 硅整流交流发电机拆解图片

① 拧下电刷组件的两个固定螺钉,取下电刷组件。

② 拧下后轴承盖的三个固定螺钉,取下后轴承防尘盖,再拧下后轴承处的紧固螺母。

③ 拧下前后端盖的连接螺栓,轻敲前后端盖,使前后端盖分离。

④ 从后端盖上拆下定子绕组端头,使定子总成与后端盖分离。

⑤ 拆下整流器总成。

⑥ 拆下皮带轮固定螺母,从转子上取下皮带轮、半圆键、风扇和前端盖。

⑦ 用布或棉纱蘸适量清洗剂擦洗转子绕组、定子绕组、电刷及其他机件。

(2) 汽车交流发电机组成部件的认知。

❹ 考核评价

填写考核评价表(表 4-3)。

考核评价表 表 4-3

考核项目	评分标准	分数(分)	学生自评(分)	小组互评(分)	教师评价(分)	小计(分)
团队合作	是否和谐	5				
活动参与	是否主动	5				
安全生产	有无安全隐患	10				
现场 5S 管理	是否做到	10				

续上表

考核项目	评分标准	分数（分）	学生自评	小组互评	教师评价	小计
任务方案	是否合理	15				
学习过程	汽车交流发电机结构认知	30				
任务完成情况	是否圆满完成	5				
操作过程	是否标准规范	10				
劳动纪律	是否严格遵守	5				
作业填写	是否完整、规范	5				
总分		100	得分			
学习心得						

知识拓展

传奇匠人——王进

高压电网的运行需要经常测试和检修,这就要求电工爬到半空中,脚踩高压线开始检修工作,保证正常用电。

而王进,就是这样一位高压线路检修工,负责检修我国山东段的特高压(高达1000kV)线路。作为国家电网有限公司最优秀的检修工人之一,他已经爬过两千多个高压铁塔,不仅能在高压线上行动自如,还能进行高难度动作,像蜘蛛人一样,悬空坐在高压线上,双手腾空,脱离导线工作。

王进的绝活就是仅仅靠耳朵,通过听导线电晕声音的大小,来判断小于2mm的微小铝线哪里有损坏,以及损坏的程度。而在放电实验中,高伏电压产生的电弧,可以把几米之外的人都电成灰烬。带电作业难度、危险太大,实在不敢贸然行动,在此之前王进一点点摸索,研究了将近一年,最后选择用秋千法,在660kV超高压上进行带电作业。他穿上防护服,坐在兜篮里,被绳缆吊着,以铁塔为支点,像荡秋千一样荡到带电导线附近,再用电位转移棒,慢慢让自己带上了660kV的电。就这样,用秋千法,将带电检修风险降到了最低,也最大限度保障了检修工人的安全。

王进,凭借专业技术、耐性和高度的责任心,冒着生命危险,保障了千家万户的可靠用电,这才是大国工匠,向他致敬!

习题

一、填空题

1. _____和_____都随时间变化的电流叫做交流电。

2. 正弦交流电的最大值 U_m 与有效值 U 之间的关系为_____。

3. 正弦交流电的三要素是_____、_____、_____。

4. 已知一正弦交流电 $i = \sin(314t - \pi/4)$ A，则该交流电最大值为_____，有效值为_____，相位为_____，频率为_____，周期为_____。

5. 三相交流发电机的三相绕组有_____接法和_____接法两种。

6. 由三根_____和一根_____所组成的供电网络称为三相四线制电网。

7. 将电器设备在正常情况下不带电的金属外壳或构架，与_____连接，称为保护搭铁。

8. 我国工业用电的相电压为_____V，线电压为_____V。

9. 将电器设备在正常情况下不带电的金属外壳或构架，与_____连接，称为保护接零。

二、判断题

1. $i_1 = 15\sin(100\pi + 45°)$ A，$i_2 = 15\sin(200\pi - 30°)$ A，两者的相位差为75°。　　　（　　）

2. 两个同频率的正弦电流在某一瞬间都5A，则两者一定同相位且幅值一定相等。　　　　　　　　　　　　　　　　　　　　　　　　（　　）

3. 不同频率的正弦信号不能比较相位差。　　　　　　　　（　　）

4. 正弦交流电的三要素是：最大值、角频率、初相位。　　（　　）

5. 交流电的最大值就是其有效值。　　　　　　　　　　　（　　）

6. 交流用电器上所标注的交流电压、电流都是有效值。　（　　）

7. 在具有对称负载的三相交流电路中，其中线可有可无。（　　）

8. 星形连接的三相负载，无论其对称与否，其相电流一定等于线电流。（　　）

三、选择题

1. 若正弦交流电 i 的有效值为220V，那么该正弦交流电的最大值为（　　）。

    A. 220V　　　　　　B. 250V　　　　　　C. 311V　　　　　　D. 380V

2. 两个正弦交流电电流的解析式是 $i_1 = 10\sin(314t + \pi/6)$ A，$i_2 = 10\sqrt{2}\sin(100\pi t + \pi/4)$ A，这两个交流电流相同的量是（　　）。

    A. 最大值　　　　　B. 有效值　　　　　C. 周期　　　　　　D. 初相位

3. 三相四线制供电线路中，叙述正确的是（　　）。

    A. 不管负载对称与否，中线都不会有电

    B. 中线不允许断开

    C. 供电线路中的熔断器可以安装在中线上

    D. 中线可以不要

4. 三相四线制中，中线的作用是（　　）。

    A. 保证三相负载对称　　　　　　　　B. 保证三相功率对称

    C. 保证三相电压对称　　　　　　　　D. 保证三相电流对称

5. 已知一交流电流当 $t = 0$ 时 $i = 1$ A，初相位为30°，则这个交流电的有效值为（　　）。

    A. 0.5A　　　　　　B. 1.414A　　　　　C. 1A　　　　　　　D. 2A

项目五
功率变换电路

📋 项目导言

众所周知,电能主要分为两大类,一类是直流电,另一类是交流电。而电能变换的种类主要有交流变直流(AC/DC)、直流变交流(DC/AC)、直流变直流(DC/DC)等。电力电子技术中的变换不仅包括电能种类的相互变换,还包括对电压、电流、频率、波形和相数等的变换和控制。

功率变换技术是新能源汽车调速和转向等动力控制系统的关键技术,其基本作用就是通过合理、有效地控制电源系统电压、电流的输出和驱动电机电压、电流的输入,完成对驱动电机转矩、转速和旋转方向的控制。此外,新能源汽车的充电及低压设备的供电也是通过相应的功率变换技术完成。

实现上述电能变换的技术也可以称为变流技术。电力电子技术也可以说是以电力电子器件为核心,构成相应的电路或装置,使得输入电能形式通过电力电子装置变成所希望的输出电能形式的技术。

新能源汽车作为未来汽车产业发展的主流,其中涉及交流变直流、直流变交流、直流变直流的应用。因此,掌握基本的电能变换、汽车电子元器件性能检测和新能源汽车电能变换电路等知识,对新能源汽车电气系统的维修至关重要,本项目设置 3 个教学任务:AC/DC 变换电路分析与检测,DC/AC 变换电路分析与检测,DC/DC 变换电路分析与检测。

任务一 AC/DC 变换电路分析与检测

🔧 任务描述

AC/DC 变换电路,是将交流电变换成直流电的电路,大多数整流电路由变压器、整流主电路、滤波器等组成。20 世纪 70 年代以后,整流主电路多用硅整流二极管或晶闸管组成;滤波器接在主电路与负载之间,用于滤除脉动直流电压中的交流成分;变压器设置与否视具体情况而定,变压器的作用是实现交流输入电压与直流输出电压间的匹配以及交流电网与整流电路之间的电隔离。

📖 **学习目标**

1. 知识目标

（1）掌握不可控整流电路的类型和特点。

（2）掌握 PWM（脉冲宽度调制）整流电路的类型和特点。

2. 技能目标

（1）能正确区分不可控整流电路和 PWM 整流电路。

（2）能分析不同类型整流电路的工作原理。

3. 素质目标

（1）培养学生树立安全至上的职业理念，严格遵守高压操作规范，提升风险预判与应急处理能力。

（2）培养自主学习和分析问题的能力，能通过查阅资料、分析数据，提升电路识别中的逻辑思维能力。

（3）培养学生在学习中敢担当、能吃苦的好品质及一丝不苟的工作作风。

参考学时

共 4 学时，知识学习 2 学时、实训操作 2 学时。

任务所需设备、器材

整流器、示波器、万用表。

📋 **任务知识学习**

一　不可控整流电路

❶ 单相半波整流电路

整流电路是利用二极管的单向导电性将交流电转换成脉动直流电的电路。

单向半波整流电路是电源电路中一种最简单的整流电路，如图 5-1a)所示，它的电路结构最为简单，由整流变压器、二极管及负载组成。

单相半波整流电路整流波形如图 5-1b)所示。由于这种电路只在交流的半个周期内才导通，也只有在正半周时才有电流流过负载，故称为单相半波整流电路。

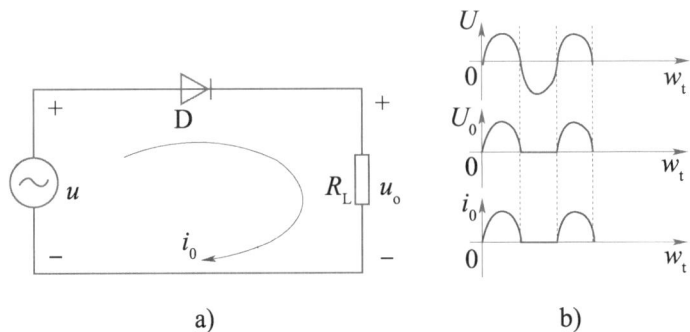

图 5-1　单相半波整流电路与电压电流波形

负载电阻上得到的是一个半波整流电压,整流电压虽然是单方面的,但其大小是变化的,称之为脉动直流电压。

半波整流电路的输出电压不到输入电压的一半,交流分量大、效率低。因此,这种电路仅适用于整流电流较小、对脉冲要求不高的场合。

❷ 单相桥式整流电路

为了克服半波整流电路的缺点,在实际电路中多采用全波整流电路,最常用的全波整流电路是桥式整流电路。它是由四个二极管接成电桥的形式构成的,如图 5-2 所示。

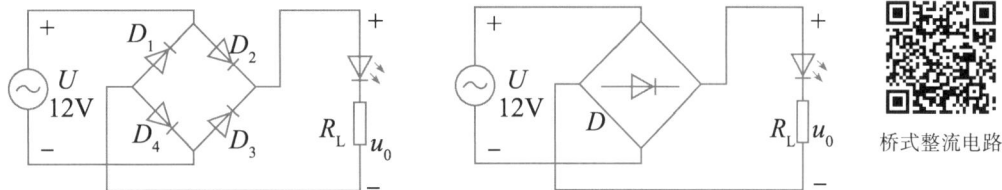

图 5-2 单相桥式整流电路

❸ 三相桥式整流电路

广泛应用的三相桥式整流电路是从三相半波电流电路扩展而来。三相桥式整流电路是由两组三相半波整流电路串联而成的,如图 5-3 所示,一组接成共阴极,另一组接成共阳极,这种整流电路不再需要变压器中点。

三相桥式整流电路工作时,共阴极的三个二极管中,阳极交流电压最高的那个二极管优先导通,而另外两个二极管因承受反压处于关断状态;同理,共阳极的三个二极管中,阴极交流电压最低的那个二极管优先导通,而另外两个二极管因承受反压处于关断状态。即在电路工作过程中,共阴极组和共阳极组中各有一个二极管处于导通状态。三相桥式整流电路压波形如图 5-4 所示。

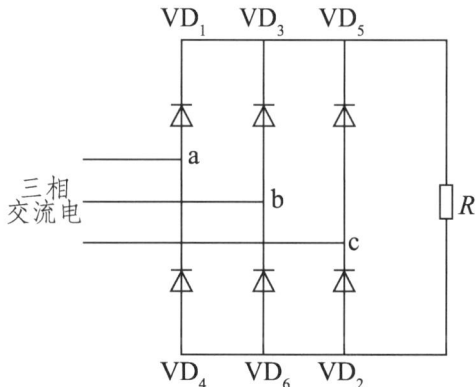

图 5-3 三相桥式整流电路

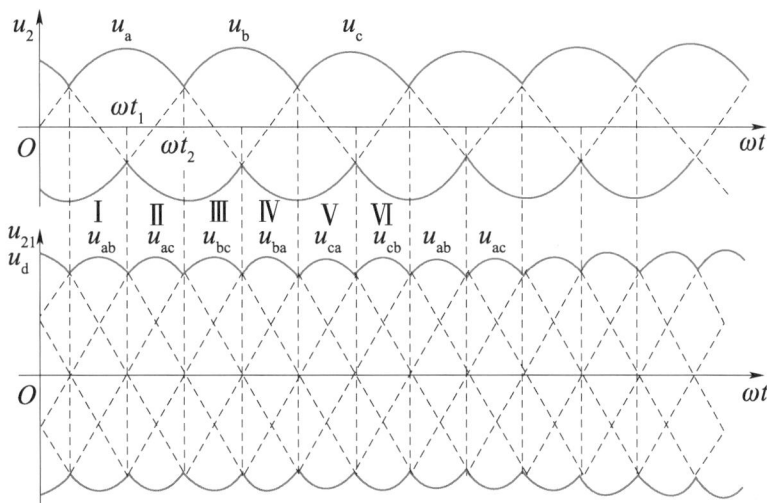

图 5-4 三相桥式整流电压波形图

115

二 PWM 整流电路

PWM 整流电路由全控性功率开关器件构成,采用脉冲宽度调制(Pulse Width Modulatiom,PWM)控制方式。PWM 整流电路也不是传统意义上的 AC/DC 变换电路,而是一种能够实现电能双向变换的电路,当 PWM 整流电路从电网接收电能时,工作处于整流状态;当 PWM 整流电路向电网反馈电能时,则工作处于有源逆变状态。根据不同的分类,PWM 整流电路有不同的类型,按电路的拓扑结构和外特性,PWM 整流电路可分为电压型和电流型,两者的区别在于直流侧滤波形式的不同,电压型整流电路采用大电容,电流型整流电路则采用大电感。电压型 PWM 整流电路应用更为广泛。

1 单相电压型 PWM 整流电路

单相电压型 PWM 整流电路最初应用于电力机车交流传动系统中,为牵引变流器提供直流电源,如图 5-5 所示。

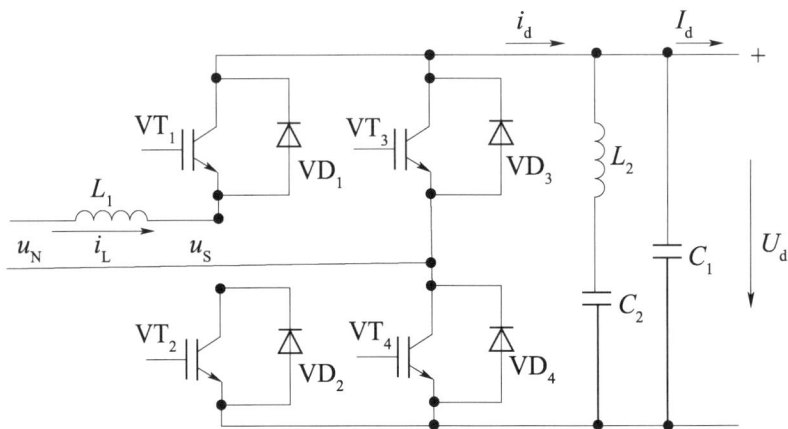

图 5-5　单相电压型 PWM 整流电路

2 三相电压型 PWM 整流电路

三相电压型 PWM 整流电路(图 5-6)具有更快的响应速度和更好的输入电流波形,稳态工作时,输出电流电压不变,开关器件按正弦规律脉宽调制,整流器交流侧的输出电压与逆变器相同,忽略整流电路输出交流电压的谐波,变换器可以看作是可控正弦三相电压源,它和正弦的电源高电压共同作用于输入电感,产生正弦电流波形,适当控制整流电路输出电压的幅值和相位,就可以获得所需大小和相位的输入电流。

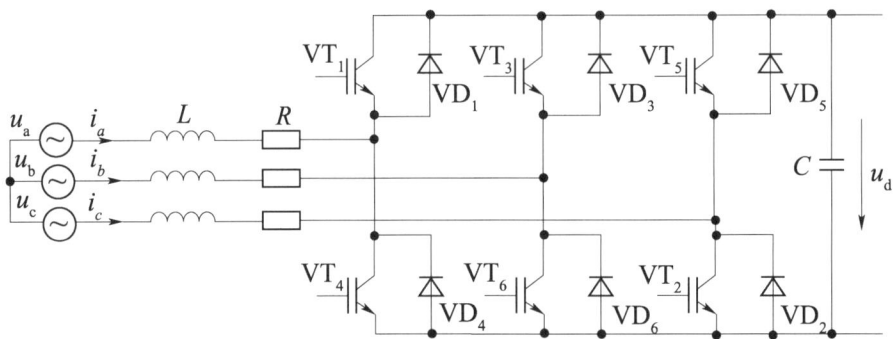

图 5-6　三相电压型 PWM 整流电路

❸ 三相电流型 PWM 整流电路

三相电流型 PWM 整流电路(图 5-7)用于稳定输出电流,使输出特性为电流源特性,利用正弦调制方式控制直流电流在各开关器件上的分配,使交流电流波形接近正弦波,且和电源电压同相位,交流侧电容的作用是滤除与开关频率相关的高次谐波。

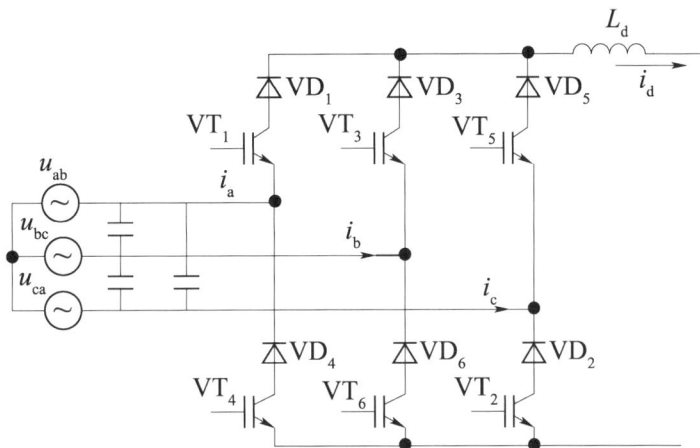

图 5-7　三相电流型 PWM 整流电路

电流型整流电路的优点:

(1)由于输出电感的作用,短路时电流的上升速度受到限制。

(2)开关器件直接对直流电流进行脉宽调制,所以输入电流控制简单,控制速度快。

但同时,电流型整流电路有以下缺点:

(1)直流侧电感的体积、质量和功耗较大。

(2)常用的全控器件都是双向导通的,使主电路通态损耗较大。

PWM 整流电路改善了传统晶闸管相控整流电路中交流侧谐波电流较大、深度相控时功率因数较低的缺点。PWM 整流电路采用全控器件可以实现理想化的交直流变换,具有输出直流电压可调、交流侧电流波形为正弦、功率因数可调、可双向变换等优点。

车载充电机(图 5-8)是整流电路在新能源汽车上的典型应用,其功能是将电网单相交流电变换为直流电给动力蓄电池充电。为了提高电路的功率因数、减小设备体积,达到比较理想的输出效果,一般是整流电路和其他结构的电路形式相结合,完成电能变换。

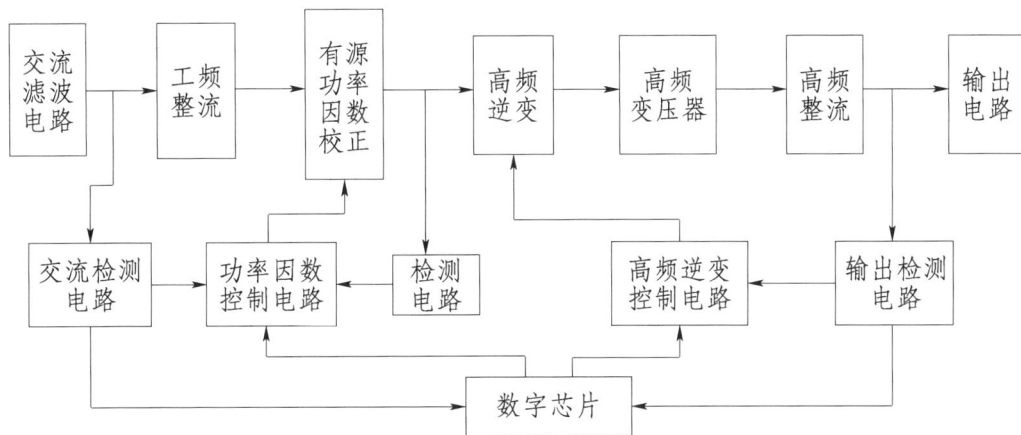

图 5-8　车载充电机电路结构

任务实施

单相桥式整流电路

❶ 任务目标

(1)掌握二极管的单向导电性。

(2)掌握桥式整流电路的组成、工作原理和电路特点。

(3)学习正确使用示波器的 DC、AC 输入方式观察波形的方法。

❷ 材料准备

(1)电工电子实训台。

(2)双踪示波器。

(3)数字式万用表。

(4)连接导线若干。

❸ 学习过程

(1)实验原理。

单相桥式整流电路由变压器、4 个整流二极管和负载电阻组成,如图 5-9 所示。当交流电 u_2 为正半周时,u_2 的极性为上正、下负,此时二极管 VD$_1$ 和 VD$_4$ 的两端承受正向电压而导通,同时 VD$_2$ 和 VD$_3$ 承受反向电压而截止,电压 u_2 通过 VD$_1$、负载电阻 R_L 和 VD$_3$ 形成回路,流过负载电阻 R_L 的电流依然为自上而下。通过以上分析可知,无论是在交流电的正半周还是负半周,负载电阻 R_L 上都有电流流过,而且方向都是自上而下,电流方向保持不变。

(2)实验电路图

实验电路,如图 5-9 所示。

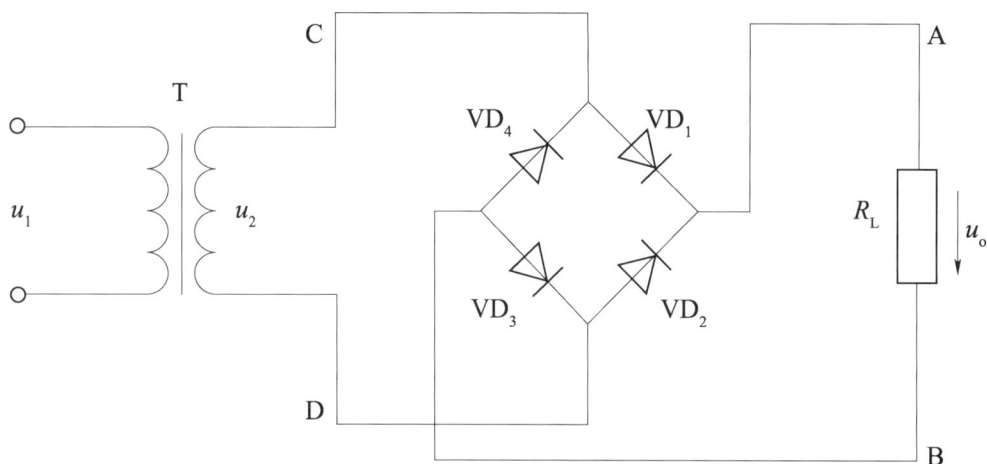

图 5-9　单相桥式整流电路

(3)实验步骤。

①根据电路图中各元器件的参数,在实验板台上找出对应的元件,然后用导线连接好实物图,注意整流二极管的极性。检查无误后,接通试验台的电源。

②接通示波器,调节好辉度聚焦光点并将扫描范围调整到相应位置(图5-10)。

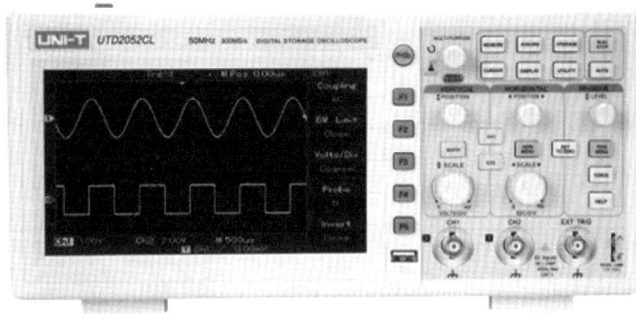

图5-10 示波器使用

③将 A、B 端点分别接到示波器 Y_1 通道的正、负输入端,将 C、D 接到 Y_2 通道的正、负输入端,仔细观察桥式整流前后的波形(图5-11)。

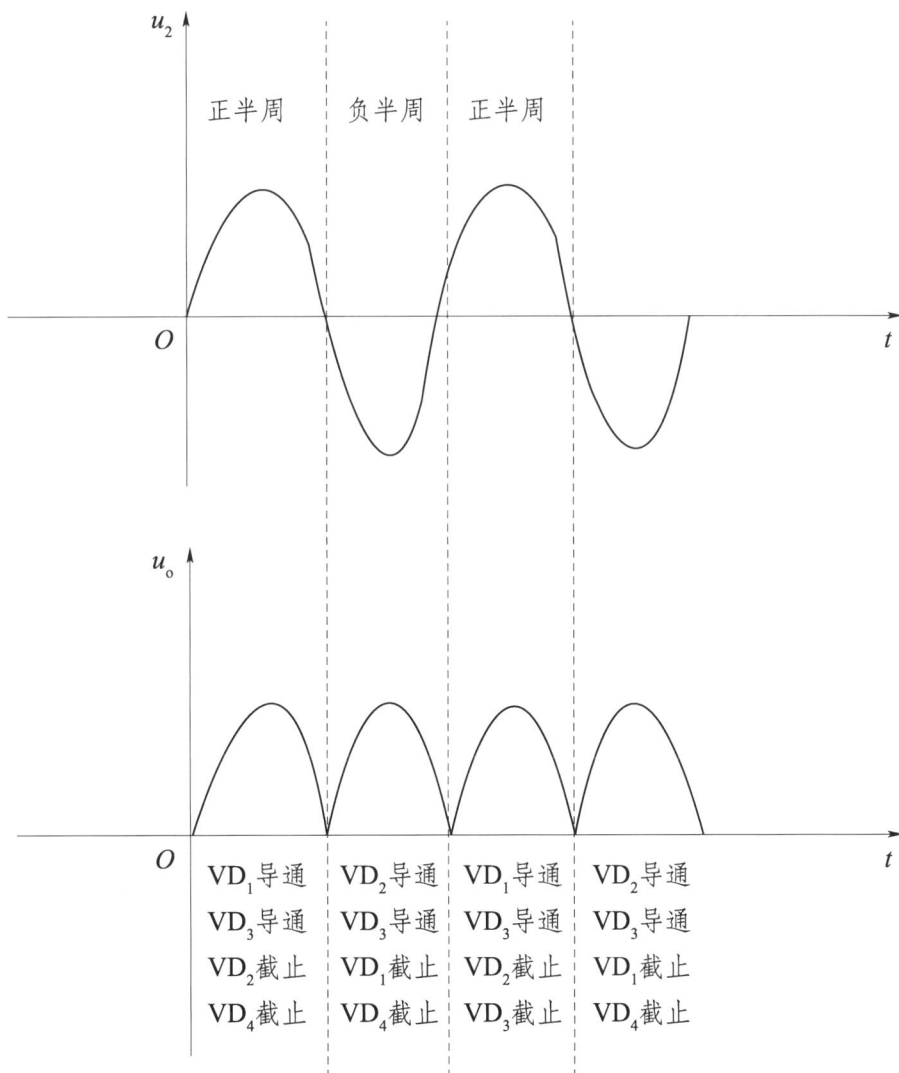

图5-11 单相桥式整流电路的输入、输出电压波形

④用万用表测量负载两端的电压,将结果记录至表5-1 中,根据理论计算验证试验结果。

电压记录表   表 5-1

α	30°	60°	90°	120°	150°
u_2					
u_0(记录值)					
u_0/u_2					
u_0(计算值)					

⑤分析电路中电流的流向。

4 考核评价

填写考核评价表(表 5-2)。

考核评价表   表 5-2

考核项目	评分标准	分数(分)	学生自评(分)	小组互评(分)	教师评价(分)	小计(分)
团队合作	是否和谐	5				
活动参与	是否主动	5				
安全生产	有无安全隐患	10				
现场 5S 管理	是否做到	10				
任务方案	是否合理	15				
学习过程	AC/DC 变换电路(单相桥式整流电路)验证	30				
任务完成情况	是否圆满完成	5				
操作过程	是否标准规范	10				
劳动纪律	是否严格遵守	5				
作业填写	是否完整、规范	5				
总分		100	得分			
学习心得						

任务二 DC/AC 变换电路分析与检测

任务描述

DC/AC 变换器又称逆变器,如图 5-12 所示,是应用电力电子器件将直流电转换成交流电的一种变流装置,供交流负载用电或向交流电网并网发电所用。随着石油煤炭和天然气等传统能源的日益减少,新能源的开发和利用越来越受到重视,逆变器有了更广泛的应用。逆变技术可以将动力蓄电池、太阳能电池和燃料电池等通过新能源技术获得的电能变换成交流电,以满足对电能的需求,因此逆变技术对于新能源的开发和利用起着重要的作用。

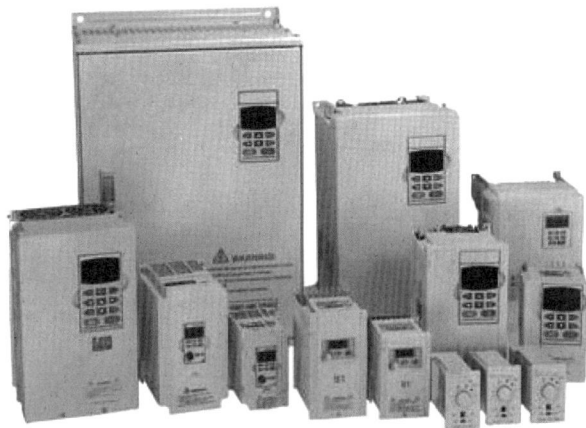

图 5-12　逆变器

学习目标

1. 知识目标

(1)掌握逆变电路的工作原理和换向方式。

(2)掌握逆变电路的类型和特点。

2. 技能目标

(1)能分析不同逆变电路的类型。

(2)能分析不同逆变电路的特点。

3. 素质目标

(1)培养学生严谨的职业道德和责任感,严格遵守行业规范及安全操作流程。

(2)培养学生在电路分析技术实践中发现问题、分析数据并制定解决方案的综合能力。

参考学时

共 4 学时,知识学习 2 学时、实训操作 2 学时。

任务所需设备、器材

逆变器、示波器、万用表。

任务知识学习

一　逆变器

逆变器

逆变电路与整流电路相对应,是把直流电变成交流电的电路。

当变换装置交流侧接在电网上,即交流侧接有电源时,称为有源逆变;当变换装置交流侧直接和负载连接时,称为无源逆变。

逆变电路的应用非常广泛,在已有的各种电源中,蓄电池、干电池、太阳能电池等都是直流电源,当需要这些电源向交流负载供电时,就需要逆变电路。另外交流电机调速用变频器、不间断电源、感应加热电源等电力电子装置应用非常广泛,其电路的核心部分都是逆变电路,电路框图如图 5-13 所示。它的基本作用是在电路的控制下将中间直流电路输出的直流电源转换为频率和电压均任意可调的交流电源。

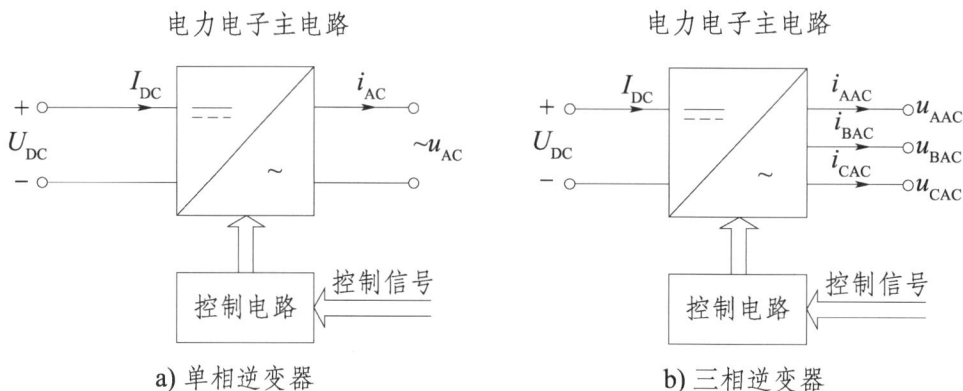

图 5-13　逆变器框图

二　逆变电路的原理

逆变电路原理如图 5-14 所示,S_1 ~ S_4 是单相桥式电路 4 个臂上的开关,并假设 S_1 ~ S_4 均为理想开关。当 S_1、S_4 闭合,S_2、S_3 断开时,负载电压 u_0 为正;当 S_1、S_4 断开,S_2、S_3 闭合时,u_0 为负。这样,就把直流电变成了交流电。改变两组开关切换频率,就可改变输出交流电频率。这就是逆变的最基本原理。

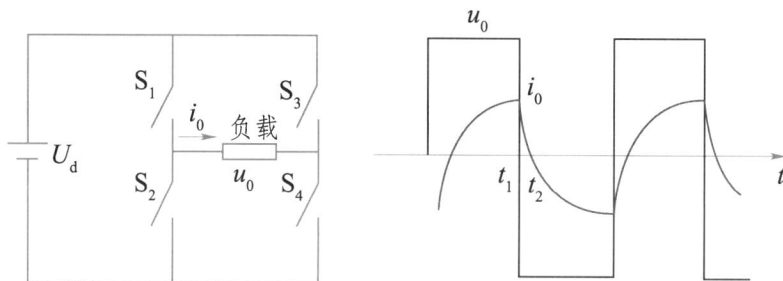

图 5-14　逆变电路原理图

三　逆变电路的换向方式

电路在工作过程中,电流从一个支路向另一个支路转移的过程称为换向,在换向过程中,有的支路要从通态转移到断态,有的支路要从断态转移到通态。从断态向通态转移时,无论支路是由全控型还是半控型电力电子器件组成,只要给门极适当的驱动信号,就可以使其开通。但从通态向断态转移的情况则不同,全控型器件可以通过对门极的控制使其关断,而半控型器件则不能通过对门极的控制使其关断,必须利用外部条件或采取其他措施才能使其关断。一般来说,换向方式可分为以下几种。

❶ 器件换向

利用全控型器件的自关断能力进行的换向方式称为器件换向(Device Commutation)。在采用 IGBT、IEGT、P-MOSFET、IGCT 等全控型器件的电路中,其换向方式即为器件换向。

❷ 电网换向

由电网提供换向电压的换向方式称为电网换向(Load Commutation)。对于可控整流电路,无论其工作在整流状态还是有源逆变状态,都是借助于电网电压实现换向的,都属于电网换向。三相交流调压器和采用相控方式的交—交变频电路中的换向方式也都是电网换向。在换向时,只要把负的电网电压施加在欲关断的晶闸管上即可使其关断,这种换向方式不需要器件具有门极关断能力,也不需要为换向附加任何元件,但是不适用于没有交流电网的无源逆变电路。

❸ 负载换向

由负载提供换向电压的换向方式称为负载换向(Load Commutation)。凡是负载电流的相位超前于负载电压的场合,都可以实现负载换向。当负载为电容性负载时,即可实现负载换向。另外,当负载为同步电机时,由于可以控制励磁电流使负载呈现为容性,因而也可以实现负载换向。

❹ 强迫换向

给欲关断的晶闸管强迫施加反向电压或反向电流的换向方式称为强迫换向(Forced Commutation),强迫换向需要设置附加的换向电路。强迫换向可使输出频率不受电源频率的限制,但需附加换向电路,同时还要增加晶闸管的电压、电流定额,对晶闸管的动态特性要求也高。

上述四种换向方式中,器件换向只适用于全控型器件,其余三种方式主要是针对晶闸管而言的。器件换向和强迫换向都是因为器件或变换器自身的原因而实现换向的,二者都属于自换向;电网换向和负载换向不是依靠变换器自身因素,而是借助外部手段(电网电压或负载电压)来实现换向的,它们属于外部换向。采用自换向方式的逆变电路称为自换向逆变电路,采用外部换向方式的逆变电路称为外部换向逆变电路。

在晶闸管时代,换向技术十分重要,但是到了全控型器件时代,换向技术就不重要了。当今,强迫换向方式已停止应用,仅负载换向方式还有一定应用,如负载为同步电机时,通过控制励磁电流使负载呈现容性,可以实现负载换向。

四 逆变器的种类

为了满足不同用电设备对交流电源性能参数的不同要求,发展了多种逆变电路,并大致可按以下方式分类:

(1)按输出电能的去向分可分为有源逆变电路和无源逆变电路。前者输出的电能返回公共交流电网,后者输出的电能直接输向用电设备。

(2)按电流波形分可分为正弦逆变电路和非正弦逆变电路。前者开关器件中的电流为正弦波,其开关损耗较小,宜工作于较高频率的逆变电路;后者开关器件电流为非正弦波,因其开关损耗较大,故工作频率较正弦逆变电路低。

（3）按输出相数可分为单相逆变电路和三相逆变电路。

（4）按直流电源性质可分为由电压型直流电源供电的电压型逆变电路和由电流型直流电源供电的电流型逆变电路。

1 电压型逆变电路

直流电源为电压源的逆变电路称为电压型逆变电路。电压型逆变电路的特点是:直流侧为电压源或并联大电容,直流侧电压基本无脉动。由于直流电压源的钳位作用,输出电压为矩形波,输出电流因负载阻抗不同而不同。阻感负载时需提供无功功率,为了给交流侧向直流侧反馈的无功能量提供通道,逆变桥各臂并联反馈二极管。

（1）半桥逆变电路。

在直流侧接有两个相互串联的足够大的电容,两个电容的联结点便成为直流电源的中点,负载连接在直流电源中点和两个桥臂联结点之间。

设开关器件 V_1 和 V_2 的栅极信号在一个周期内各有半周正偏、半周反偏,且二者互补。输出电压 U_0 为矩形波,其幅值为 $U_m = U_d/2$。电路带阻感负载,t_2 时刻给 V_1 关断信号,给 V_2 开通信号,则 V_1 关断,但感性负载中的电流 i_0 不能立即改变方向,于是 VD_2 导通续流,当 t_3 时刻 i_0 降至零时,VD_2 截止,V_2 开通,i_0 开始反向,由此得出如图 5-15 所示的电流波形。

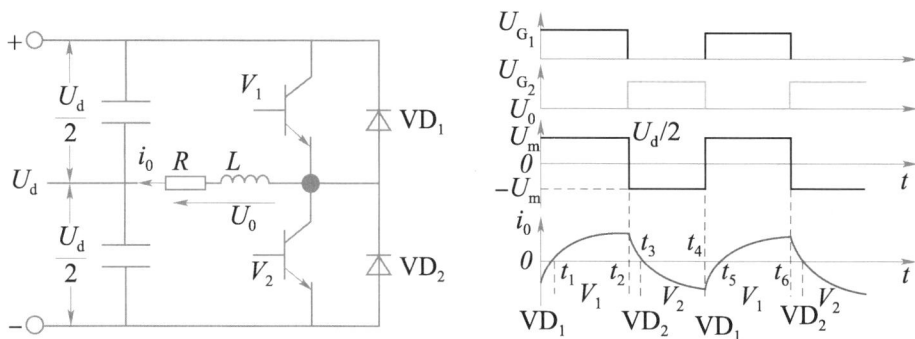

图 5-15　半桥逆变电路和波形图

V_1 或 V_2 通时,i_0 和 U_0 同方向,直流侧向负载提供能量;VD_1 或 VD_2 通时,i_0 和 U_0 反向,电感中储能向直流侧反馈。VD_1、VD_2 称为反馈二极管,它又起着使负载电流连续的作用,又称续流二极管。

半桥逆变电路的优点是结构简单,使用器件少;其缺点是输出交流电压的幅值 U_m 仅为 $U_d/2$,且直流侧需要两个电容器串联,工作时还要控制两个电容器电压的均衡。因此,半桥电路常用于几千瓦以下的小功率逆变电源。

（2）全桥逆变电路。

全桥逆变电路,如图 5-16 所示,共有四个桥臂,可看成两个半桥逆变电路组合而成。两对桥臂交替导通180°。输出电压和电流波形与半桥电路形状相同,但幅值高出一倍,其波形如图 5-17 所示。在这种情况下,要改变输出交流电压的有效值只能通过改变直流电压 U_d 来实现。

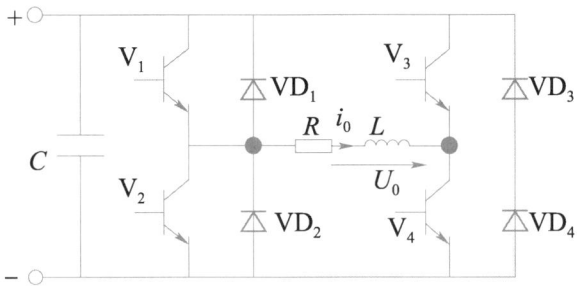

图 5-16 全桥逆变电路

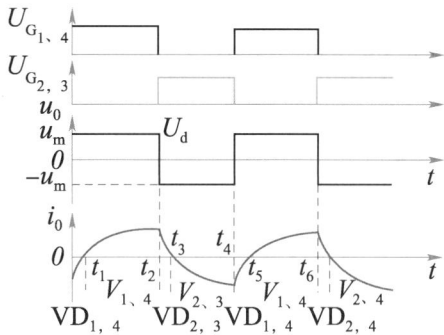

图 5-17 全桥逆变电路波形图

（3）带中心抽头变压器的逆变电路（图 5-18）

交替驱动两个 IGBT，经变压器耦合给负载加上矩形波交流电压。两个二极管的作用也是提供无功能量的反馈通道。U_d 和负载参数相同，变压器匝比为 $1:1:1$ 时，U_0 和 i_0 波形及幅值与全桥逆变电路完全相同。

与全桥电路相比较，带中心抽头变压器的逆变电路：

①比全桥电路少用一半开关器件。

②器件承受的电压为 $2U_d$，比全桥电路高一倍。

③必须有一个变压器。

（4）三相电压型逆变电路。

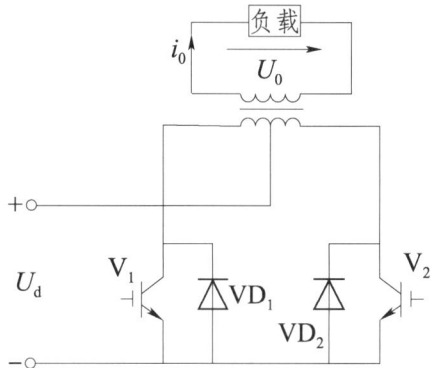

图 5-18 带中心抽头变压器的
逆变电路

三个单相逆变电路可组合成一个三相逆变电路，如图 5-19 所示。其基本工作方式是 180°导电方式。同一相（即同一半桥）上下两臂交替导电，各相开始导电的角度差 120°，任一瞬间有三个桥臂同时导通。每次换向都是在同一相上下两臂之间进行，也称为纵向换向。

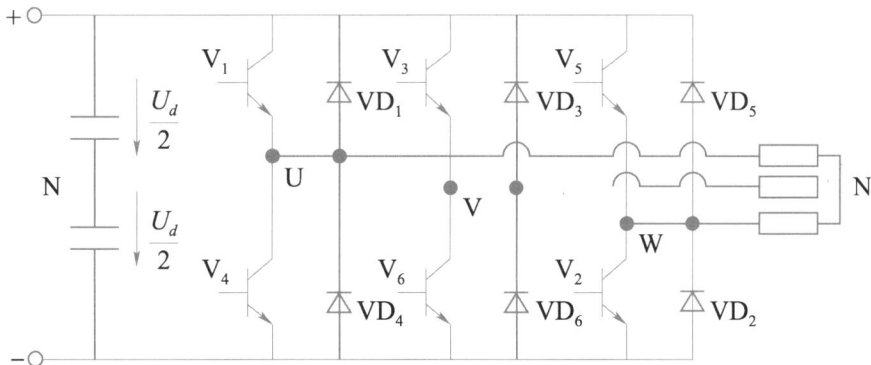

图 5-19 三相电压型逆变电路

❷ 电流型逆变电路

直流电源为电流源的逆变电路称为电流型逆变电路。电流型逆变电路主要特点是：直流侧串联大电感，电流基本无脉动，相当于电流源。交流输出电流为矩形波，与负载阻抗角无关，输出电压波形和相位因负载不同而不同。直流侧电感起缓冲无功能量的作用，不必给开关器件反并联二极管。电流型逆变电路中，采用半控型器件的电路仍应用较多，换向方式有负载换向、强迫换向。

（1）单相电流型逆变电路。

①电路分析：由四个桥臂构成，每个桥臂的晶闸管各串联一个电抗器，用来限制晶闸管开通时的 $\mathrm{d}I/\mathrm{d}t$，如图 5-20 所示。采用负载换相方式工作的，要求负载电流略超前于负载电压，即负载略呈容性。电容 C 和 L、R 构成并联谐振电路。输出电流波形接近矩形波，含基波和各奇次谐波，且谐波幅值远小于基波。

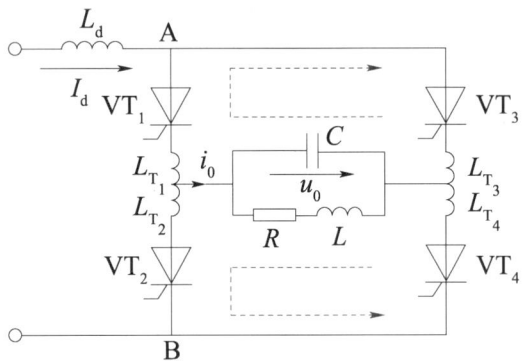

图 5-20　单相桥式电流型（并联谐振式）逆变电路

②工作波形分析。在交流电流的一个周期内，有两个稳定导通阶段和两个换向阶段。波形如图 5-21 所示。

$t_1 \sim t_2$：VT_1 和 VT_4 稳定导通阶段，$I_0 = I_\mathrm{d}$，t_2 时刻前在 C 上建立了左正右负的电压。

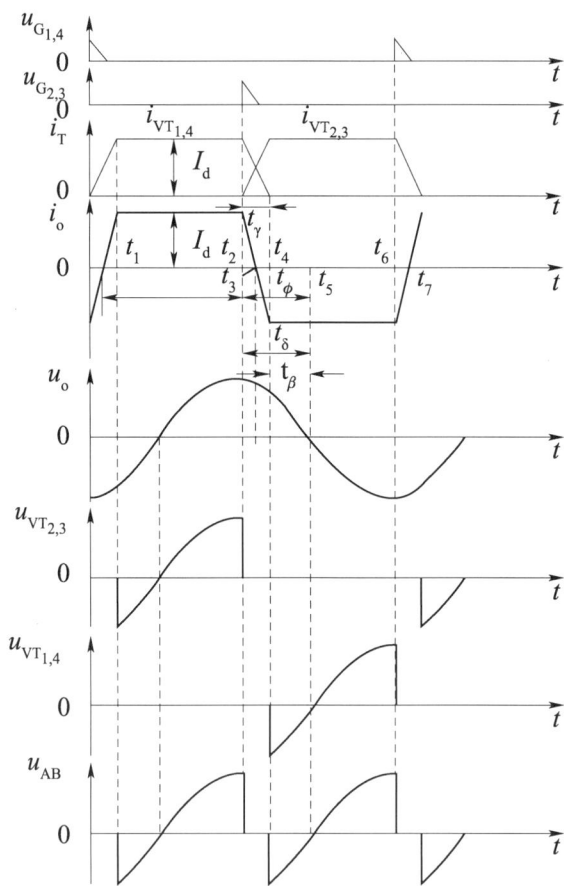

图 5-21　并联谐振式逆变电路工作波形

在 t_2 时刻触发 VT_2 和 VT_3 开通，开始进入换向阶段。由于换向电抗器 L_T 的作用，VT_1 和 VT_4 不能立刻关断，其电流有一个减小过程，VT_2 和 VT_3 的电流也有一个增大过程。4 个晶闸管全部导通，负载电容电压经两个并联的放电回路同时放电。一个回路是经 L_{T_1}、VT_1、VT_3、L_{T_3} 回到电容 C。另一个回路是经 L_{T_2}、VT_2、VT_4、L_{T_4} 回到电容 C。

当 $t = t_4$ 时，VT_1、VT_4 电流减至零而关断，直流侧电流 I_d 全部从 VT_1、VT_4 转移到 VT_2、VT_3，换向阶段结束。

晶闸管需一段时间才能恢复正向阻断能力，t_4 时刻换流结束后还要使 VT_1、VT_4 承受一段反压时间 t_β，$t_\beta = t_5 - t_4$ 应大于晶闸管的关断时间 t_Q。

为保证可靠换流应在 U_0 过零前 $t_\delta = t_5 - t_2$ 时刻触发 VT_2、VT_3，t_δ 为触发引前时间。

$$t_\delta = t_\gamma + t_\beta \tag{5-1}$$

I_0 超前于 U_0 的时间 t_φ（负载的功率因数角）。

$$t_\varphi = \frac{t_\gamma}{2} + t_\beta \tag{5-2}$$

把 t_φ 表示为电角度 φ（弧度）可得：

$$\varphi = \omega\left(\frac{t_\gamma}{2} + t_\beta\right) = \frac{\gamma}{2} + \beta \tag{5-3}$$

（2）三相电流型逆变电路。

①电路分析：基本工作方式是 120°导电方式，每个臂一周期内导电 120°，每个时刻上下桥臂组各有一个臂导通。换流方式为横向换流，如图 5-22 所示。

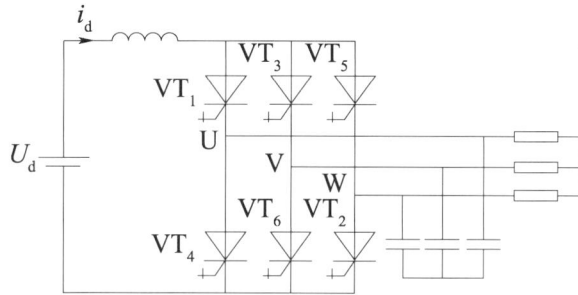

图 5-22　电流型三相桥式逆变电路

②波形分析：输出电流波形和负载性质无关，正负脉冲各 120°的矩形波，波形如图 5-23 所示。

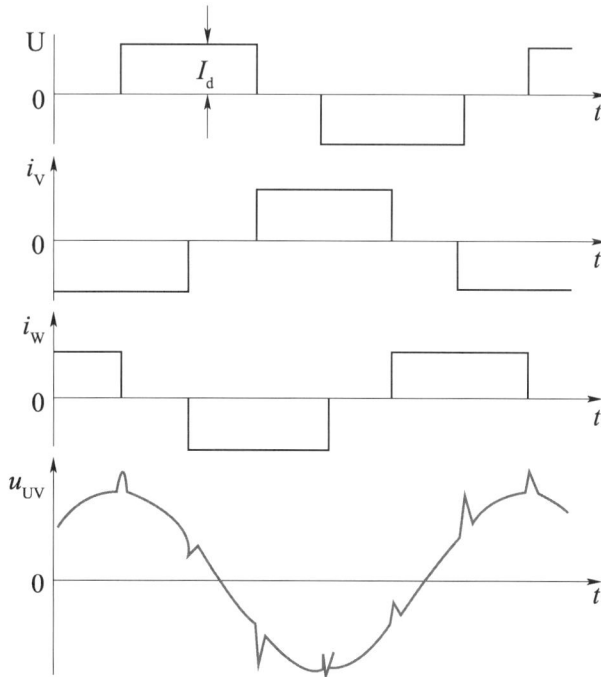

图 5-23　电流型三相桥式逆变电路的输出波形

输出电流和三相桥整流带大电感负载时的交流电流波形相同,谐波分析表达式也相同。

输出线电压波形和负载性质有关,大体为正弦波,但叠加了一些脉冲。

输出交流电流的基波有效值 I_{U_1} 和直流电流 I_d 的关系为:

$$I_{U_1} = \frac{\sqrt{6}}{\pi}I_d = 0.78I_d \tag{5-4}$$

任务实施

DC/AC 变换电路检测

1 任务目标

(1)掌握逆变电路的定义。

(2)熟知逆变电路的工作原理。

(3)掌握逆变电路的类型。

(4)熟知逆变电路的换流方式。

2 材料准备

(1)整流逆变电路搭接实训箱。

(2)双踪示波器。

(3)数字式万用表。

(4)挂式配电箱连接导线若干。

3 学习过程

(1)基于变压器和晶体管的逆变电路的认知。

①变压器的认知。变压器是利用电磁感应的原理来改变交流电压的装置,主要构件是一次线圈、二次线圈和铁芯(磁芯),其主要功能有电压变换、电流变换、阻抗变换、隔离、稳压(磁饱和变压器)等。

②晶体管的认知。晶体管是一种固体半导体器件(包括二极管、场效应管、晶闸管等,有时特指双极型器件),具有检波、整流、放大、开关、稳压、信号调制等多种功能。晶体管作为一种可变电流开关,能够基于输入电压控制输出电流。与普通机械开关不同,晶体管利用电信号来控制自身的开合,所以开关速度可以非常快,实验室中的切换速度可达 100GHz 以上。

③现将 12V 直流电输入,经过电路变压后,转变为 220V 交流电输出。

(2)基于变压器和晶体管的逆变电路的搭接。

搭接电路:变压器和晶体管逆变电路由可调直流 12V 电源、插件电阻、安规电容、涤纶电容、整流二极管、两个 PNP 晶体管、线圈和变压器等组成,如图 5-24 所示。

接通电路,其中左边 B + 、B – 为 12V 直流电源输入端,右边 A、B、C、D 为 12V 直流电源输出端。将万用表调至交流电压挡,可以在实训箱中测出 A 和 C 两端的交流电压值为 220V。

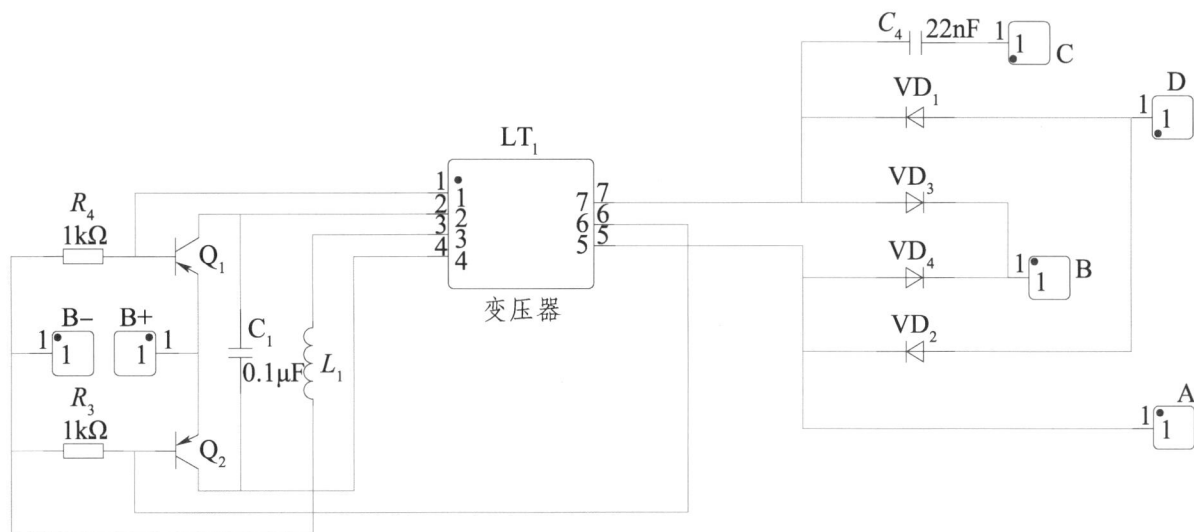

图 5-24 变压器和晶体管逆变电路

4 考核评价

填写考核评价表(表5-3)。

考核评价表   表 5-3

考核项目	评分标准	分数(分)	学生自评(分)	小组互评(分)	教师评价(分)	小计(分)
团队合作	是否和谐	5				
活动参与	是否主动	5				
安全生产	有无安全隐患	10				
现场 5S 管理	是否做到	10				
任务方案	是否合理	15				
学习过程	DC/AC 变换电路检测	30				
任务完成情况	是否圆满完成	5				
操作过程	是否标准规范	10				
劳动纪律	是否严格遵守	5				
作业填写	是否完整、规范	5				
总分		100	得分			
学习心得						

任务三 DC/DC 变换电路分析与检测

任务描述

DC/DC 变换电路的功能是将直流电变为另一固定电压或可调电压的直流电,包括直接直流变换电路和间接直流变换电路。直接直流变换电路也称斩波电路,它的功能是将直流电变为另一固定电压或可调电压的直流电,一般是指直接将直流电变为另一直流电,这种情况下输入与输出之间不隔离。间接直流变换电路是在直流变换电路中增加了交流环节,在交流环节中通常采用变压器实现输入输出间的隔离,因此也称为带隔离的 DC/DC 变换电路。

学习目标

1. 知识目标
(1)掌握直流斩波电路的工作原理和控制方式。
(2)掌握不同直流斩波电路的工作原理和特点。

2. 技能目标
能正确对直流斩波电路进行分析。

3. 素质目标
(1)通过变换电路的教学活动,培养学生在学习中敢担当、能吃苦的好品质及一丝不苟的工作作风。
(2)培养自主学习和分析问题的能力,能通过查阅资料、分析数据,提升电路识别中的逻辑思维能力。
(3)培养团队协作精神,能够与小组其他成员有效沟通、密切配合,弘扬劳动精神、奋斗精神、奉献精神。

参考学时
共 2 学时,知识学习 1 学时、实训操作 1 学时。

任务所需设备、器材
滤波器、稳压器、示波器、万用表。

任务知识学习

一 直流斩波电路的工作原理和控制方式

1 斩波电路工作原理

工程上一般将以开关管按一定控制规律调制且无变压器隔离的 DC/DC 变换器称为直流斩波器,如图 5-25 所示。直流斩波电路主要工作方式是脉冲宽度调制(PWM),基本原理是通过开关管把直流电斩成方波(脉冲波),通过调节方波的占空比(脉冲宽度与脉冲周期之比)来改变电压。

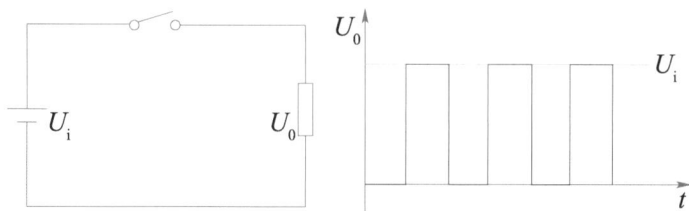

图 5-25　直流斩波电路脉冲宽度调制(PWM)工作方式

用可控的功率开关管代替开关,输入一定的控制信号,控制电路的交替通断,获得可调的输出电压,可以达到降压的目的,如图 5-26 所示。

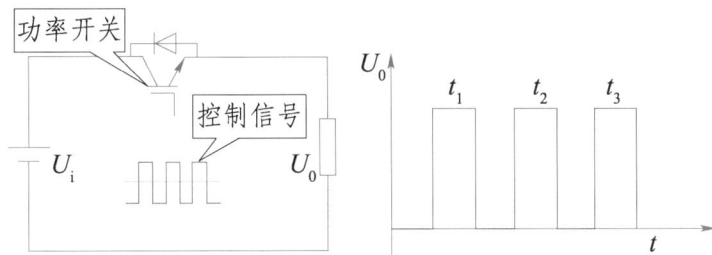

图 5-26　功率开关管代替开关

在周期 t 不变的情况下,改变导通时间就可以改变 U_0 的大小。将功率开关的导通时间与开关周期之比定义为占空比(Duty ration),用 D 表示。

由于占空比 D 小于等于 1,所以输出电压 U_0 小于或等于输入电压 U_i。因此改变 D 值就可以改变输出电压平均值的大小。而占空比的改变可以通过改变导通时间或周期来实现。

❷ 斩波电路控制信号

(1)脉冲宽度调制(PWM)。

即维持周期 T_S 不变,改变导通时间 t_{on}。在这种控制方式中,输出电压波形的周期或频率是不变的,因此输出谐波的频率也是不变的,这使得滤波器的设计变得较为容易,并得到普遍应用。

(2)脉冲频率调制(PFM)。

即维持 t_{on} 不变,改变 T_S。在这种控制方式中,由于输出电压波形的周期或频率是变化的,因此输出谐波的频率也是变化的,这使得滤波器的设计比较困难,输出波形谐波干扰严重,一般很少采用。

(3)调频调宽混合控制。

这种控制方式不但要改变 t_{on} 也要改变 T_S,其特点是:可以大大提高输出范围,但由于频率是变化的,也存在着设计滤波器较难的问题。

二　降压斩波电路

❶ 降压斩波电路结构

降压斩波电路结构,如图 5-27 所示。

(1)为抑制输出电压脉动,在基本原理电路中加入滤波电容 C。

(2)为限制开关管 VD 导通时的电流应力,将缓冲电感串入开关管 VD 的支路中。

(3)为了避免开关管 VD 关断时缓冲电感中电流的突变,加入续流二极管 D。

❷ 降压斩波电路降压原理

如图 5-28 所示,实线为连续输出波形,其

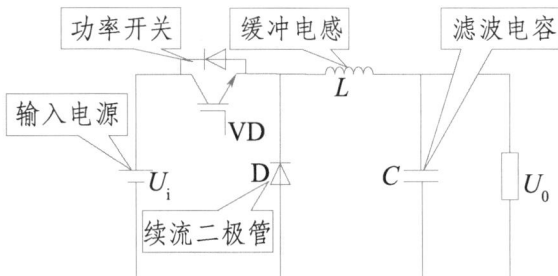

图 5-27　降压斩波电路结构图

平均电压如虚线所示。改变脉冲宽度即可改变输出电压,在时间 t_1 前脉冲较宽、间隔窄,平均电压(U_{01})较高;在时间 t_1 后脉冲变窄,平均电压(U_{02})降低。固定方波周期 T 不变,改变占空比调节输出电压就是 PWM 法,也称为定频调宽法。由于输出电压比输入电压低,称之为降压斩波电路或 Buck 变换器。

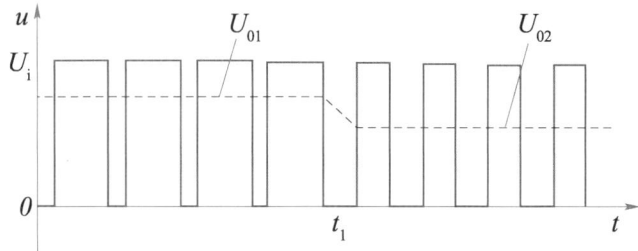

图 5-28　降压原理示意图

方波脉冲不能算直流电源,实际使用要加上滤波电路,如图 5-29 所示。

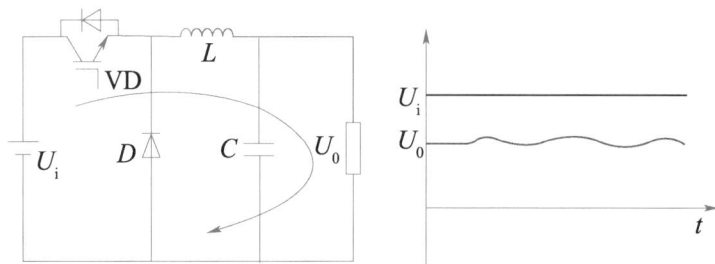

图 5-29　降压原理电路图与波形图

三　升压斩波电路

1 升压斩波电路结构

升压斩波电路称为 Boost 型升压变换器,又称并联开关变换器,由功率开关、二极管、储能电感、输出滤波电容等组成,如图 5-30 所示。

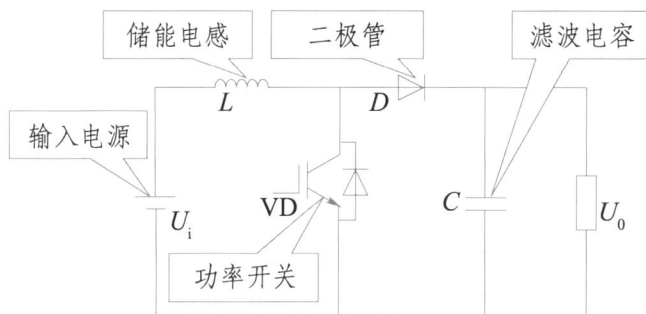

图 5-30　升压斩波电路结构图

2 升压斩波电路升压原理

如图 5-31 所示,当开关管 VD 导通时,电流通过电感 L 时会在 L 中存储能量,此时负载上的电压由 C 提供,当开关管 VD 关断时,电感 L 释放能量,输出电压为输入电压 U_i 与 L 产生的电压相加,故提高了输入电压,该电路即升压斩波电路,输出电压 $U_0 = U_i/(1-D)$,D 是占空比,D 值必须小于1。

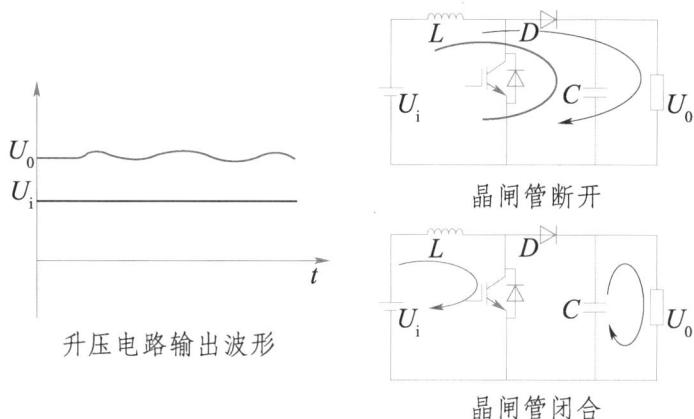

图 5-31　升压原理波形图与电路图

四　升降压斩波电路

❶ 升降压斩波电路结构

升降压斩波电路的特点是输出电压可以低于电源电压,也可以高于电源电压,是将降压斩波和升压斩波电路结合的一种直接变换电路,主要由功率开关、二极管、储能电感、输出滤波电容等组成,如图 5-32a)所示。

❷ 升降压斩波电路工作原理

升降压斩波电路(Buck-Boost Chopper),设电路中电感 L 值很大,电容 C 值也很大。使电感电流 I_L 和电容电压(即负载电压)U_d 基本为恒值。

当可控开关 VT 处于通态时,电源 U_I 经 VT 向电感 L 供电使其储存能量,此时电流为 I_T,方向如图 5-32b)所示。同时,电容 C 维持输出电压基本恒定并向负载 R 供电。此后,使 VT 关断,电感 L 中储存的能量向负载释放,电流为 I_D,方向如图 5-32c)所示。可见,负载电压极性为上负下正,与电源电压极性相反,与前面介绍的降压斩波电路和升压斩波电路的情况正好相反,因此该电路也称作反极性斩波电路。

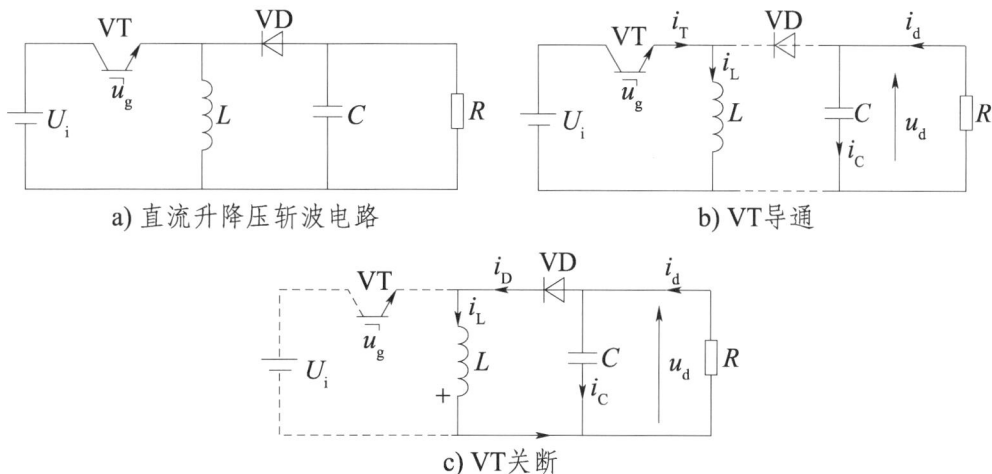

a) 直流升降压斩波电路　　　　　　b) VT导通

c) VT关断

图 5-32　直流升降压斩波电路和工作状态

改变占空比 D，输出电压既可以比电源电压高，也可以比电源电压低。当 $0 < D < \frac{1}{2}$ 时为降压，当 $\frac{1}{2} < D < 1$ 时为升压，因此将该电路称作升降压斩波电路，如图 5-33、图 5-34 所示。也可以直接按英文称之为 Buck-boost 变换器。

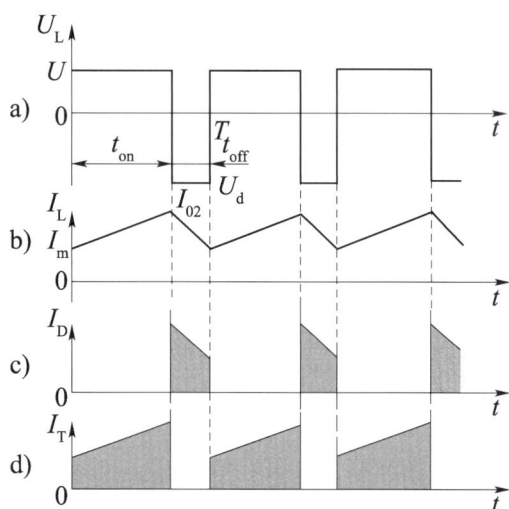

图 5-33　升降压斩波电路的工作状态和波形（电感、电流连续）

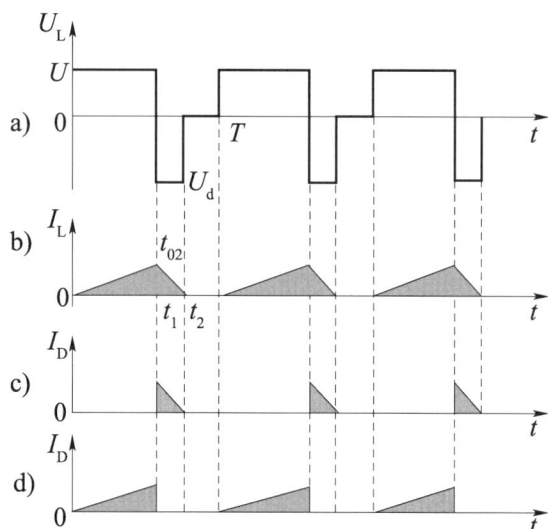

图 5-34　升降压斩波电路的工作状态和波形（电感、电流断续）

五　DC/DC 变换电路的应用

在直流驱动电机的功率小于 5kW 的纯电动汽车（观光车、巡逻车、清扫车等）中，动力蓄电池组直接通过 DC/DC 变换器，为小型电动车辆的直流电机提供直流电流。

对于纯电动汽车、"电—电"耦合电力汽车（自行发电电动汽车、燃料电池电动汽车），在能量混合型电力系统中采用升压型 DC/DC 变换器，在功率混合型电力系统中采用双向升降压型 DC/DC 变换器，或全桥型 DC/DC 变换器，车辆在滑行或下坡制动时，驱动电机发电运行产生的电能也通过双向升降压型 DC/DC 变换器向储能电源充电。

电动汽车上的动力蓄电池组向附属设备及低压蓄电池充电时，采用隔离式降压型 DC/DC 变换器。

任务实施

DC/DC 变换电路检测

1 任务目标

（1）掌握逆变电路的定义。

（2）熟知逆变电路的工作原理。

（3）掌握逆变电路的类型。

（4）熟知逆变电路的换流方式。

DC/DC 变换电路的认知

❷ 材料准备

(1)整流逆变电路搭接实训箱。

(2)双踪示波器。

(3)数字式万用表。

(4)挂式配电箱连接导线若干。

❸ 学习过程

(1)基于变压器和晶体管的逆变电路的认知。

①变压器的认知。变压器是利用电磁感应的原理来改变交流电压的装置,主要构件是一次线圈、二次线圈和铁芯(磁芯),其主要功能有电压变换、电流变换、阻抗变换、隔离、稳压(磁饱和变压器)等。

②晶体管的认知。晶体管是一种固体半导体器件(包括二极管、场效应管、晶闸管等,有时特指双极型器件),具有检波、整流、放大、开关、稳压、信号调制等多种功能。晶体管作为一种可变电流开关,能够基于输入电压控制输出电流。与普通机械开关不同,晶体管利用电信号来控制自身的开合,所以开关速度可以非常快,实验室中的切换速度可达 100GHz 以上。

③现将 12V 直流电输入,经过电路变压后,转变为 220V 交流电输出。

(2)基于变压器和晶体管的逆变电路的搭接。

搭接电路:变压器和晶体管逆变电路由可调直流 12V 电源、插件电阻、安规电容、涤纶电容、整流二极管、2 个 PNP 晶体管、线圈和变压器等组成,如图 5-35 所示。

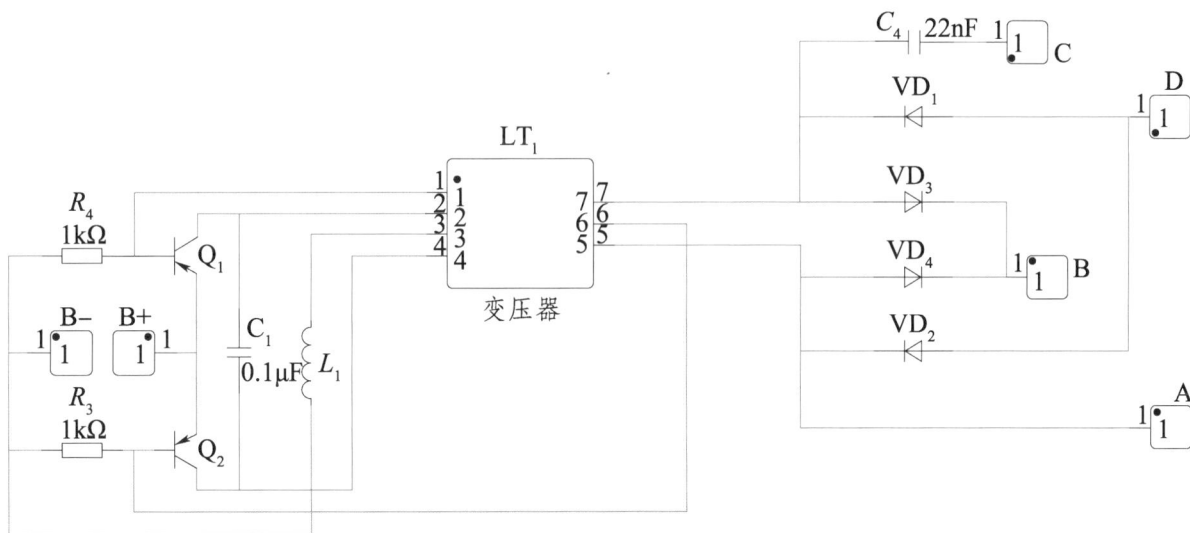

图 5-35　变压器和晶体管逆变电路

接通电路,其中左边 B +、B − 为 12V 直流电源输入端,右边 A、B、C、D 为 12V 直流电源输出端。将万用表调至交流电压挡,可以在实训箱中测出 A 和 C 两端的交流电压值为 220V。

❹ 考核评价

填写考核评价表(表 5-4)。

考核评价表　　　　　　　　　　　　　　表 5-4

考核项目	评分标准	分数（分）	学生自评（分）	小组互评（分）	教师评价（分）	小计（分）
团队合作	是否和谐	5				
活动参与	是否主动	5				
安全生产	有无安全隐患	10				
现场 5S 管理	是否做到	10				
任务方案	是否合理	15				
学习过程	DC/DC 变换电路检测	30				
任务完成情况	是否圆满完成	5				
操作过程	是否标准规范	10				
劳动纪律	是否严格遵守	5				
作业填写	是否完整、规范	5				
总分		100	得分			
学习心得						

知识拓展

2023 感动中国人物

作为地面上的"天空",飞行器的"摇篮",风洞见证着我国东风系列导弹、神舟系列飞船等国之重器的诞生与成长。

JF12 高超声速复现风洞通过验收并投入使用,这是用于航空航天等试验的大型科学装置,技术水平在国际上遥遥领先。这一装置所运用的"爆轰驱动高焓激波风洞技术"的理论奠基人,是中国科学院院士、著名力学家俞鸿儒。

俞老潜心研究风洞技术已经 50 年。如今,俞老依然提携后辈,他的智慧与谦逊,也点亮了无数新星。

致敬俞鸿儒院士,他的付出与奉献,将永远照耀在科学的高峰上。

习题

一、填空题

1. AC/DC 变换电路是将_____电转换为_____电的电路。

2.三相桥式全控整流电路,电阻性负载,当控制角 α _____ 时,输出电压波形连续。

3.AC/DC 变换电路中,_____是实现电能转换的核心器件。

4.DC/AC 变换电路也被称为 _____,其作用是将 _____ 转换为 _____。

5.电压型逆变电路的直流侧通常接_____,而电流型逆变电路的直流侧通常接_____。

6.逆变电路中,为了防止同一桥臂的两个开关器件同时导通而造成_____,需要设置_____。

7.DC/DC 变换电路是将一种_____直流电压转换为另一种_____直流电压的电路。

8.DC/DC 变换电路按控制方式可分为 _____ 控制、_____ 控制和 _____ 控制等。

二、判断题

1.AC/DC 变换电路只能将交流电转换为直流电,不能实现电压的调节。 ( )

2.在单相桥式可控整流电路中,无论负载是电阻性还是电感性,晶闸管的导通角都相同。 ( )

3.三相半波可控整流电路,电阻性负载,其输出电压的平均值与控制角 α 无关。 ( )

4.DC/AC 变换电路只能实现固定频率和幅值的交流电输出。 ( )

5.电压型逆变电路的输出电压波形取决于负载的性质。 ( )

6.在逆变电路中,只要开关器件可靠导通和关断,就不会出现直通现象。 ( )

7.降压型 DC/DC 变换器在开关导通时,电感电流线性增加。 ( )

8.升压型 DC/DC 变换器的输出电压一定大于输入电压。 ( )

三、选择题

1.在 AC/DC 变换电路中,为了减小输出电压的纹波,通常在输出端并联( )。
A.电阻　　　　　B.电感　　　　　C.电容　　　　　D.晶闸管

2.三相半波可控整流电路,电感性负载,当控制角 α 增大时,输出电流( )。
A.增大　　　　　B.减小　　　　　C.不变　　　　　D.先增大后减小

3.电压型逆变电路中,反馈二极管的作用是( )。
A.为直流侧向交流侧反馈能量提供通路　　B.增大输出电压幅值
C.减小输出电流的谐波含量　　　　　　　D.提高开关器件的开关速度

4.在三相桥式逆变电路采用180°导电方式时,每个开关管的导通时间为( )。
A.60°　　　　　B.120°　　　　　C.180°　　　　　D.360°

5.若要改变逆变电路输出交流电的频率,通常可以改变( )。
A.直流电源的电压　　　　　　　　B.开关器件的导通时间
C.开关器件的开关频率　　　　　　D.负载的大小

6.升压型 DC/DC 变换器工作在连续导电模式下,当占空比 D 趋近于 1 时,输出电压(　　)。

    A. 趋近于输入电压　　　　　　　　　B. 趋近于无穷大

    C. 趋近于 0　　　　　　　　　　　　D. 保持不变

7. Buck-Boost 变换器的输出电压大小与(　　)有关。

    A. 输入电压　　　　B. 占空比　　　　C. 开关频率　　　　D. 以上都是

8. 采用脉冲宽度调制(PWM)控制的 DC/DC 变换电路,主要是通过改变(　　)来调节输出电压。

    A. 开关频率　　　　B. 占空比　　　　C. 输入电压　　　　D. 负载电阻

项目六
新能源汽车常用传感器应用技术

项目导言

随着新能源汽车深化"三纵三横"研发布局,汽车产业电动化、智能化、网联化、共享化发展,必然离不开新型电子电气架构、电力电子元器件等基础共性技术的研发创新,电子技术在汽车上的普遍应用已然是现代汽车技术的重要标志。

本项目设置3个教学任务:电流传感器的认知与应用、温度传感器的认知与应用、位置传感器的认知与应用。

任务一　电流传感器的认知与应用

任务描述

如今,小小的电源设备已经融合了越来越多的新技术,如开关电源、硬开关、软开关、稳压、线性反馈稳压、磁放大器技术、数控调压、脉冲宽度调制(PWM)、正弦脉冲宽度调制(SPWM)、电磁兼容等。为了自动检测和显示电流,并在过电流、过电压等危险情况发生时发挥自动保护功能和更高的智能控制功能,具有传感检测、传感采样、传感保护的电源技术渐成趋势,检测电流或电压的传感器应运而生,并逐渐受到广大电源设计者的青睐。

学习目标

1. 知识目标

(1)掌握电流传感器的作用和类型。

(2)掌握常用电流传感器的原理、特点。

2. 技能目标

能对电流传感器进行辨认、识别。

3. 素质目标

(1)培养学生严格遵循电流传感器操作规范,识别潜在安全风险,形成规范化的安全防护习惯。

(2)培养学生养成团结协作的意识,养成安全生产、规范操作的职业素养。

参考学时

共 4 学时,知识学习 2 学时、实训操作 2 学时。

任务所需设备、器材

电流传感器、万用表。

📖 **任务知识学习**

电流传感器的认知

一 电流传感器的作用

图 6-1　电流传感器外形

电流传感器是一种检测装置,它能感受到被测电流的信息,并能将检测感受到的信息按一定规律变换成符合一定标准需要的电信号或其他所需形式的信息输出,以满足信息的传输、处理、存储、显示、记录和控制等要求。它具有灵敏度高、抗干扰性强的特点,现已在智能电网、家用电器、计算机硬盘等方面得到了广泛应用。在新能源汽车上,电流传感器常被用在动力蓄电池系统、电池管理系统、充电控制系统及电机控制系统等方面。电流传感器的外形如图 6-1 所示。

二 电流传感器的主要类型

电流传感器的测量原理一般基于电阻分流器检测、霍尔效应、磁通门、电磁感应、罗氏线圈(电磁感应原理及安培环路定律)5 种技术。根据测量原理的不同,电流传感器主要有分流器、电流互感器、霍尔电流传感器、磁通门电流传感器、穿隧磁阻效应电流传感器、罗氏线圈、巨磁阻电流传感器、光纤电流传感器等类型。下面介绍其中几种典型电流传感器。

❶ 分流器

分流器是根据直流电流通过电阻时,电阻两端产生电压差的原理制作而成的,其原理如图 6-2 所示。分流器实际就是一个阻值很小的电阻,当有直流电流通过时产生电压降,供直流电流表显示。直流电流表实际为电压表,量程一般为 75mV、150mV、300mV,用电压表来测量这个电压,再将这个电压换算成电流,就完成了大电流的测量。

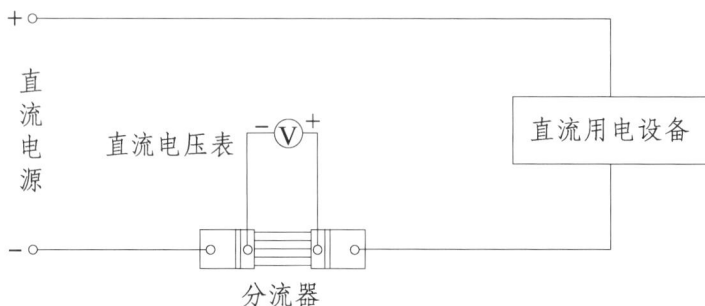

图 6-2　分流器原理图

分流器在低频率、小幅值的电流测量中表现出了高精度和较快的响应速度。在工业领域中,在不涉及测量回路与被测电流之间电隔离的场合,分流器是首选的将电流信号转变成电压信号的低成本方案。

❷ 电流互感器

电流互感器是依据电磁感应原理制成的,其原理如图 6-3 所示。电流互感器由闭合的铁芯和绕组组成,它的一次绕组匝数很少,串联在需要测量电流的电路中,二次绕组匝数比较多,串联在测量仪表和保护回路中。电流互感器在工作时,它的二次侧回路始终闭合,因此测量仪表和保护回路串联线圈的阻抗很小,电流互感器的工作状态接近短路。电流互感器的作用是可以把数值较大的一次电流通过一定的变比转换为数值较小的二次电流,用来进行保护、测量等。电流互感器技术成熟,在工频测量方面有非常高的精度,但由于其原理限制,不能测量直流电流。

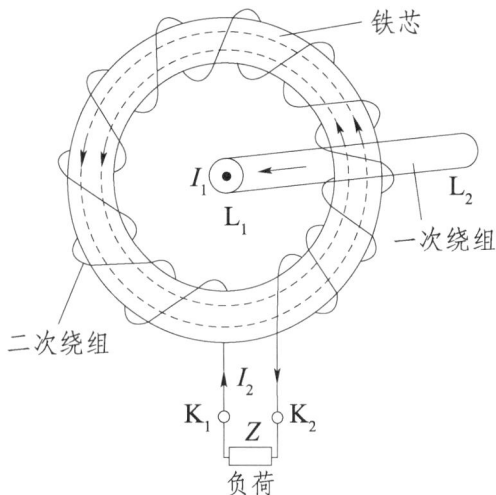

图 6-3　电流互感器原理图

❸ 霍尔电流传感器

霍尔电流传感器是一种采用半导体材料制成的磁电转换器件,包括开环式和闭环式两种,高精度的霍尔电流传感器大多属于闭环式。

开环式霍尔电流传感器采用的是霍尔直放式原理,如图 6-4 所示。当一次电流 I_p 流过一根长导线时,在导线周围将产生一磁场,磁场度的大小与流过导线的电流成正比,产生的磁场聚集在集磁环内,通过集磁环气隙中的霍尔元件进行测量并放大输出,其输出电压 V_s 精确地反映了一次电流 I_p。一般的额定输出电压标定为 4V。

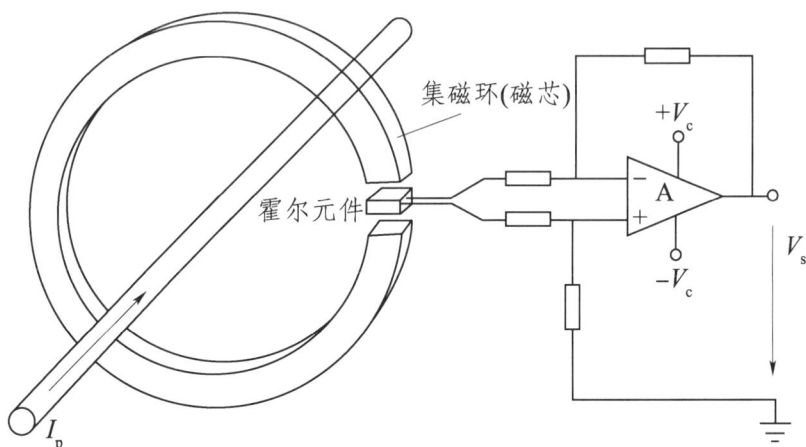

图 6-4　开环式霍尔电流传感器原理图

闭环式霍尔电流传感器基于磁平衡式霍尔原理,在开环原理的基础上引入了补偿电路,如图 6-5 所示,当主回路有一电流通过时,在导线周围产生的磁场被磁环聚集并感应到霍尔元件上,所产生的信号输出用于驱动功率管并使其导通,从而获得一个补偿电流 I_s。这一电流再通过多匝绕组产生磁场,该磁场与被测电流产生的磁场正好相反,因而补偿了原来的磁场,使霍尔元件的输出逐渐减小。当电流 I_s 产生的磁场与电流 I_p 乘以匝数后产生的磁场相等时,I_S 不再增加。这时的霍尔元件起到指示零磁通的作用,此时可以通过 I_S 来测试 I_P。当 I_P 变化时平衡受到破坏,霍尔元件有信号输出,即重复上述过程重新达到平衡。被测电流的任何变化都会破坏这一平衡,一旦磁场失去平衡,霍尔元件就有信号输出。经功率放大后,立即就有相应的电流流过二次绕组以对失衡的磁场进行补偿。从磁场失衡到再次平衡,所需的时间理论上不到 $1\mu s$,这是一个动态平衡的过程。因此,从宏观上看,二次侧的补偿电流安匝数在任何时间都与一次侧被测电流的安匝数相等。

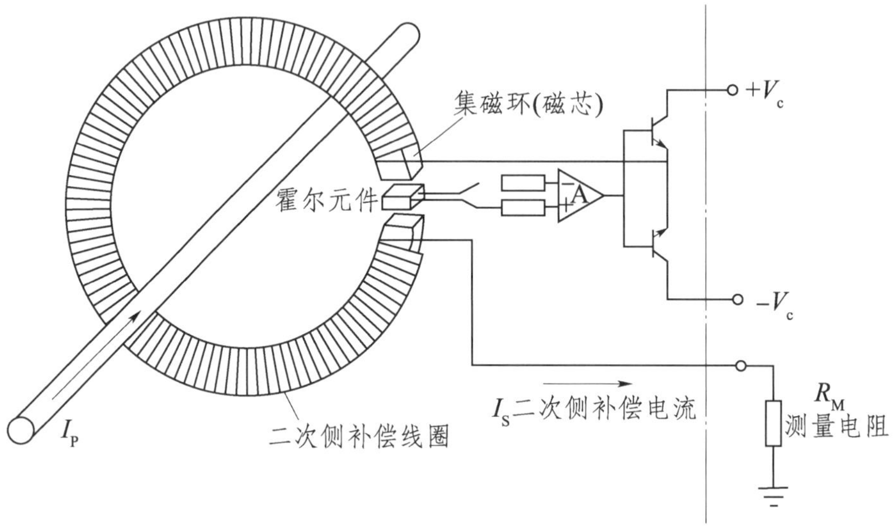

图 6-5　闭环式霍尔电流传感器原理图

霍尔电流传感器可以测量任意波形的电流和电压,输出端能真实地反映输入端电流或电压的波形参数。针对霍尔电流传感器普遍存在温度漂移大的缺点,采用补偿电路进行控制,有效地减小了温度对测量精度的影响,确保测量准确,具有精度高、安装方便、价格低的特点。目前,霍尔电流传感器广泛应用于变频调速装置、逆变装置、不间断电源(UPS)、通信电源、电焊机、电力机车、变电站、数控机床、电解电镀、微机监测、电网监测等需要隔离检测电流、电压的设施中。尤其是开环式霍尔电流传感器在汽车领域应用多年,设计成熟度高、成本低,虽然精度相对较低,但仍然是目前电动汽车上的主流应用方案。

❹ 磁通门电流传感器

磁通门原理即易饱和磁芯在激励电流影响下,激励电流大小改变电感强度,进而改变磁通量大小,这种物理现象对被测环境磁场来说好像是一道门,通过这道门,相应的磁通量即被调制,并产生感应电动势。磁通门电流传感器即利用这种现象来测量电流所产生的磁场,从而间接达到测量电流的目的。

标准型磁通门电流传感器结构类似闭环式霍尔电流传感器的结构,只是在磁芯的气隙处放置的不是霍尔元件,而是一个磁通门传感器,即可饱和电感,如图 6-6 所示。其测量原理为放大磁通门激励电流二次谐波信号,驱动补偿线圈,使聚磁磁芯的磁通和一次电流的磁通相抵消,保持零磁通状态。

磁通门电流传感器具有分辨力高、测量弱磁场范围宽、性能可靠、能够直接测量磁场分量和适于在速度运动系统中使用等特点。普通霍尔电流传感器精度在 0.5% ~ 2% 之间,而磁通门电流传感器的精度能够达到 0.1% 甚至更高,因此也称其为高精度电流传感器。目前磁通门电流传感器被广泛应用于各型新能源汽车产品中,如比亚迪汉、理想 ONE、小鹏 P7 等车型。

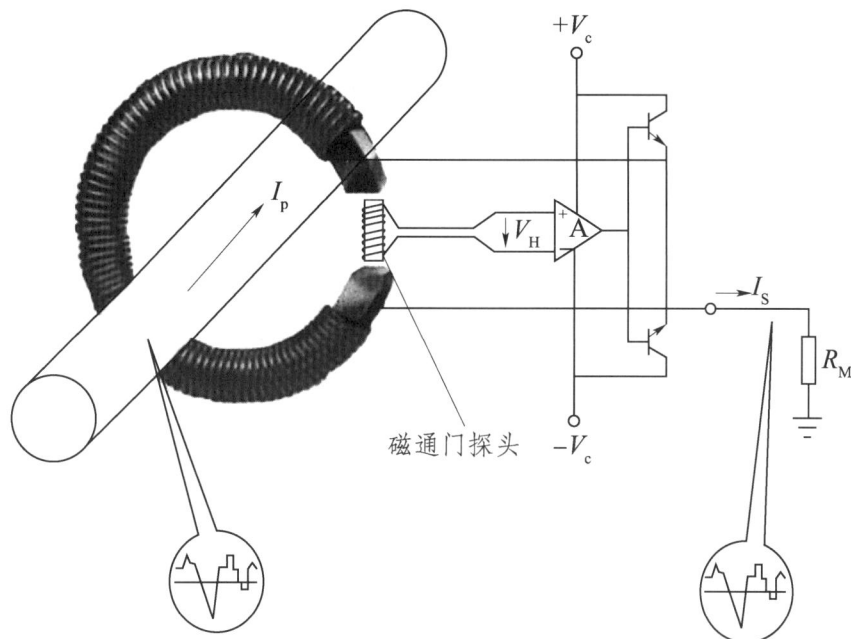

图 6-6　标准型磁通门电流传感器原理图

5 穿隧磁阻效应电流传感器

穿隧磁阻效应(TMR)电流传感器是全新一代磁敏元件,依靠先进的薄膜过程技术制造,具有两层强磁性体层(自由层/固定层)夹住 1～2mm 薄绝缘体势垒层的结构,是一种薄膜元件。固定层的磁化方向被固定,但自由层的磁化方向可根据外部磁场方向改变,元件的电阻也随之改变。当固定层与自由层的磁化方向平行时,电阻最小,势垒层流过大电流。另外,当磁化方向为反向平行时,电阻极端地变大,势垒层几乎没有电流流过,其原理如图 6-7 所示。

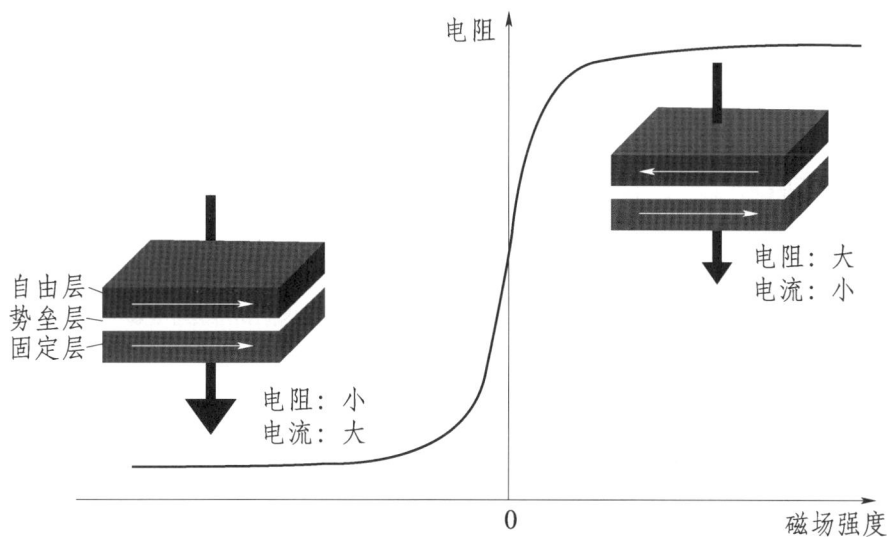

图 6-7　穿隧磁阻效应电流传感器原理图

TMR 电流传感器较霍尔元件、各向异性磁电阻(AMR)、巨磁电阻(GMR)具有能耗低、温度漂移低、灵敏度高等优点,能够明显改善电流检测的灵敏度与温度特性,因而在新一代新能源汽车电池管理系统中全面取代了霍尔传感器。TMR 电流传感器在检测电流时不再需要进行温度补偿,将 -40℃ ~85℃ 环境下的温度漂移总量由 1% ~2% 降低到 0.1% ~0.2%。

例如,TMR 电流传感器用于车载充电器的电流检测与控制时,能够对铜排或导线电流进行精准检测,从而使用芯片体积更小,精度、线性度、响应速度和温度漂移特性更为优化,为电动汽车带来极佳的安全性与经济性。

任务实施

电流传感器的认知

❶ 任务目标

(1)掌握电流传感器的作用和类型。

(2)掌握常用电流传感器的原理、特点。

(3)能够电流传感器辨别。

❷ 材料准备

(1)动力蓄电池示教板。

(2)驱动电机示教板。

(3)数字式万用表。

❸ 学习过程

(1)动力蓄电池中的电流传感器。

电动汽车上用于监测电流的部件主要是电流传感器,电流传感器是利用霍尔效应的原理,检测电流的感应磁场,从而对电流大小进行测量的,如图 6-8 所示。同时其对动力蓄电池的电量状态进行判断,防止使用过程中过充电或过放电情况的发生,避免影响电池组的使用寿命。

图 6-8 霍尔电流传感器

(2)驱动电机中的电流传感器。

驱动电机中的电流传感器,用以检测电机工作时的实际电流(包括母线电流、三相电流)。

❹ 操作步骤

(1)在示教板上找出对应的电流传感器元件,确定动力蓄电池电流传感器安装位置,并说明类型。

（2）在示教板上找出对应的电流传感器的元件,确定驱动电机电流传感器安装位置,并说明类型,完成表6-1。

电流传感器认知   表6-1

传感器	类型	判断好坏
动力蓄电池电流传感器		
驱动电机电流传感器		

5 考核评价

填写考核评价表(表6-2)。

考核评价表   表6-2

考核项目	评分标准	分数（分）	学生自评（分）	小组互评（分）	教师评价（分）	小计（分）
团队合作	是否和谐	5				
活动参与	是否主动	5				
安全生产	有无安全隐患	10				
现场5S管理	是否做到	10				
任务方案	是否合理	15				
学习过程	电流传感器认知	30				
任务完成情况	是否圆满完成	5				
操作过程	是否标准规范	10				
劳动纪律	是否严格遵守	5				
作业填写	是否完整、规范	5				
总分		100	得分			
学习心得						

任务二　温度传感器的认知与应用

任务描述

　　温度传感器是最常用的传感器之一,广泛应用于计算机、汽车、厨房电器、空调和家用恒温器等设备中。纵观新能源汽车的运行过程,温度监测是安全预警的最后一道屏障,有效、及时的热管理策略将成为提升新能源汽车安全性的重点和关键所在,而高性能测温元件是实现一切安全策略的根基。

1. 知识目标

（1）掌握温度传感器的作用和类型。

（2）掌握常用温度传感器的原理、特点。

2. 技能目标

能对温度传感器进行辨认、识别。

3. 素质目标

（1）培养学生良好的职业道德和敬业精神，弘扬中华传统美德。

（2）培养自主学习和分析问题的能力，能通过查阅资料、分析数据，提升对传感器知识的认知。

（3）培养学生养成团结协作意识、养成规范作业、安全工作的工作习惯，形成较强的岗位安全责任意识、质量意识。

参考学时

共 4 学时，知识学习 2 学时、实训操作 2 学时。

任务所需设备、器材

温度传感器、万用表。

任务知识学习

温度传感器的认知

一　温度传感器的作用

温度传感器是指能感受温度并将其转换成可用输出信号的传感器。在功率电子技术中，热监控和热管理非常重要。目前大多数混合动力电动汽车、纯电动汽车的动力蓄电池设计都采用温度传感器测量其温度。混合动力电动汽车、纯电动汽车的动力蓄电池只有在精确定义的工作温度下才能提供最佳的能量输出，因此，要求对动力蓄电池温度进行可靠的监控和调节，以防止动力蓄电池出现过热现象，最大限度地延长其工作寿命。新能源汽车中用到的温度传感器主要包括动力蓄电池温度传感器、驱动电机温度传感器以及用于冷却系统的温度传感器等。图 6-9 所示为某种温度传感器的外形。

图 6-9　某种温度传感器的外形

二　温度传感器的主要类型

目前最常见的温度传感器主要有 4 种，包括热电偶温度传感器、热电阻温度传感器、电阻温度检测器（RTD）和集成电路（IC）温度传感器。

① 热电偶温度传感器

两种不同成分的导体(热电偶丝或热电极)两端接合成一个回路,当两个接合点的温度不同时,在回路中就会产生电动势,这种现象称为热电效应,产生的电动势称为热电动势。热电偶温度传感器就是利用这种原理进行温度测量的。其中,直接用作测量介质温度的一端称为热端(也称测量端),另一端称为冷端(也称补偿端)。冷端与配套仪表连接,仪表会显示出热电偶所产生的热电动势经过电路变换而得出的温度值。热电偶电路及电压-温度曲线举例如图6-10所示。

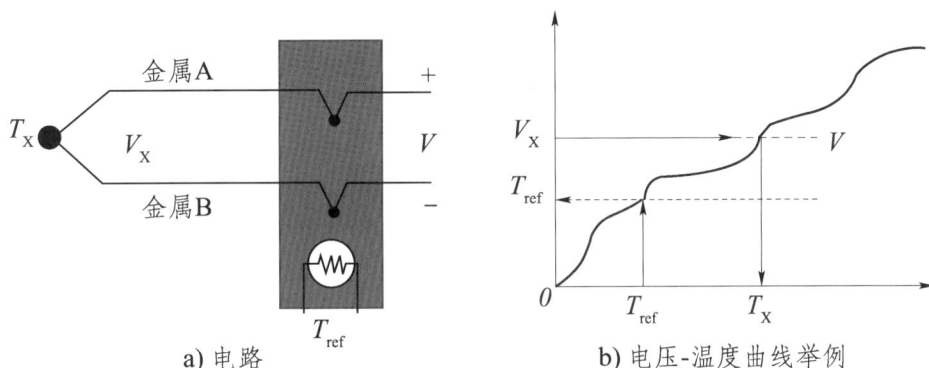

a) 电路   b) 电压-温度曲线举例

图6-10 热电偶电路及电压-温度曲线举例

热电偶温度传感器由两种不同的金属接合而成,它受热时会产生热电动势,电动势大小取决于组成热电偶温度传感器的两种金属材料,铁-康铜(J型)、铜-康铜(T型)和铬-铝(K型)热电偶温度传感器是最常用的3种类型。热电偶温度传感器产生的电动势很小,通常只有几毫伏。K型热电偶温度传感器温度每变化1℃时电动势变化只有大约$40\mu V$,因此测量系统要能测出$4pV$的电动势变化测量精度才可以达到0.1℃。

由于两种不同类型的金属接合在一起会产生电位差,所以热电偶温度传感器与测量系统的连接也会产生电动势。一般把连接点放在隔热块上,以减小这一影响,使两个接点处于同一温度从而降低误差。有时也会测量隔热块的温度,以补偿温度的影响,如图6-11所示。

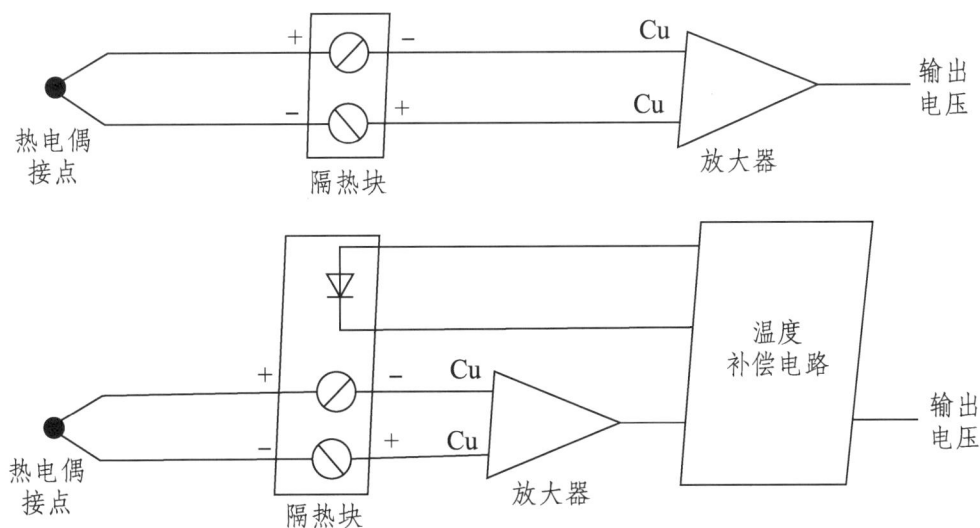

图6-11 热电偶温度补偿电路

热电偶温度传感器是温度测量中最常用的传感器,其主要优点是温度范围广且适应各种大气环境,而且结实、价低、易安装。

❷ 热电阻温度传感器

热电阻温度传感器通过金属(如铂、铜)或半导体的电阻变化进行工作,是利用金属或半导体电阻值随温度变化而改变的原理制成的感温元件。当温度变化时,感温元件的电阻值随之变化,将变化的电阻值作为信号输入显示仪表,即可监控被测介质的温度。

热电阻温度传感器主要有金属热电阻和半导体热电阻两种。其中,金属热电阻简称热电阻,常用材料是铂和铜;半导体热电阻简称热敏电阻。根据电阻随温度变化的不同,热敏电阻又分为负温度系数(NTC)热敏电阻、正温度系数(PTC)热敏电阻和临界温度系数(CTR)热敏电阻3种。

许多热敏电阻具有负温度系数,也就是说温度下降时它的电阻值会升高。在所有被动式温度传感器中,热敏电阻的灵敏度(温度每变化1℃对应的电阻值的变化)最高,但热敏电阻的电阻-温度曲线是非线性的,如图6-12所示。

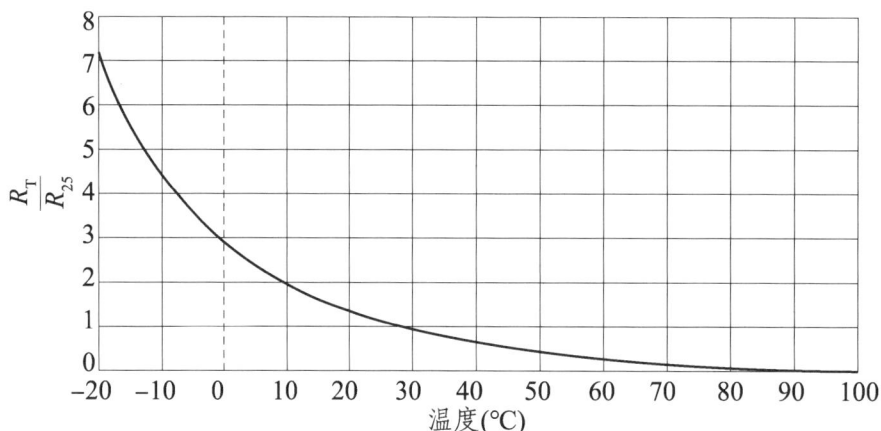

图6-12 负温度系数热敏电阻的电阻-温度曲线

新能源汽车上常用的负温度系数温度传感器主要由锰等高纯度金属元素的氧化物经过陶瓷技术和半导体技术结合制成。这些材料载流子数目少、电阻较大,当温度升高时,载流子数目增加、电阻相应减小,其测温原理如图6-13所示。

负温度系数温度传感器有电阻率大、热容小、响应速度快、阻值与温度线性关系优良、能弯曲、价格低、寿命长等优点。常用的负温度系数温度传感器有3类:地环外壳负温度系数温度传感器(俗称地环型),环氧树脂封装负温度系数温度传感器(俗称水滴头、小黑头),薄膜负温度系数温度传感器。

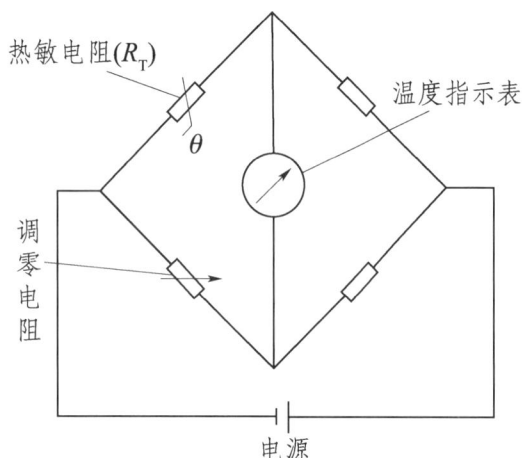

图6-13 负温度系数温度传感器
温度测量原理图

❸ 电阻温度检测器

电阻温度检测器(RTD)也称为电阻温度计。

它与热敏电阻类似,其电阻会随温度变化,但是 RTD 不需要像热敏电阻那样使用对温度变化敏感的特殊材料,通常 RTD 材料包括铜、铂、镍及镍/铁合金。RTD 元件可以是一根导线,也可以是一层薄膜,采用电镀或溅射的方法涂敷在陶瓷类材料基底上。

RTD 的电阻值以 0℃ 阻值作为标称值。0℃ 时,铂 RTD 电阻值为 100Ω;1℃ 时,电阻值为 100.39Ω;50℃ 时,电阻值为 119.4Ω。图 6-14 所示为 RTD 与热敏电阻的电阻-温度曲线的比较。由图可见,RTD 的误差要比热敏电阻的误差小。铂 RTD 电阻的误差一般为 0.01%,镍 RTD 电阻的误差一般为 0.5%。除误差和电阻较小以外,RTD 与热敏电阻的接口电路基本相同。

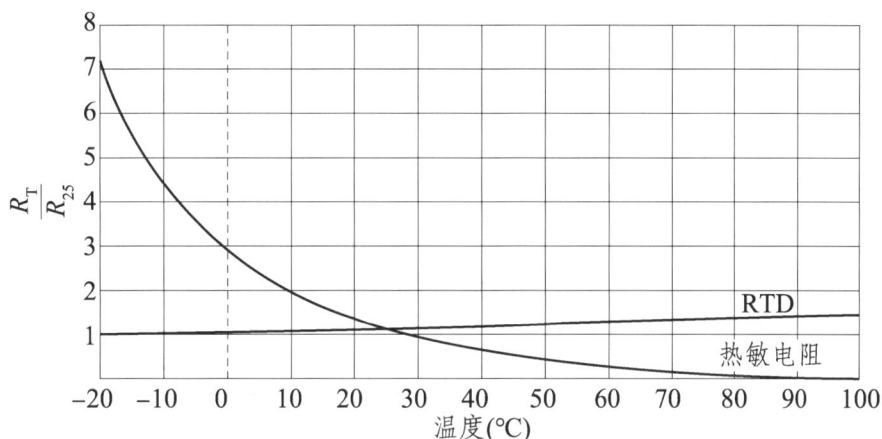

图 6-14　RTD 与热敏电阻的电阻-温度曲线

RTD 是目前最精确、最稳定的温度传感器,它的线性度优于热电偶和热敏电阻,但价格比较昂贵,因此 RTD 最适合对精度有严格要求,而对响应速度和价格不太敏感的应用领域。

❹ 集成电路(IC)温度传感器

IC 温度传感器利用集成电路中的温度传感器基元,通过采集温度相关的电流、电压等信息,计算出温度值。常用的 IC 温度传感器包括热敏电阻(RTD)、热电偶(TC)、半导体温度传感器等。其中,半导体温度传感器由于其简单、精度高以及成本低廉的特点,是最为常见的一种类型。

根据应用需求的不同,IC 温度传感器可以分为模拟型传感器和数字型传感器。模拟型传感器输出的是一个电压或电流信号,需要经过 AD 转换才能得到温度值。数字型传感器则直接输出数字信号,可以直接读取温度值。根据测量范围的不同,还可以分为宽温度范围型传感器和窄温度范围型传感器。

相比传统的温度传感器,IC 温度传感器具有以下几个优势:

(1)集成度高。IC 温度传感器通过集成的方式,将传感器、ADC 和处理电路等功能集成到一个芯片中,减少了系统的复杂性。

(2)体积小。IC 温度传感器的封装体积通常很小,便于在各种应用场景中进行安装和集成。

(3)精度高。IC 温度传感器采用现代半导体技术,具有很高的温度测量精度。

(4)成本低。由于 IC 温度传感器采用集成电路技术,成本相对较低,适用于大规模应用。

温度传感器的认知

1 任务目标

(1)掌握温度传感器的作用和类型。

(2)掌握常用温度传感器的原理、特点。

(3)能够辨别温度传感器。

2 材料准备

(1)动力蓄电池示教板。

(2)驱动电机示教板。

(3)数字式万用表。

3 学习过程

(1)温度监测。

温度对动力蓄电池性能影响较大,目前一般只能测得动力蓄电池表面温度,而动力蓄电池内部温度需要使用热模型进行估计。温度控制是通过测温元件测得动力蓄电池组不同位置的温度,综合温度分布情况,然后动力蓄电池系统储存的热管理系统控制电路进行散热。在动力蓄电池包里面,每个电芯组都安装了相应的温度传感器(不是每个电芯都安装),如图 6-15 所示。

图 6-15　动力蓄电池温度传感器安装位置

动力蓄电池温度采集板,如图 6-16 所示。电芯的温度可以通过诊断仪进行读取。

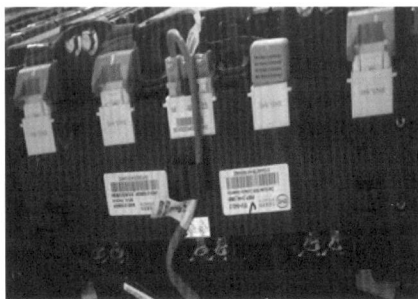

温度采集板

图 6-16　动力蓄电池温度采集板

（2）驱动电机温度传感器。

驱动电机温度传感器，如图6-17所示，用以检测电机的定子绕组温度。当控制器检测到温度过高时，会控制电机降低转速，避免电机过热。当电机控制器监测到电机温度传感器温度在45～50℃，冷却风扇低速起动；温度大于或等于50℃，冷却风扇高速起动；当电机温度升至120～140℃时，电机将降功率运行；当电机温度升至大于或等于140℃时，降功率至0，即停机保护。

图6-17 驱动电机温度传感器

❹ 操作步骤

（1）在示教板上找出对应的元件，确定动力蓄电池温度传感器安装位置和驱动电机温度传感器安装位置。

（2）测量温度传感器的阻值，记录于表6-3。

测量温度传感器的阻值 表6-3

检测内容	电阻值（Ω）	结论	备注
动力蓄电池温度传感器阻值			
驱动电机温度传感器阻值			

❺ 考核评价

填写考核评价表（表6-4）。

考核评价表 表6-4

考核项目	评分标准	分数（分）	学生自评（分）	小组互评（分）	教师评价（分）	小计（分）
团队合作	是否和谐	5				
活动参与	是否主动	5				
安全生产	有无安全隐患	10				
现场5S管理	是否做到	10				
任务方案	是否合理	15				
学习过程	温度传感器认知	30				

考核项目	评分标准	分数（分）	学生自评（分）	小组互评（分）	教师评价（分）	小计（分）
任务完成情况	是否圆满完成	5				
操作过程	是否标准规范	10				
劳动纪律	是否严格遵守	5				
作业填写	是否完整、规范	5				
总分		100	得分			
学习心得						

任务三 位置传感器的认知与应用

任务描述

位置传感器被广泛应用于工业和日常生活中。位置测量是新能源汽车中需要测量的较为常见的参数。了解并掌握位置传感器的一些基础知识,对于新能源汽车维修工作有很大的帮助。

学习目标

1. 知识目标

(1)掌握位置传感器的作用和类型。

(2)掌握常用位置传感器的原理、特点。

2. 技能目标

能对位置传感器进行辨认、识别。

3. 素质目标

(1)培养学生精益求精的质量意识,注重维护细节,确保每项操作符合行业标准与技术要求。

(2)通过对传感器信号波形的分析,养成独立学习、获取新知识、分析和处理信息的能力,不断提出真正解决问题的新理念新思路新办法。

(3)提升学生对新能源汽车技术革新的敏感度,增强学习的主动性,适应行业快速迭代的挑战。

参考学时

共 4 学时,知识学习 2 学时、实训操作 2 学时。

任务所需设备、器材

电流传感器、万用表。

任务知识学习

一 位置传感器的作用

位置传感器是能够接收被测物传来的位置信息,然后将接收到的信息进行输出的传感器。新能源汽车上的驱动电机多为永磁同步电机,这其中位置传感器的作用十分重要。位置传感器主要用于检测被测对象位置、角位移的变化情况,并把检测结果转化为电信号输送给电控单元。驱动电机位置传感器一般安装在驱动电机内部,起着测定转子磁极位置从而为逆变器提供正确换向信息的重要作用。

二 位置传感器的类型

新能源汽车位置传感器主要包括电磁式(旋转变压器)、光电式(光电编码器)、磁敏式(霍尔位置传感器)等类型。

1 旋转变压器

旋转变压器简称旋变,是一种输出电压随转子转角变化的信号元件,可用来精确检测电机转子的角位移和角速度。旋转变压器实际上是一种特殊的小型交流发电机,它由定子和转子组成,其定子由高性能硅钢片组成,其上有绕组作为变压器的一次侧接收励磁电压,转子绕组作为变压器的二次侧,通过电磁耦合在二次绕组上产生感应电压。当励磁绕组以一定频率的交流电压励磁时,输出绕组的电压幅值与转子转角呈正余弦函数关系,或保持某一比例关系,又或在一定转角范围内与转角呈线性关系。旋转变压器的电路及输入输出波形如图 6-18 所示。

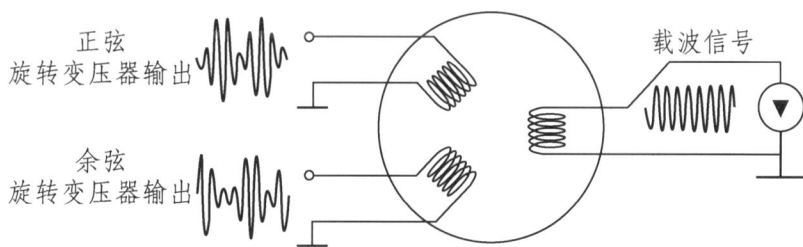

图 6-18　旋转变压器的电路输入输出波形

新能源汽车的驱动电机上多使用磁阻式旋转变压器,它是旋转变压器的一种特殊形式,利用磁阻原理来实现电信号间的转换。其特点是一次绕组与二次绕组都放在电机定子的不同槽内,且均固定不旋转。一次绕组属励磁绕组,通入正弦励磁电流,而二次绕组是由两相绕组(正弦绕组和余弦绕组)产生输出信号。磁阻式旋转变压器的主要结构和工作原理示意图如图 6-19 和图 6-20 所示。磁阻式旋转变压器因其工艺性好、相对位移大、可靠性高、低成本而被广泛应用于新能源汽车。

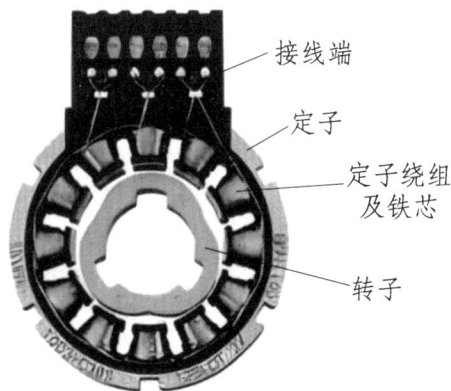

图 6-19　磁阻式旋转变压器的主要结构

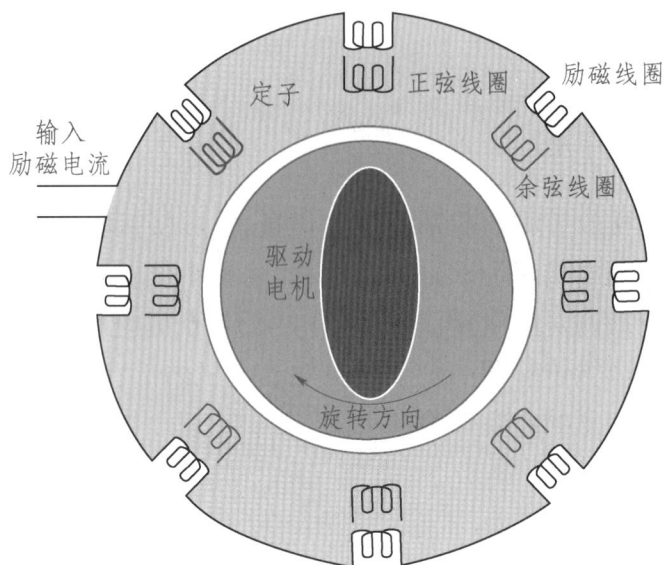

图 6-20　磁阻式旋转变压器工作原理示意图

❷ 编码器

编码器是将信号(如比特流)或数据进行编制、转换为可用以通信、传输和存储的信号形式的设备。编码器把角位移或直线位移转换成电信号,前者称为码盘,后者称为码尺。按照读出方式,编码器可分为接触式和非接触式两种;按照工作原理,编码器可分为增量式和绝对式两类。增量式编码器是将位移转换成周期性的电信号,再把这个电信号转换成计数脉冲,用脉冲的个数表示位移的大小;绝对式编码器的每一个位置对应一个确定的字码,因此它的示值只与测量的起始和终止位置有关,与测量的中间过程无关。

光电编码器是目前应用最多的编码器,主要由光栅盘和光电检测装置构成。在伺服系统中,光栅盘与电动机同轴,从而使电动机的旋转带动光栅盘的旋转,再经光电检测装置输出若干个脉冲信号,根据该信号的每秒脉冲数便可计算当前电动机的转速,其原理如图 6-21所示。光电编码器的码盘输出两个相位相差90°的光码,根据双通道输出光码的状态改变便可判断出电动机的旋转方向。

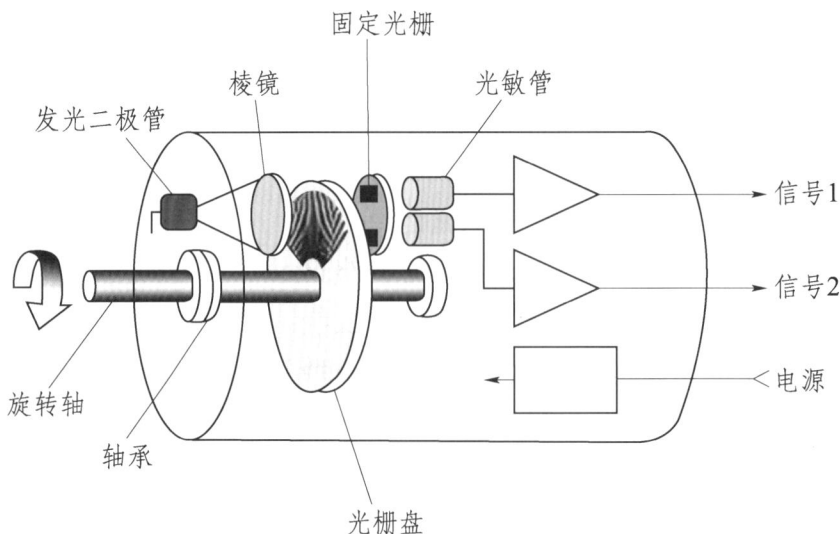

图 6-21　光电编码器的工作原理

❸ 霍尔位置传感器

霍尔位置传感器是一种基于霍尔效应的磁传感器,由霍尔元件及其附属电路组成。霍尔位置传感器分为线型霍尔位置传感器和开关型霍尔位置传感器两种。线型霍尔位置传感器由霍尔元件、线性放大器和射极跟随器组成,可输出模拟量,主要用于交、直流电流和电压测量。开关型霍尔位置传感器由稳压器、霍尔元件、差分放大器、施密特触发器和输出级组成,输出的数字量主要用于位置传感、旋转测量等。

开关型霍尔传感器是将霍尔元件的输出与设定的阈值进行比较,并输出高、低电平信号。按照对磁感应强度极性和变化的要求,开关型霍尔位置传感器可分为单极型、全极型和锁存型。

(1)单极型、全极型。

单极型、全极型特性相似,区别在于单极型只对单个磁极(N 极或 S 极)有响应,而全极型对每个磁极皆有响应,不区分 N 极或 S 极。如图 6-22 所示,B_{OP} 为动作点开的磁感应强度,B_{RP} 为释放点关的磁感应强度,B_{HYS} 为磁开关点滞回窗口,且 $B_{HYS} = B_{OP} - B_{RPO}$。当外加的磁感应强度超过动作点 B_{OP} 时,传感器输出低电平,当磁感应强度降到动作点 B_{OP} 以下时,传感器输出电平不变,一直要降到释放点 B_{RP} 时,传感器才由低电平跃变为高电平。B_{OP} 与 B_{RP} 之间的滞后使开关动作更为可靠。

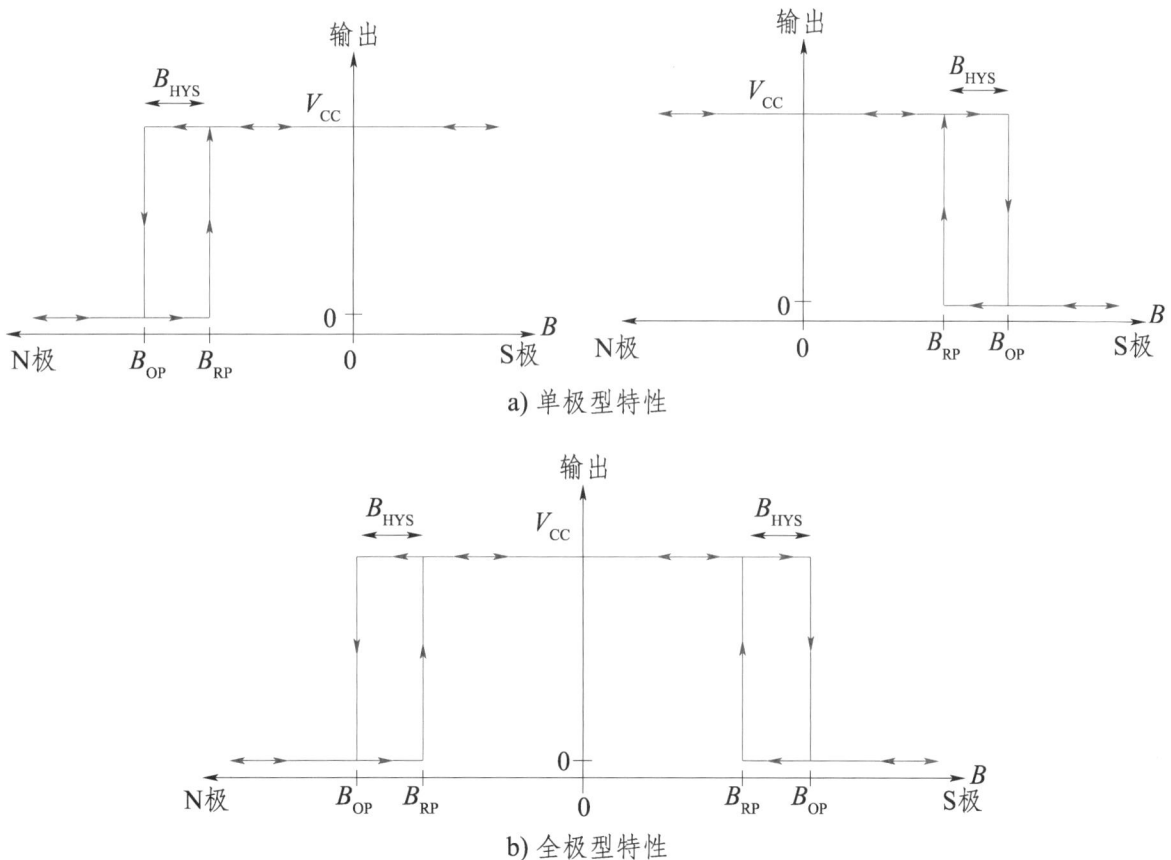

a) 单极型特性

b) 全极型特性

图 6-22 单极型、全极型特性

(2)锁存型。

如图 6-23 所示,当磁感应强度超过动作点 B_{OP} 时,传感器输出由高电平跃变为低电平,外磁场撤销后,其输出状态保持不变,即锁存状态。必须施加反向磁感应强度并达到 B_{RP} 时,才能使电平产生变化。实现开关动作必须跨越 0mT 点,同时需要 N 极和 S 极。

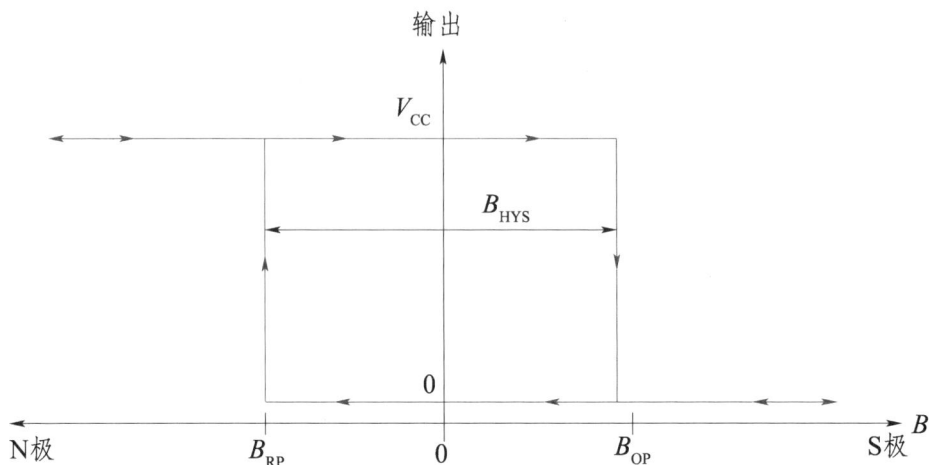

图 6-23　锁存型特性

　　开关型霍尔位置传感器无触点、无磨损、输出波形清晰、无抖动、无回跳、位置重复精度高,具有应用灵活、工作电压范围宽和采样频率高等特点,是一种高可靠性无接触清洁型传感器,在新能源汽车电机位置测量方面应用广泛。

任务实施

位置传感器的认知

❶ 任务目标

(1)掌握位置传感器的作用和类型。

(2)掌握常用位置传感器的原理、特点。

(3)能够位置传感器辨别。

❷ 材料准备

(1)动力蓄电池示教板。

(2)驱动电机示教板。

(3)数字式万用表。

❸ 学习过程

(1)位置传感器。

　　位置传感器安装在驱动电机内部,用以检测转子磁极位置,为逆变器提供正确换向信息。比亚迪 E6 驱动电机检测电机转子旋转的角度和位置采用旋转变压器来实现。旋转变压器,简称旋变,也称旋变传感器或角度传感器,是一种输出电压随转子转角变化的信号元件,其安装位置和结构如图 6-24 所示。

　　驱动电机控制器通过旋转变压器检测电机的角度位置、转速和方向。如图 6-25 所示,旋转变压器包含一个励磁线圈(线圈 C)、两个驱动线圈(正弦 + S、余弦 - S)和一个不规则形状的金属转子。金属转子以机械方式固定在电机轴上,当点火开关打开时,驱动电机控制器输出一个5V交流电、一定频率的励磁信号至驱动线圈。驱动电机控制器检测两个从动线圈电路,以获得一个返回信号。通过比较两个从动线圈信号,驱动电机控制器能确定电机的确切角度、转速和方向。

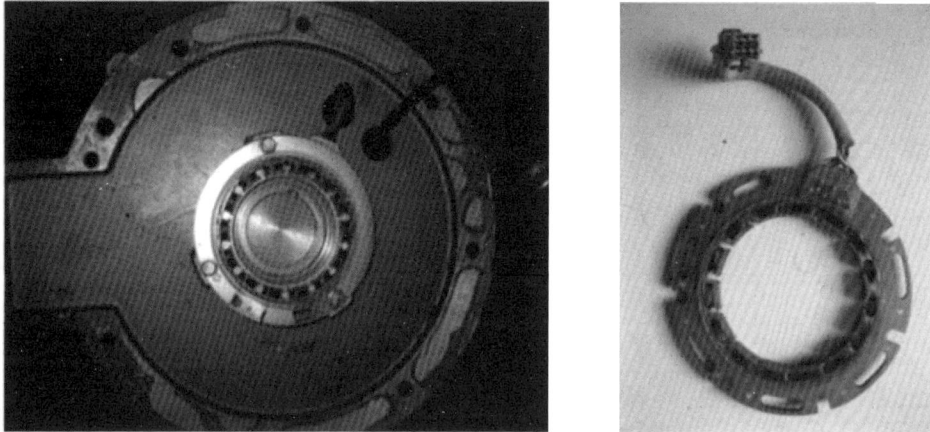

图6-24 旋转变压器安装位置与结构

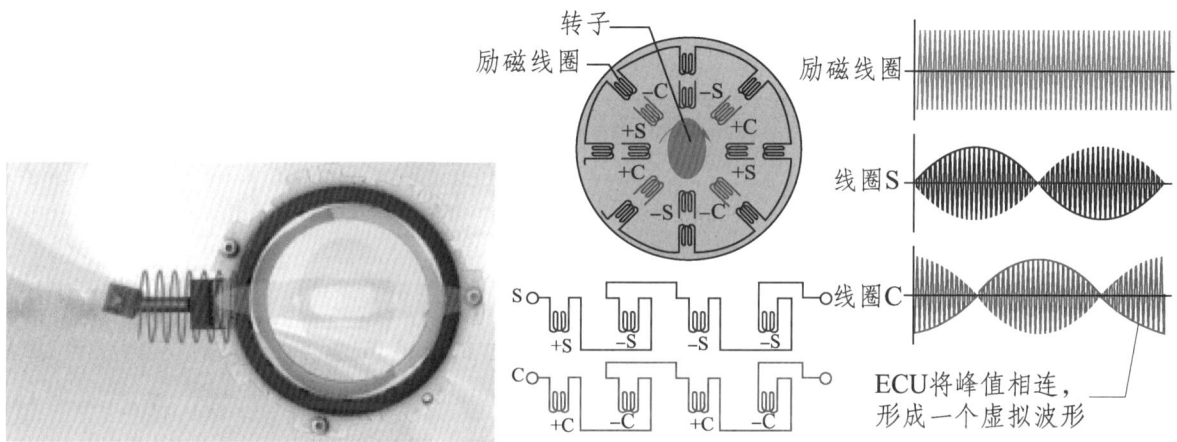

图6-25 旋转变压器结构的示意图及信号波形

(2)位置传感器认知。

①在示教板上找出对应的元件,确定驱动电机位置传感器安装位置。

②测量位置传感器的阻值,记录于表6-5。

位置传感器检测   表6-5

检测内容	电阻值(Ω)	结论	备注
正弦阻值			
余弦阻值			
励磁阻值			

4 考核评价

填写考核评价表(表6-6)。

考核评价表 表 6-6

考核项目	评分标准	分数（分）	学生自评（分）	小组互评（分）	教师评价（分）	小计（分）
团队合作	是否和谐	5				
活动参与	是否主动	5				
安全生产	有无安全隐患	10				
现场 5S 管理	是否做到	10				
任务方案	是否合理	15				
学习过程	位置传感器认知	30				
任务完成情况	是否圆满完成	5				
操作过程	是否标准规范	10				
劳动纪律	是否严格遵守	5				
作业填写	是否完整、规范	5				
总分		100	得分			
学习心得						

知识拓展

新能源汽车的强国之路

2024 年 11 月 14 日，湖北武汉东风汽车云峰工厂，一辆"岚图"纯电 SUV 与大屏幕上 10 家中国主流车企 10 款新能源车同步下线。当日，我国新能源汽车年产 1000 万辆正式达成。中国成为全球首个新能源汽车年度达产 1000 万辆的国家。这不仅是我国汽车产业电动化转型进程中的标志性事件，也是我国从汽车大国迈向汽车强国之路上的重要节点。

比亚迪日前发布全新纯电平台 e 平台 3.0Evo，通过五大全球首创技术集群，在实现 92% 的系统综合效率的同时，低温充电时间缩短 40%、低温续驶里程提升 45km、高温续驶里程提升 60km。

长安汽车 9 月上市的阿维塔 07 搭载的昆仑增程，创下了 1L 油发电 3.63kW·h 的超高油电转化效率。

吉利汽车发动机热效率 46.5%、可在 -35℃ 低温环境中正常工作、极限续驶里程 2390km，实现了更长续航、更低油耗，做到车辆在满电、亏电状态下驾驶体验无差异。

在动力蓄电池领域，宁德时代日前推出"骁遥"增混电池，凭借纯电续驶里程超 400km、充电 10min 补能超过 280km，以及 -40℃ 极寒环境下可正常放电、-30℃ 可正常充电、-20℃ 性能基本达到正常水平的性能突破，大幅提升了增程和混合动力车型在西部地区以及冬季极寒的西北、东北地区的使用体验。

在生产设施方面，超 1000 台智能化设备，超 3000 台机器人智能协同，关键工序实现 100% 自动化……重庆赛力斯超级工厂运用智能化生产，1min 下线两台新能源汽车。

信心，在未来。以绿色发展为底色，我国经济生机勃发。绿色低碳发展是解决生态环境问题的治本之策,更是国际潮流所向、大势所趋。发展新能源汽车,正是顺应新一轮科技革命和产业变革趋势、推动绿色低碳发展的战略选择。

📝 习题

一、填空题

1.常见的位置传感器有_____、_____和_____。

2.永磁同步电机的转子为永磁体,通过_____可以检测转子磁场的强度,确定转子位置。

3._____是一种通过光电转换将输出轴机械几何位移量转换成脉冲或数字量的传感器。

4.光电编码器由_____和_____组成。

5.驱动电机控制器通过旋转变压器检测电机的_____、_____和_____。

二、判断题

1.驱动电机的温度传感器工作原理与传统燃油汽车冷却液温度传感器相同。　　　(　　)

2.驱动电机控制器需要持续检测电机转子位置。　　　(　　)

3.电机转速/位置传感器功能失效是指不能产生电机转速/位置信号,但驱动电机系统仍可以工作。　　　(　　)

4.位置传感器必须正确摆放才能准确检测到转子位置,三相电机有两个位置传感器就可以了。　　　(　　)

5.旋转变压器简称旋变,是一种输出电压随转子转角变化的器件。　　　(　　)

6.高压配电箱内接触器或继电器存在故障时,会使车辆失去动力。　　　(　　)

7.高压接触器实际上是一个大功率的继电器。　　　(　　)

8.位置传感器安装在驱动电机外部,起着检测转子磁极位置,为逆变器提供正确换向信息的重要作用。　　　(　　)

9.逆变电路按直流电源性质可分为由电压型直流电源供电的电压型逆变电路和由电流型直流电源供电的电流型逆变电路。　　　(　　)

三、选择题

1.(　　)是新能源汽车的调速和转向等动力控制系统的关键技术。

　A.功率变换技术　　　　　　　　　　B.新型材料技术

　C.汽车智能技术　　　　　　　　　　D.汽车网联技术

2.北汽新能源汽车动力蓄电池单体电池温度达(　　)车辆不能上电。

　A.45℃时　　　　　B.50℃时　　　　　C.55℃时　　　　　D.以上都是

3.若驱动电机的温度传感器固定于定子绕组中,驱动电机绕组对温度传感器的冷态绝缘电阻应(　　)。

　A.>20MΩ　　　　　B.<20MΩ　　　　　C.≥1MΩ　　　　　D.>20mΩ

4. ( )以霍尔效应为工作基础,一般是由霍尔元件和其附属电路组成的集成传感器,用它可以检测磁场变化。

    A. 空气流量传感器   B. 光电编码器

    C. 旋转变压器   D. 霍尔传感器

5. ( )又称逆变器,是应用电力电子器件将直流电转换成交流电的一种变流装置。

    A. AC/AC 变换器   B. AC/DC 变换器

    C. DC/DC 变换器   D. DC/AC 变换器

6. 下列关于 PTC 型热敏电阻说法正确的是( )。

    A. 可以用于后视镜加热电路

    B. 随温度的上升电阻下降

    C. 通常用于发动机冷却液温度传感器

    D. 通常用于熔断器

7. 负温度系数热敏电阻的阻值,随温度变化的规律是( )。

    A. 温度高,电阻变小   B. 温度低,电阻变小

    C. 温度高,电阻变大   D. 不随温度的变化而变

8. 动力蓄电池包温度传感器通常采用( )作可变电阻控制温度。

    A. 负温度系数热敏电阻   B. 正温度系数热敏电阻

    C. 机械可变电阻   D. 压敏电阻

9. 电动汽车高压分配单元中不包含的部件有( )。

    A. PTC 熔断器   B. 负极接触器

    C. 电流传感器   D. 正极接触

教材配套数字资源清单

序号	资源名称	资源类型	二维码	书中页码	序号	资源名称	资源类型	二维码	书中页码
1	电阻器的类型	视频		7	10	IGBT	视频		85
2	欧姆定律	视频		14	11	正弦交流电的认知	视频		93
3	高压安全防护用品的使用	视频		23	12	三相交流电的认知	视频		104
4	继电器的认知	视频		46	13	桥式整流电路	视频		115
5	变压器的基础知识	视频		51	14	逆变器	视频		121
6	电容器的概念及其原理	视频		63	15	DC/DC变换电路的认知	视频		134
7	二极管的识别	视频		73	16	电流传感器的认知	视频		140
8	晶闸管的极性判断	视频		79	17	温度传感器的认知	视频		146
9	场效应晶体管检测	视频		83					

附录 II
"新能源汽车电力电子基础" 课程参考标准

课程名称:新能源汽车电力电子基础
专业代码:0435
课程类型:专业基础课
适用专业:新能源汽车检测与维修、新能源汽车技术、汽车维修等相关专业
先修课程:物理、机械基础
后续课程:新能源汽车高压安全与防护、新能源汽车驱动电机与控制技术、新能源汽车电池管理系统

一 课程定位

本课程是新能源汽车相关专业的核心专业基础课程,旨在为学生系统讲解新能源汽车电力电子技术的基本理论、典型电路和应用知识。通过课程学习,使学生掌握电力电子器件的特性与应用、电力电子变换电路的工作原理和分析方法,为后续学习新能源汽车高压系统、驱动电机控制、电池管理等专业课程奠定坚实基础,培养学生从事新能源汽车生产制造、检测维修、技术服务等岗位所需的电力电子技术应用能力。

因此,它在整个专业课程的学习中占有很重要的地位,培养学生具有一定机械认知和应用能力,着重掌握基本知识、基本理论和基本方法,同时培养学生分析解决问题的能力及严谨的工作作风,为企业培养实用性人才。

二 设计思路

课程设计以职业能力培养为核心,紧密结合新能源汽车行业企业对新能源汽车电力电子技术人才的需求,参照相关职业标准和行业规范,将理论知识与实践技能有机融合。采用项目式、任务驱动式教学方法,以新能源汽车实际应用场景为载体,设计教学项目和任务,让学生在完成具体任务的过程中掌握知识和技能。同时,注重学生职业素养和创新能力的培养,通过小组合作、案例分析、实践操作等多种教学活动,提高学生的综合职业能力。

第一,本课程标准设计遵循以能力为本位、以职业实践为主线、以项目教学为主体的核心思想。作为课程的基础,它要能够为后续的专业课程打下坚实的基础。

第二,以行业调研和邀请行业专家对新能源汽车检测与维修专业所涵盖的岗位群进行典型工作任务和职业能力分析的结论为依据进行编写,它的内容涉及面要广,但不应太深,应能包含该课程涉及的有关汽车上使用的相关理论知识。

第三,在确定本课程内容与要求时,充分考虑到劳动和社会保障部门对中级汽车修理工、钣金工等职业资格证书考核的要求以及交通运输部对修理工、钣金工等从业资格证的考核要求,力求使本课程内容符合汽车运用与维修各工种考证的相关内容和要求。

第四,采用任务引领型的课程结构,以每个项目以具体工作任务引出必需的课程理论,并针对中职学生的认知特点,在内容的安排上避免理论性太强,要能与汽车的基本结构和相关实物相联系,注重教学的实用性与趣味性。

第五,作为一门新能源汽车检测与维修专业的基础课程,它要具有专业指导性。在此条件下,本课程主要以下几个阶段性的任务展开:①了解汽车售后服务接待规范;②识读汽车电路元件图;③认识汽车常用电路;④认识汽车控制电路;⑤认识汽车上的传感器;⑥认识电磁学基础;⑦汽车维修工具、量具的使用。在每一项目中都是以汽车作为分析和研究的对象,使学生在学习中时刻在对自己的专业有所认识和了解,以此来尽量全面、有针对性地开展教学活动。

第六,本课程建议总学时 64 学时,其中理论教学 32 学时,实践教学 32 学时,4 学分。

三 课程目标

本课程在教学过程中,结合学生和本专业实际,运用多媒体教学和现场参观、汽车电子元器件检测等教学手段和方法,使学生对新能源汽车电力电子基础教学内容有一个基本的理解和掌握。通过本课程的学习,使学生能够正确解决汽车检测过程中最基本的操作规范及工量具的使用等问题,培养学生将来在生产现场管理中所需的严谨的工作作风、分析问题解决问题的能力、团队合作能力、沟通交流能力以及创业精神和创新意识。

❶ 知识目标

(1)掌握电力电子器件的分类、结构、工作原理、特性及主要参数。

(2)理解整流电路、逆变电路、斩波电路、交流调压电路等电力电子变换电路的工作原理和分析方法。

(3)熟悉电力电子器件的驱动与保护电路的组成和工作原理。

(4)了解新能源汽车电力电子系统的组成、功能及在新能源汽车中的应用。

❷ 能力目标

(1)能够识别和选用常用电力电子器件。

(2)能够分析和计算简单电力电子变换电路的性能指标。

(3)能够安装、调试和维护电力电子驱动与保护电路。

(4)能够初步分析新能源汽车电力电子系统的常见故障。

❸ 素质目标

(1)培养学生严谨认真、科学规范的工作态度和职业素养。

(2)增强学生的团队协作意识和沟通能力。

（3）激发学生的创新思维和学习兴趣,提高学生自主学习和解决实际问题的能力。

（4）培养学生的安全意识和环保意识,树立正确的职业道德观。

四 课程内容与要求

	工作任务	知识点与技能点	知识目标	能力目标	教学实施建议	参考总学时
项目一 电工基础知识	任务一 电路的基本物理量认知	1.电流、电压、电阻、功率等物理量的概念与单位;2.使用万用表等仪器测量电路物理量	理解电路基本物理量的定义及相互关系	能正确使用仪器测量电路物理量并记录数据	采用多媒体演示物理量原理,结合实验操作教学	4
	任务二 电路的基本定律验证	1.欧姆定律、基尔霍夫定律的内容;2.定律验证实验的步骤与方法	掌握电路基本定律的原理及应用条件	1.能用欧姆定律计算电路中的基本物理量;2.掌握电路基本定律的应用和验证方法	通过实验教学法,分组进行定律验证实验	6
	任务三 新能源汽车高压安全与防护	1.新能源汽车高压系统的组成;2.高压安全操作规程、防护装备使用方法	熟悉高压安全规范,理解防护措施的重要性	能正确执行高压系统安全操作流程,使用防护装备	结合高压实训台开展现场教学,演示安全操作	4
项目二 电磁学基础	任务一 电流的磁场认知	1.电流产生磁场的原理、磁感应强度、磁场方向判断;2.使用磁场检测仪器	理解磁场的基本概念及电流与磁场的关系	能运用仪器检测磁场强度和方向	利用实验装置演示磁场现象,配合案例教学	3
	任务二 电磁感应现象验证	1.法拉第电磁感应定律、楞次定律;2.电磁感应实验装置的操作	1.能解释楞次定律和电磁感应定律;2.能描述自感和互感现象	1.学会使用楞次定律验证电磁感应现象;2.掌握感应电动势方向的判别方法;3.学会自感、互感的区别方法	采用项目教学法,通过实验探究电磁感应规律	3

	工作任务	知识点与技能点	知识目标	能力目标	教学实施建议	参考总学时
项目二 电磁学基础	任务三 继电器的检测	1.继电器的结构、工作原理、分类；2.继电器性能检测方法	了解继电器在电路中的作用及工作机制	能使用万用表等工具检测继电器的好坏	结合继电器实物讲解，进行检测实操训练	3
	任务四 变压器的认知与应用	1.变压器的构造、变压原理、电压电流变换关系；2.变压器的维护与故障排查	1.能说出变压器的结构组成和工作原理；2.能描述汽车点火系统电路组成和工作原理	熟悉汽车点火系统的结构组成和工作原理，并能对其正时做检查和调整	通过变压器模型演示原理，开展应用案例分析	3
项目三 新能源汽车电力电子元器件	任务一 电容器的认知与检测	1.电容器的结构、分类、参数；2.电容器的充放电原理及检测方法	理解电容器的工作原理和在电路中的作用	能识别不同类型电容器，检测其容量和好坏	使用电容器实物教学，结合检测实验	3
	任务二 二极管的认知与检测	1.二极管的PN结结构、单向导电性、伏安特性；2.二极管的检测与选型	掌握二极管的工作原理及在电路中的应用场景	能正确检测二极管极性和性能，根据需求选型	通过二极管特性曲线讲解原理，进行检测实训	3
	任务三 晶闸管的认知与检测	1.晶闸管的结构、工作原理、触发条件；2.晶闸管的导通与关断控制方法	了解晶闸管的开关特性及在电力电子电路中的应用	能对晶闸管进行触发检测和性能判断	利用晶闸管实验板演示触发过程，开展检测操作	3
	任务四 场效应晶体管的认知与检测	1.场效应晶体管的结构类型（MOSFET）、工作原理、特性参数；2.检测方法	掌握场效应晶体管的电压控制特性及应用优势	能使用仪器检测场效应晶体管的性能参数	通过对比讲解与晶体管的区别，进行实操检测	3

工作任务		知识点与技能点	知识目标	能力目标	教学实施建议	参考总学时
项目四 交流电基础	任务五 IGBT的认知	1. IGBT 的结构组成、工作原理、开关特性； 2. IGBT 在新能源汽车中的应用	理解 IGBT 的复合器件特性及在功率变换中的作用	能对新能源汽车用 IGBT 模块进行初步检测	结合新能源汽车驱动电路案例,开展检测实训	4
	任务一 正弦交流电的认知	1. 正弦交流电的三要素(幅值、频率、相位)、波形图； 2. 有效值计算方法	1. 能够说出交流电的三要素、有效值及表示方法； 2. 能描述交流电路电阻、电容、电感的特性	1. 掌握电压、电流等有效值的换算； 2. 学会根据相位差判断电压和电流的超前或滞后性	利用示波器演示交流电波形,结合公式推导	3
	任务二 三相交流电的认知	三相交流电的产生原理、相电压与线电压关系、星形与三角形接法	1. 能描述三相电源的连接方式； 2. 理解三相交流电的供电方式及在新能源汽车中的应用	1. 掌握三相交流电源和负载的不同接法及线、相间电压电流的换算； 2. 能识别三相电路接法,计算相关电压电流参数	通过三相电源模型教学,结合电路连接实训	3
项目五 功率变换电路	任务一 AC/DC 变换电路分析与检测	1. 单相半波、全波、桥式整流电路的工作原理、波形分析和参数计算； 2. 三相半波、桥式整流电路的工作原理、波形分析和参数计算； 3. 可控整流电路的工作原理和触发控制方式	1. 理解整流电路的工作原理和波形特点； 2. 掌握整流电路的参数计算方法； 3. 了解可控整流电路的触发控制原理	能分析整流电路工作状态,检测并排除常见故障	利用整流电路实验板进行波形观测与电路调试	4

工作任务	知识点与技能点	知识目标	能力目标	教学实施建议	参考总学时
项目五 功率变换电路	任务二 DC/AC 变换电路分析与检测	1. 逆变电路的分类和工作原理；2. 电压型和电流型逆变电路的特点和应用；3. 单相和三相桥式逆变电路的工作原理、波形分析和参数计算	1. 掌握逆变电路的基本概念和工作原理；2. 了解逆变电路在新能源汽车中的应用	能分析逆变电路工作过程，调试 PWM 控制参数	结合新能源汽车逆变器模型，开展电路分析实训	4
	任务三 DC/DC 变换电路分析与检测	1. 降压斩波电路、升压斩波电路、升降压斩波电路的工作原理、波形分析和参数计算；2. 交流调压电路的工作原理和应用	1. 理解斩波电路和交流调压电路的工作原理；2. 交流调压电路在新能源汽车中的应用场景	能分析斩波电路工作状态，进行性能测试与优化	利用斩波电路实验装置，进行参数调试与性能分析	4
项目六 新能源汽车常用传感器应用技术	任务一 电流传感器的认知与应用	电流传感器(霍尔效应式)的工作原理、分类；传感器的安装与校准方法	了解电流传感器在新能源汽车中的监测作用	能正确安装电流传感器，进行数据采集与校准	结合新能源汽车电池管理系统案例，开展安装实训	3
	任务二 温度传感器的认知与应用	热敏电阻、热电偶等温度传感器的工作原理；温度检测电路的设计与调试	掌握温度传感器的测温原理及在热管理中的应用	能选用合适的温度传感器，调试检测电路	通过温度传感器实验模块，进行测温实验与电路调试	3
	任务三 位置传感器的认知与应用	光电编码器、旋转变压器的结构与工作原理；位置信号的采集与处理方法	理解位置传感器在电机控制中的作用	能安装位置传感器，处理和分析采集的位置信号	结合驱动电机实训台，演示位置传感器的安装与调试	2

五 实施建议

❶ 教学方法

(1)"教、学、做"理实一体化教学,加强学生实际操作能力的培养,采用任务驱动型项目教学,完成课程的理论学习和技能训练。

(2)在教学过程中,理论联系实际,重视实物直观教学,并紧密结合职业资格证书和上岗证的考核要求。

(3)"分小组"教学,每个班级分成若干小组,每组4~6人。

(4)"任务工单"教学,工作过程以详细的引导文列出,制成工单形式,使学生在设定的工作环境下主动参与实际操作过程。

❷ 教学评价

(1)改革考核手段和方法,建立过程考评(任务考评)与期末考评(卷面考评)相结合的方法,强调过程考评的重要性。

(2)改革传统的学生评价手段和方法,采用阶段性评价、项目评价、理论与实践一体化评价模式。

(3)关注评价的多元性,结合课堂提问、工作任务单、综合实践考试情况,综合评定学生成绩。完善过程考评(项目考评)和期末考评考核方法,强调过程考评的重要性。过程考评占60%,期末考评占40%。具体考核要求见下表。

考评方式	过程考评(项目考评)20%			期末考评(卷面考评)
	素质考评	任务单考评	实操考评	
	5%	5%	10%	80%
考评实施	由教师、组长和小组代表分别填写	由教师根据学生完成情况进行考评	由实训指导教师对学生进行项目操作考评	按照学校教务处组织考评
考评标准	根据遵守人身安全、设备安全和生产纪律等情况进行打分	完成工作单记录情况进行打分	任务方案正确2分、工具使用正确3分、操作过程正确3分、任务完成良好2分	建议采用多种题型进行考核

注:造成设备损坏或人身伤害本项目记0分。

❸ 资源利用

(1)充分利用学校多媒体资源,将网络技术融入课程教育。

(2)搭建产学合作平台,多创造学生到相应的企业、岗位去参观、学习的机会,让学生更深入、直观地了解岗位的工作过程。

(3)本课程采用理实一体化与汽车生产企业、汽车4S店合作开发相关课程资源,将企业相关岗位日常工作中常见汽车构造内容呈现在教学课件中,结合本课程的课程要求,使学生能在上岗之前提前接触并熟悉岗位要求,为学生零距离上岗做好扎实的知识、技能和素质铺垫。

❹ 其他说明

本课程教学标准适用于新能源汽车检测与维修专业及汽车维修专业(五年制)。

参 考 文 献

［1］赵艳.新能源汽车电力电子技术［M］.北京:机械工业出版社,2023.

［2］冯津,钟永刚.新能源汽车电力电子基础［M］.北京:机械工业出版社,2023.

［3］郑军武,丁丽娟,雷小平.汽车电工电子技术基础［M］.上海:同济大学出版社,2020.

［4］王爱国.汽车电工电子技术［M］.北京:中国财政经济出版社,2021.

［5］陈昌建.汽车电工电子技术［M］.大连:大连理工大学出版社,2021.

［6］赵金国,李治国.新能源汽车高压安全与防护［M］.北京:人民交通出版社股份有限公司,2022.

［7］谭婷,尹爱华.新能源汽车电压基础与高压安全［M］.北京:机械工业出版社,2020.

［8］曾鑫,刘涛.新能源汽车动力电池与驱动电机［M］.北京:人民交通出版社股份有限公司,2017.

［9］何亿斌,侯志华.新能源汽车驱动电机技术［M］.北京:机械工业出版社,2021.

［10］吴书龙,黄维娜.新能源汽车电力电子技术［M］.北京:机械工业出版社,2022.

［11］邢玲玲,张晓雯,冯如只.新能源汽车驱动电机与控制技术［M］.哈尔滨:哈尔滨工程大学出版社,2023.

［12］吴荣辉.新能源汽车结构原理与检修［M］.北京:机械工业出版社,2022.

［13］刘尚达.新能源汽车构造［M］.北京:机械工业出版社,2023.